스탠드
아웃

스탠드
아웃

도리 클라크 지음 | 박세연 옮김

일러두기
원주는 미주로, 옮긴이주는 각주로 처리했다.

이 책은 실로 꿰매어 제본하는 정통적인 사철 방식으로 만들어졌습니다.
사철 방식으로 제본된 책은 오랫동안 보관해도 손상되지 않습니다.

고매한 인품의 두 사람,
조엘 가니에와 나의 대자 셰이머스에게

들어가며

〈우리는 세상을 향해 외쳐야 한다. 그리고 기여를 해야
한다.〉 크든 작든, 우리 모두는 세상을 바꿀 수 있는 아이
디어들을 갖고 있다. 그것은 새로운 비즈니스를 개발하는
일일 수도, 획기적인 문학적 발전을 이룩하는 업적일 수도,
혹은 인류를 돕는 놀라운 방법을 발견하는 것일 수도 있다.
이러한 기여를 통해 우리는 정치적 관점에서 세상이 어떤
상황에 처해 있는지, 학생들을 어떻게 가르쳐야 하는지,
혹은 비즈니스 세상에서 일과 삶의 균형을 어떻게 잡아야
하는지와 관련하여 실질적인 변화를 이끌어 낼 수 있다.
여러분이 지금 어느 분야에서 활동하고 있든 간에 강력한
영향력을 행사하고자 한다면 먼저 여러분 자신의 목소리
를 높여야 한다.

그러나 아이디어를 발견하고 이를 세상과 공유해야 할

순간, 많은 사람들이 오히려 자세를 낮추고 있다. 그들은 유명한 전문가들에겐 특별한 재능과 통찰력이 있을 것이라 생각한다. 성실함과 겸손함의 덕목만으로도 자신의 경력을 발전시켜 나갈 수 있을 것이라 믿는다. 하지만 우리의 현실은 그렇지 않다. 유명 전문가들이 성공을 거둘 수 있었던 것은 개인의 타고난 재능 때문이 아니라, 다양한 요소들을 조합하고, 새롭고 의미 있는 방식으로 아이디어를 제시하는 방법을 알고 있었기 때문이다. 이는 열심히 노력하면 누구든지 배우고 실천할 수 있는 기술이다. 게다가 이러한 기술의 중요성은 날로 높아지고 있다. 점점 더 경쟁이 치열해지고 있는 오늘날의 시장에서 자신이 맡은 업무를 잘 처리하는 것만으로는 충분하지 않다. 자신의 분야에서 전문가로 인정을 받음으로써, 우리는 자신을 고용하고자 하는 기업들, 우리, 혹은 우리 회사와 함께 비즈니스를 하고 싶어 하는 사람들, 그리고 우리가 제시하는 아이디어를 적극적으로 퍼뜨려 줄 사람들을 끌어모을 수 있다. 이것이야말로 우리가 탄탄한 경력을 쌓아 나갈 수 있는 가장 바람직한 접근 방식일 것이다.

어떤 분야에서 전문가로 우뚝 설 수 있는 확실한 비법이 있다고 말한다면 그건 아마도 과장된 주장일 것이다. 그렇다고 하더라도 우리는 거기서 어떠한 패턴을 발견해 낼 수 있지 않을까? 의식적으로 혹은 무의식적으로 많은 유명 리더들이 따르고 있는 보편적인 원칙들이 있지 않을까? 물론 그러한 원칙들은 존재한다. 성실하고 현명한 사람들은 특정한 기업 및 산업에서 사고 리더thought leader로 떠오를 수 있다. 그러나 이에 도전하는 사람은 거의 없다. 그렇기 때문에 여기서 우리는 경쟁력을 발견할 수 있는 것이다. 기꺼이 위험을 감수하고 자기 자신과 자신의 아이디어를 세상과 공유하려 한다면 여러분은 이미 가만히 앉아서 기다리기만 하는 대다수의 사람들보다 한발 더 앞서 있는 셈이다.

스스로 영향력을 발휘하고 싶은가? 그렇다면 지금이 움직일 시간이다.

유명 전문가로 우뚝 서기

우선 그 정의부터 시작해 보자. 여기서 나는 특정 분야에서 유명 전문가, 즉 사고 리더가 되는 방법에 대해 이야기를 할 것이다. 첫째, 〈사고〉리더란 독창적인 아이디어로 널리 알려진 인물을 말한다. 그러나 그러한 아이디어를 뒷받침하는 이론적 기반이 없다면 아무리 유명하다고 하더라도 리얼리티 프로그램에 등장하는 연예인과 다를 바 없을 것이다. 가령 킴 카다시안Kim Kardashian은 그녀만의 탁월한 재능에도 불구하고 사고 리더에 해당하지는 않는다. 둘째, 사고 〈리더〉라고 부르기 위해서는 추종 세력이 존재해야 한다. 전문가가 되는 것 역시 쉬운 일이 아니지만 우리는 그것만으로 충분하지 않다. 전문가란 특정 분야에서 업무를 잘 처리하는 사람을 의미할 뿐이다. 반면 사고 리더는 자신의 분야에서 강력한 영향력을 휘두르고 이를 위해 상아탑을 벗어나 자신의 메시지를 누구나 받아들일 수 있고 실천할 수 있는 것으로 만드는 사람이다. 여기서 우리는 사고 리더가 되기 위해 반드시 세상을 이끌어 가는 권위자가 될 필요는 없다는 사실을 이해할 필요가 있다. 우리는 특정한 기업이나 공동체 안에서 얼마든지 사고 리더로 활약할 수 있다.

최근 〈사고 리더십*thought leadership*〉(『스트래터지+비즈니스*Strategy+Business*』지의 편집장 조엘 커츠만Joel Kurtzman이 1994년에 만든 용어로, 〈관심을 기울일 가치가 있는〉 아이디어를 내놓는 사고가들을 일컫는 말)[1]이라는 개념을 둘러싸고 문화적 역류 현상이 나타나고 있다. 『하버드 비즈니스 리뷰』 기사에서 세라 그린Sarah Green은 사고 리더십을 이렇게 비판하고 있다. 〈의자에서 떨어질 정도로 몸을 기울이고 있는 의욕적인 일꾼들만으로 충분하지 않습니까? 이미 충분히 많은 《사고 리더》들이 의심스러운 증명서와 쓸데없는 조언을 팔아먹고 있지 않나요? 우리의 비즈니스 세상은 더 높이 오르고, 변화를 주도하려는 자기 홍보자들을 정말로 더 많이 필요로 하는 걸까요?)[2]

이러한 생각에 깔린 전제는 새롭고 중요한 아이디어 창조에 대한 열망은 다소 천박하거나 일종의 전략적 과잉이라는 것이다. 분명하게도 마케팅이나, 전략, 혹은 금융에 대한 조언들과 마찬가지로, 사고 리더십에 대한 조언들 역시 지루하고 평범한 이야기처럼 들릴 수 있다. 하지만 자신의 아이디어를 세상과 더불어 나누려는 노력은 제대로 이루어졌을 때 대단히 의미 있는 일이 될 수 있다. 이는 종종 용기와 같은 것처럼 보인다.

다이앤 멀케이Diane Mulcahy가 코프만 재단으로부터 20억 달러 규모의 사모펀드 및 벤처 캐피털 포트폴리오 관리를 맡게 되었을 때 그녀는 즉각 뭔가 잘못되어 있다는 사실을 깨달았다. 코프만 재단은 20년 동안 100곳이 넘는 벤처 캐피털 펀드에 투자해 왔지만, 전직 벤처 자본가인 멀케이가 볼 때 그 수익률은 이론적인 기대 수준을 훨씬 밑돌고 있었다. 여기서 잘못된 부분을 밝혀내는 것은 재단의 재정 상태를 위해, 그리고 재단의 사명이라는 측면에서도 중요한 일이었다. 벤처 캐피털 투자가 실패했다면, 기업가 정신을 집중적으로 후원하고 있는 코프먼 재단은 마땅히 그 이유를 알아내야 했다.

멀케이는 조사를 시작했고 수익률은 아주 좋지 못했다. 〈벤처 캐피털 투자는 10년 동안 아주 낮은 수익률을 기록하고 있었고, 포트폴리오에 대한 자체 분석은 벤처 캐피털 수익률이 시장 평균을 넘지 못했다는 사실을 보여 주었으며, 이는 끔찍한 결과를 의미하는 것이었죠. 일반적으로 벤처 캐피털은 시장 평균을 훨씬 상회하는 수익률을 약속하고 있습니다. 그렇기 때문에 사람들은 10년 동안 자금을 묶어 놓아야 하는 개인적인 파트너십에 높은 수수료를 지불하면서까지 투자를 하는 겁니다. 그래서 벤처 캐피털이 그러한 약속을 지키지 못하고 있음을 다양한 데이터 증거를 통해서 밝혀내는 작업은 대단히 중대한 사건일 수밖에 없었죠.〉

멀케이의 보고서는 직접적으로 이름을 거론하거나 구체적인 벤처 캐피털 업체를 지목하지는 않았다. 그럼에도 코프만의 투자 포트폴리오의 실체를 있는 그대로 드러내 주었고, 일반적으로 이는 불투명한 투자 분야에서 깜짝 놀랄 만한 시도였다. 그녀는 투자 산업의 신성함을 공격했고 벤처 캐피털 업체들이 임의적으로 조작하는 지나치게 관대한 조건들을 집중적으로 파헤쳤다. 그녀는 이렇게 말한다. 〈벤처 캐피털 업체들은 그들이 얼마나 대단한 투자자들인가에 대해서 끊임없이 강조합니다. 하지만 그들은 사실 자신이 얼마나 유능한 투자자인가와는《상관없이》수수료를 챙겨 가고 있습니다.〉실제로 10억 달러 규모의 펀드를 운영하는 벤처 캐피털 업체들은 수수료 수입만으로 1년에 2,000만 달러를 벌어들이고 있다. 실질적으로 한 번도 투자를 하지 않았다고 하더라도 말이다.

하지만 보고서를 공식적으로 발표하기 전에 멀케이는 저항에 직면했다. 〈면담을 하는 동안 적어도 100명 이상의 사람들이 제게 이런 말을 하더군요.《다이앤, 대체 왜 이런 일을 벌인 거죠? 다시는 이 바닥에 발을 붙일 수 없을 겁니다.》어떤 이들은 진심으로 저를 걱정하는 마음이었고 다른 이들은 다소 협박조로 이야기를 하더군요. 그들 사이에서는 논란을 불러일으키고 일반적으로 인정된 생각에 반하는 보고서를 쓸 때, 그 시장에서의 경력은 이미 끝난 것이라는 인식이 퍼져 있었습니다.〉

결국 그 보고서가 공개되었을 때 강한 역풍이 일었다. 투자 산업과 관련된 다양한 블로그 및 언론 매체들이 그 보고서를 다루었다. 하지만 코프만, 혹은 멀케이에 대한 시선은 긍정적이지 못했다. 어떤 사람들은 왜 그들이 〈벤처 캐피털 시장을 죽이고 있는지〉, 혹은 〈왜 기업가들이 돈을 벌기 더 힘들게 하고 있는지〉를 따졌다. 그리고 다른 이들은 코프만의 수익률이 낮은 것이 그들의 벤처 캐피털 시스템, 혹은 잘못된 투자 결정 때문인 것은 아닌지 물었다.

이후 『하버드 비즈니스 리뷰』를 통해서 당시의 경험을 밝히기도 했던 멀케이는 자신의 보고서가 투자 산업 내부에서 생산적인 논의를 촉발했다고 믿고 있다. 그러면서도 각각의 분야에서 이와 같은 도전은 대단히 힘든 과정이 될 수 있다고 잠재적인 사고 리더들에게 경고하고 있다. 멀케이는 이렇게 떠올리고 있다. 〈투자 위원회에 있던 한 분으로부터 소중한 조언을 얻을 수 있었죠.〉 그는 멀케이에게 이렇게 말했다. 〈아마도 감정적인 상황으로 번질 겁니다. 그러니 이에 대해, 그리고 이번 사건이 개인적인 일로 변질될 가능성에 대해 준비를 해야 할 겁니다.〉 멀케이는 말한다. 〈덕분에 저는 눈을 번득 뜨게 되었죠. 그의 말이 옳았습니다. 산업 내부의 사람들은 점차 감정적인 반응을 드러내기 시작했습니다.〉

진정한 사고 리더가 되기 위해 우리는 자기 자신이 아니라 자신의 아이디어를 발전시켜 나가야 한다. 벤처 캐피털에 대한 폭넓은 지식을 바탕으로 멀케이는 코프만의 낮은 수익률이 투자 산업의 근본적인 문제를 드러내는 것이라 생각했다. 임금님이 벌거벗고 있다고 외치는 과정에서 그녀는 개인적, 직업적으로 엄청난 위험에 직면했지만, 그래도 데이터가 이끄는 대로 따라갔다. 다른 재단과 투자자들을 도와주기 위해, 그리고 벤처 캐피털이 어떻게 운영되고 있는지에 대한 논의를 촉발하기 위해, 멀케이는 자신의 조사 결과를 사람들과 함께 공유했다.

변화의 과정은 때로 지독하게 느리게 일어난다. 멀케이는 이렇게 조언한다. 〈즉각적인 변화를 찾으려 들지 마세요.〉 그녀의 분석에 따르면 이제 그 산업 내부에서도 변화가 시작되고 있다는 사실을 확인할 수 있다. 벤처 캐피털과 관련된 보고서들은 이제 추천 종목들을 거론하면서, 해당 펀드들이 어떻게 기준을 충족시키고 있는지 자세하게 밝히고 있다. 그리고 벤처 캐피털 시장 내 최고의 컨설팅 기업들은 이제 코프만의 권고에 따라 시장 평균을 기준으로 벤처 캐피털 성과를 추적하고 있다. 멀케이는 말한다. 〈하지만 짚고 넘어가야 할 점이 있어요. 그들은 그러한 변화가 저 때문에 시작되었다고 생각하지는 않을 겁니다. 시장에는 다양하고 강력한 이해관계와 수많은 관성의 힘이 작용하고 있습니다. 그렇기 때문에 변화에 시간이 필요한 겁니다.〉 하지만 인내와 끈기를 갖고 지켜본다면 시장은 결국 변할 것이다.

스탠드 아웃은 더 이상 선택 사항이 아니다

보고서를 들고 당당히 나아가기로 결심했던 멀케이의 도전은 위험스러워 보이지만, 사실 아무런 행동을 하지 않는 것이 더 위험할 때가 있다. 1928년 이래로 소득 불평등 수준이 계속해서 정점을 치닫고 있는 오늘날,[3] 스스로를 드러내고 최고의 자리에 오름으로써 얻을 수 있는 혜택은 (그 분야를 막론하고) 급속도로 높아지고 있다. 세상은 이미 승자 독식의 경제[4]로 넘어가고 있다. 대공황 이후로 그 회복 기간 동안에 전체 소득의 95퍼센트는 상위 1퍼센트의 호주머니 속으로 완전히 들어가 버렸다.[5] 메트로폴리탄 오페라 극장의 공연 실황을 TV로 감상하거나(지역 오페라 공연장을 찾아가는 것이 아니라), 혹은 공개 온라인 강좌 사이트인 무크MOOC에서 슈퍼스타 강사와 〈함께 공부하는〉(지역 학원에서 수강하는 것이 아니라) 세상에서, 평범한 성과자들이 설 수 있는 자리는 더욱 좁아지고 말았다. 더 이상 우리는 자신에게 주어진 최고의 선택권을 포기할 수 없다. 이제 우리는 글로벌 경제 속에서 최고의 존재로 우뚝 서야 한다. 그게 전부다.

다른 한편에서, 대부분의 시간 동안 침묵을 지키면서 주어진 일만 하는 〈안전한〉 일자리들은 빠른 속도로 사라지고 있다. 그럼에도 불구하고 성실히 일하고, 그러한 노력이 가치가 있을 때 전문가로 인정을 받을 수 있다는 문화적인 믿음이 여전히 남아 있다. 그러나 안타깝게도 이제 그러한 믿음은 비즈니스 세상의 재앙으로 나아가는 지름길이 되고 있다. 오늘날 많은 사람들은 직장 상사와 페이스북 친구, 그리고 트위터 팔로워들의 아우성에 시달리고 있다. 하지만 그들은 여러분에게 많은 관심을 기울이지는 않는다. 직장에서 평균 재직 기간이 점점 짧아지면서, 이제 우리는 성실한 근로자로서의 이미지에만 매달릴 수 없게 되었다. 새로운 상사와 동료들은 여러분의 성실한 이미지를 알지 못한다. 그렇기 때문에 발전을 원한다면 이제 우리는 자신의 존재와 아이디어를 적극적으로 알려야 한다.

뚜렷한 직업적 명성을 쌓는 일은 경력을 발전시켜 나갈 수 있는 최고의 길이다. 다른 사람들이 여러분을 한 분야의 전문가로 인정할 때 많은 고객과 기업들이 여러분과 함께 일하고 싶어 할 것이다. 특히 일자리를 잃었을 때 스스로 일어설 수 있을 것이다. 2년에 한 번씩 세계 최고의 비즈니스 리더들의 순위를 정하는 싱커스50의 공동 설립자 데스 디어러브Des Dearlove는 바로 이러한 사례를 들려주고 있다. 디어러브의 한 친구는 쉰에 가까운 나이에 오랫동안 다녔던 회사에서 해고를 당하고 말았다. 하지만 그는 성공적인 착륙을 위한 기반을 오래 전부터 이미 마련해 오고 있었다. 그는 국제 콘퍼런스 행사에 자원봉사자로 일하고, 위원회 의장직을 맡으면서 해당 분야의 다양한 사람들과 인맥을 쌓았다.

《해고를 당한》충격은 머지않아 전 세계로부터 수많은 제안들이 날아오는 놀라움으로 바뀌었죠.〉디어러브는 당시를 이렇게 떠올리고 있다. 〈사람들은 그 친구에게 이렇게 말했죠.《영국 지사를 맡아 주시겠어요?》이후 그가 오랫동안 다녔던 기업이 그에게 다시 새로운 일자리를 제안했을 때 그의 대답은 이랬습니다.《그거 아세요? 지금 훨씬 더 좋은 제안들을 받고 있다고요.》그 친구는 자신의 분야에서 국제적인 사고 리더로 활동했고, 이러한 사실은 그의 경쟁력과 개인적인 브랜드를 크게 높여 주었죠. 예전에 다녔던 기업의 브랜드를 훌쩍 넘어서는 위상과 명성을 쌓았죠.〉조직 안에서 일을 하든 아니면 기업가로서 일을 하든 간에 과제는 다르지 않다. 그것은 스스로 높은 가치를 창출함으로써 사람들이 여러분을 끌어들이기 위해 안간힘을 쓰도록 하는 일이다.

하지만 오늘날 시장에서 성공을 거두기 위해 반드시 세계적인 슈퍼스타가 될 필요는 없다. 다만 자신이 기여할 수 있는 분야를 정하고 자신의 아이디어를 적극적으로 공유하기만 하면 된다. 시장에서의 경쟁은 치열하지만 열정적으로 사고 리더십을 개발하기 시작할 때, 여러분은 아무런 시도조차 하지 않는 대부분의 경쟁자들을 크게 앞지를 것이다.

세상이 여러분을 필요로 한다

아이디어를 발견하고 널리 퍼트려야 할 궁극적인 이유는 스티브 잡스의 표현을 빌자면 〈우주에 흔적을 남기기 위해서〉이다. 여러분은 왜 매일 아침 출근하는가? 여러분은 무엇을 이루고 싶은가? 경력과 삶의 끝에서 무엇으로 알려지고 싶은가? 누구든지 출근을 해서 하루에 8~10시간씩 컴퓨터 앞에 앉아 있을 수 있다. 하지만 어떤 이들은 자신에게 그 이상의 가치가 있다는 사실을 알고 있다. 그들은 기업을, 혹은 세상을 더 좋은 곳으로 만들 수 있는 아이디어를, 아마도 아직은 불완전한 상태로 갖고 있다. 그리고 기업과 세상에 충분한 기여를 할 때까지 충족감을 느끼지 못할 것이라는 사실을 잘 알고 있다. 그들은 흔적을 남기고 싶어 하기에 뭔가 다르고 더 나은 것이 필요하다.

자신의 열정과 지위 혹은 관점이 어떠하든 간에 우리에게는 최고의 아이디어를 내면에만 간직할 여유가 없다. 세상은 여러분의 지혜를 원한다. 범죄를 줄이거나, 선거 결과를 예측하거나, 제조 공정을 개선하거나, 혹은 스팸메일을 막아 주는 것처럼, 우리가 세상에 기여할 수 있는 방법은 무한하다. 다만 순서를 지키고 자신에게 주어진 일만 하는 것으로 만족해서는 곤란하다. 우리의 가치는 특정한 과제를 수행하는 로봇의 가치와는 다르다. 관계를 형성하고, 새로운 통찰력을 자극하고, 신선한 관점에서 세상을 변화시키려는 노력이야말로 사고 리더들의 몫이다.

그렇다면 여러분은 어떻게 세상에 기여를 할 것인가? 사고 리더십은 돈을 버는 것보다 더 많은 것을 요구한다. (다음에 논의하게 되겠지만 스스로에게 동기를 부여하는 방법을 발견하는 것이 대단히 중요하다.) 사고 리더십은 단지 책을 팔거나, 순회강연을 다니거나, 혹은 고위 인사들이 모인 콘퍼런스에서 잡담을 나누는 일에 관한 것이 아니다. 이는 실질적인 문제를 해결하고, 자신과 다른 사람들을 위해 가치를 창조함으로써 분명한 차이를 만들어 내는 일이다. 진정한 사고 리더십은 재능이다. 그리고 용감하고, 스스로를 드러내고, 기꺼이 자기 자신을 다른 사람들과 나누려는 의지다. 자신의 아이디어를 통해 다른 사람에게 도움을 줄 것이라고 확신하기 때문에 기꺼이 비난을 감수하려는 의지다. 그리고 자신의 관대함이 세상에 도움을 줄 것이라 확신하는 의지다.

사고 리더십 창조하기

자신의 분야에서 최고로 인정을 받고자 한다면 이를 위한 노력이 필요하다. 이 책에서 나는 그것이 충분히 실현 가능한 목표라는 사실을 여러분께 약속하는 바이다.

컨설팅 비즈니스를 시작하면서, 나는 지역 상공 회의소에서 강연을 하고자 했다. 그래서 그들에게 내 소개서와 함께 나의 강연 영상을 담은 DVD, 그리고 관련된 자료들을 보냈다. 그리고 얼마 후에 예의 바르게 전화까지 했다. 그런데 그들은 내가 보낸 우편물을 받지 못했다고 했다. 그래서 나는 다시 한 번 보냈다. 하지만 두 번째로 전화를 걸었을 때 그들은 여전히 받지 못했다고 했다. 아마도 그게 그들의 기본적인 대응 방식인 듯 보였다. 결국 그들은 내게 진실을 말했다. 담당자는 내게 이렇게 물었다. 〈그런데 왜 우리가 당신에게 부탁을 해야 하는 거죠? 여기서 강연하기 위해 안달이 난 컨설턴트들이 이미 무지하게 많다고요.〉

그들에게 나는 하나의 상품에 불과했다. 강의실 연단 뒤에 세울 수 있는 교체 가능한 수많은 강연자들과 다를 게

없었다. 나는 다른 강연자들보다 더 잘할 수 있다고 생각했지만 그들은 아니었다. 그래서 나는 내 아이디어를 알리기 위해, 그리고 고객 업체와 행사 주최자들이 다른 사람이 아닌 나를 선택하도록 하기 위해, 스스로를 차별화할 수 있는 방법을 발견해 내야겠다고 결심했다.

지난 10년에 걸쳐 나는 내 아이디어를 더 발전시키고, 이를 많은 사람들과 공유하기 위해 활동 무대를 점차 넓혀왔다. 감사하게도 이제 나는 돈을 받고 강의를 하고 있으며, 더 이상 무료로 강의할 수 있도록 해달라고 부탁할 필요도 없게 되었다. 또한 전 세계 비즈니스 스쿨에서 학생들을 가르치고 있다. 게다가 구글에서 예일 대학, 그리고 세계은행에 이르기까지 유명한 조직들을 대상으로 자문을 제공하고 강의를 하고 있다. 그리고 『하버드 비즈니스 리뷰』, 『포브스』, 『안트러프러너Entrepreneur』와 같은 유명 매체를 통해서 정기적으로 내 아이디어들을 공유하고 있다.

이 책은 내가 개인적으로 배운 것들의 결과물이며, 유전체학에서 도시 계획, 개인 생산성, 그리고 첨단 기술에 이르기까지 아주 다양한 분야에서 활동하고 있는 수십 명의 사고 리더들과 나누었던 인터뷰를 통해 캐낸 지혜들을 담고 있다. (이 책에 실린 인용들은 따로 주석을 단 경우를 제외하고 모두 내가 직접 나눈 개인적인 인터뷰에서 가지고 온 것이다.)

이 책의 1부에서는 혁신적인 아이디어를 정의하는 과정에 집중하고 있다. 오늘날 최고의 전문가들을 사례로 소개하면서, 우리는 성공적인 리더들이 아이디어를 발견하고 이를 발전시켜 나가는 과정을 하나씩 뜯어보고 있다. 그 과정은 아주 다양한 형태로 드러나고 있다. 누군가는 한 번에 〈빅 아이디어〉를 개발하고, 다른 이는 아주 작은 틈새에서 시작해 점차 세상으로 확장해 나가고 있다. 그리고 또 다른 사람들은 자신의 분야를 더욱 돋보이게 하는 특별한 연구를 추진하거나, 다른 분야로부터 새로운 관점을 빌려오고, 혹은 세상 사람들이 복잡하게 생각하는 현상을 더 쉽게 이해할 수 있도록 사고의 틀을 마련해 주고 있다. 혁신적인 아이디어를 개발하기 위한 단 하나의 〈올바른 길〉이란 없다. 다양한 접근 방식들 모두 놀라운 통찰력을 제시하고 가치 있는 기여를 만들어 내고 있다.

2부에서는 아이디어를 중심으로 지지 세력을 만들어 나가는 과정에 주목한다. 이 과정 역시 아이디어를 세상으로 퍼뜨려 나가기 위한 대단히 중요한 단계다. 그 과정은 일대일 방식으로 동료들을 연결시키는 시도로 시작된다. 이러한 관계는 여러분을 개인적으로 신뢰하는 지지자 기반을 형성하게 된다. 다음으로 우리는 외부로 시선을 돌려,

청중들, 즉 우리의 메시지에 공감하는 보다 넓은 규모의 팬층을 확보해야 한다. 그리고 마지막으로 아이디어의 힘을 강화하고, 우리가 없을 때에도 아이디어에 대한 논의가 활발하게 이루어질 수 있도록 이들 추종자들이 서로 관계를 맺을 수 있도록 하는 일이다. 그렇다면 이제 우리는 하나의 흐름을 만들어 낸 것이다.

3부에서는 지금까지의 이야기들을 종합하고, 사고 리더십을 자극하기 위한 전략에 대해 논의하고 있다. 우선 사고 리더십을 위한 시간적 여유를 마련하는 방법에 대해 말하고 있다. 대학 교수와 같은 운 좋은 일부의 사람들은 일상적인 업무의 차원에서 아이디어를 발굴하는 기회를 누리고 있다. 그러나 사람들 대부분의 상황은 그렇지 않다. 그래서 이야기를 전파하기 위해 필수적인 소셜 미디어 및 콘텐츠 개발을 포함하여, 아이디어 창조에 필요한 연구 및 깊이 있는 사고, 그리고 기존 업무 사이에서 균형을 잡는 전략에 대해 말하고 있다.

다음으로 돈을 버는 일로 눈길을 돌린다. 사고 리더로서의 활동으로부터 직접적으로 보상을 받지 못하고 있다면, 우리는 앞으로 어떻게 그 일을 계속할 것인가? 그렇기 때문에 온라인 제품 판매에서 멘토 프로그램 강의에 이르기까지 다양한 사고가들이 활용하고 있는 생존 전략들을 살펴볼 필요가 있는 것이다. 또한 단지 아이디어를 판매하거나 스스로를 싸게 넘기고 있다는 느낌을 전달하지 않기 위해, 진정성을 유지하면서 수익을 창출할 수 있는 방법과 관련된 중요한 질문들을 다루고 있다. 마지막으로 자기 자신과 자신의 아이디어를 구분해야 하는 필요성에 대해 현실적인 관점으로 바라보고 있다. 그리고 결코 쉬운 일은 아니라고 하더라도, 최고의 자리에 올라서기 위해 필요한 요소들을 이해하기 위해, 다양한 사고가들이 활용하고 있는 구체적인 일정 관리 및 전략들을 면밀히 들여다보고 있다.

어느 때보다 지금이야말로 자신의 경력과 우리 사회의 발전을 위해 최고의 아이디어를 창조하고 그것이 깊이 뿌리를 내릴 수 있도록 하는 노력이 중요하다. 이 책을 통해 나는 여러분이 아이디어를 창조하고 이를 널리 확산하기 위해 필요한 기반을 구축할 수 있도록 도움을 주고자 한다. 바라건대, 이 책을 여러분의 경력 발전에 박차를 가하고, 비전을 확장하고, 영향력을 발휘하고, 여러분이 꿈꿔 왔던 삶을 살 수 있도록 도움을 줄 지침서라고 생각해 주길 바란다. 〈여러분은 지금 어떤 아이디어를 함께 나누고 싶은가? 그리고 그 아이디어를 어떻게 널리 퍼뜨릴 것인가?〉

차례

1부

획기적인
아이디어를 발굴하라

여러분의 주장은 사람들의 관심을 받을 만한 자격이 있다. 하지만 2013년을 기준으로 연간 140만 권의 책이 출판되고,[1] 1분마다 유튜브에 100시간 분량의 동영상이 업로드되고,[2] 트위터에 하루에만 5억 건의 글이 올라오는 상황에서,[3] 세상 사람들의 관심을 끌기란 현실적으로 불가능한 일처럼 보인다. 하지만 그건 분명 가능한 일이다. 1부에서 우리는 주요한 성공을 거둔 사고가들이 자신의 이름을 널리 알리고, 세계적으로 영향을 미친 아이디어를 발굴할 수 있었던 과정을 낱낱이 파헤쳐 보고 있다.

먼저 우리는 사고 리더라고 하면 떠올리게 되는, 그리고 시장을 통째로 뒤집어 놓을 놀라운 지혜라고 할 수 있는 빅 아이디어를 발굴하는 방법부터 시작할 것이다. 그다음으로 앞으로 중요한 발판으로 기능하게 될 고유한 전문성을 의미하는 〈전문가 틈새 영역〉을 찾아내고, 〈독자적인 연구〉를 활용하는 방안에 대해 이야기를 나누어 볼 것이다. 또한 다양한 분야들의 이론들을 조합하고, 이를 통해 아이디어를 더욱 강화해 나가는 방법을 살펴볼 것이다. 그리고 마지막으로 많은 사람들이 복잡한 현상을 쉽게 이해할 수 있도록 〈시스템을 체계적으로 정리〉하는 방법에 대해 논의해 볼 것이다.

오늘날 수많은 아이디어들로 흘러넘치는 시장에서 우리는 사람들이 왜 우리의 아이디어에 빨리 주목해야 하는지 설득해야 한다. 오늘날 최고의 사고가들이 만든 모형을 따라 나가면서 자신의 다양한 아이디어들을 결합하고, 그것이 사회적으로 얼마나 가치 있는 것인지를 보여 줌으로써 우리는 시끄러운 소음을 뚫고 나아갈 수 있을 것이다.

1장

빅 아이디어

아인슈타인의 상대성 이론, 간디의 비폭력 불복종 운동, 그리고 칼 융의 집단 무의식. 이와 같은 빅 아이디어는 기존의 믿음과 기대를 뒤엎고 많은 사람들이 세상을 새로운 눈으로 바라보도록 한다. 이러한 아이디어들이 세상에 등장하기 위해서 천재는 영감을 얻어야 한다. 뉴턴은 사과가 떨어지는 것을 보고 깨달음을 얻었고, 아르키메데스는 목욕을 하면서 유레카를 외쳤다. 이처럼 한순간에 모든 것이 분명해진다. 그렇지 않은가?

진실은 이보다 좀 더 복잡하다. 빅 아이디어는 고독하게 살아가는 귀한 혈통의 학자들의 머릿속에서 나오는 것이 아니다. 그 대신 올바른 질문을 던지고, 세상을 바라보는 새로운 시선에 항상 마음을 열어 놓고 있는 수많은 일반 사람들로부터 부화한다. 『창조성, 신화를 다시 쓰다*The*

Myths of Creativity』의 저자 데이비드 버커스David Burkus는 창조성이란 자신은 절대 도달할 수 없는, 그리고 다른 특별한 사람들만을 위한 가치라고 생각하는 것은 스스로에게 주어진 책임을 회피하는 것이라고 말하고 있다. 시작하기도 전에 포기하는 것이 아니라 마음을 열고 당당히 도전하는 것이야말로 우리의 의무다.

진정한 사고 리더들은 다른 사람들이 하지 않는 질문들을 던짐으로써 동기를 얻고, 다른 이들이 당연하게 받아들이는 가정에 의문을 품는다. 가령, 예전에 의사들은 궤양이 스트레스 때문에 발병한다고 믿었다. (의학 단체로부터 배척을 당했던 호주의 한 무명 의사가 스스로를 감염시키고 치료하는 연구를 통해 증명하기 전까지 의학적인 〈진리〉로 받아들여졌다. 하지만 실제로 궤양은 박테리아 감염의 결과다.)[1] 그리고 우주 비행처럼 위험성이 높은 사업은 정부가 주도를 해야 한다고 믿었다. (적어도 일론 머스크 Elon Musk와 리처드 브랜슨Richard Branson 같은 기업가들이 민간 차원에서 성공적으로 우주 비행 비즈니스를 추진하기 전까지는 그랬다.) 또한 유일한 대학 교육 방식은 교수가 소규모 학생 집단을 대상으로 강의를 하는 것이었다. (적어도 스탠퍼드 교수 서배스천 스런Sebastian Thrun이 온라인 시범 강의에 16만 명의 학생들이 몰려든 것을 목격한 이후로, 종신 재직권을 포기하면서 온라인 무크 사이트인 유다시티Udacity를 설립하기 전까지는 그랬다. 여기서 16만 명은 스런 교수가 기존 강의실에서 평생 동안 만날 수 있었던 학생들의 수보다 더 많은 규모를 의미한다.)

빅 아이디어를 발견하기 위해 우리는 올바른 질문을 던지는 기술을 익혀야 한다. 기존의 지혜를 그대로 받아들이는 것은 쉬운 일이다. 그리고 그것은 항상은 아니더라도 일반적으로 올바른 선택이다. 그러나 기존의 지혜가 무너질 때 혁신이 모습을 드러낸다. 스런은 얼마나 많은 학생들이 자신의 첫 강의에 등록할 것인지 예상하지 못했지만, 놀라운 결과를 직접 목격하고 나서 곧바로 새로운 모험을 떠날 채비를 시작했다. 두려움을 모르는 호주 의사 배리 마셜Barry Marshall은 헬리코박터 파이로리 혼합물을 직접 먹어 보기 전까지 자신의 가설을 100퍼센트 확신하지 못했지만, 그럼에도 자신의 믿음을 기꺼이 시험해 보았다. 이 장에서 우리는 기존의 암묵적 가정들에 도전하고, 어떤 일이 정말로 불가능한 것인지, 아니면 단지 사람들 대부분이 굳이 더 알아보려고 하지 않을 만큼 골치 아픈 문제일 뿐인지를 가늠하는 방법에 대해 살펴볼 것이다. 그리고 그 다음에 뭐가 있는지, 질문을 던지는 노력이 얼마나 중요한 것인지 확인해 볼 것이다. 이는 급속하게 변화하는 세상에서 대단히 중요한 과제다. 눈앞에 놓여 있는 것은 누구든지 쉽게 확인할 수 있다. 하지만 자신의 시야를 확장하고, 내년, 혹은 5년, 10년의 미래를 비판적인 시각으로 바라볼 때, 우리는 이러한 논의에 진정한 가치를 더할 수 있을 것이다. 마지막으로 개인적인 경험으로부터 빅 아이디어를 이끌어 내는 방법에 대해 살펴볼 것이다.

우리는 어떤 전제를 만들어 내고 있는가?

모든 분야에는 유용한 전제들이 있다. 일반적으로 인정받는 전제들은 시간을 절약해 주고(우리는 바퀴를 다시 발명해야 할 필요가 없다), 헛된 시도를 하지 않도록 막아 준다. 그러나 이러한 전제들은 또한 우리가 새로운 아이디어를 찾아 떠나지 못하도록 가로막기도 한다. 빅 아이디어를 발견하기 위해 우리는 우리 모두를 가로막고 있는 이러한 전제들에 질문을 던져야 한다. 기존의 선입견으로부터 벗어나지 못한 사람들과 똑같이 생각해서는 성공할 수 없다. 우리는 〈~라면 어떨까?〉, 혹은 〈왜 안 될까?〉라고 물어야 한다. 여러분이 기존의 선입견에서 완전히 자유로운 아웃사이더라고 생각해 보자. 일반적으로 사람들이 일을 처리하는 방식에 대해 아웃사이더는 뭐라고 생각할까? 그들이 보기에 직관에 반하거나 시대에 뒤떨어진 관습이 있는가? 새롭고 다른 방식으로 업무를 처리할 수 있을까? 바로 이러한 질문들에 대한 대답이 빅 아이디어의 씨앗이 될 수 있다.

현재 애리조나 주립 대학의 명예 교수로 있는 로버트 치알디니Robert Cialdini가 바로 그러한 사례에 해당한다. 영향력과 설득을 주제로 연구했던 젊은 시절, 치알디니는 전통적인 방식으로 실험을 했다. 즉, 피실험자들을 연구실에 모아 놓고 그들을 대상으로 다양한 실험을 했다. 하지만 오랜 시간 학생들에게 강의를 하는 동안 마음에 걸리는 부분이 하나 있었다. 많은 학생들이 손을 들고 실험실 결과가 실제 세상에서도 똑같이 재현될 것인지 어떻게 확신할 수 있느냐고 물었다. 치알디니는 이렇게 떠올린다. 〈저는 학생들에게 실험실에서 얻은 결과물이 실제 환경에서 우리가 확인할 수 있는 현상을 그대로 반영하는 것이라고 믿어야만 한다고 말했습니다. 우리가 연구하고 있는 원리는 어디에나 적용되고 인간의 심리 역시 마찬가지라고 설명을 했죠. 이러한 대답에 어떤 학생들은 수긍을 했지만 다른 학생들은 의심쩍어하며 이렇게 말했습니다.《증거를 확인하고 싶습니다.》어느 순간 저는 학생들이 대단히 중요한 부분을 지적하고 있다는 사실을 깨닫게 되었습니다.〉

치알디니는 오랫동안 훈련을 받았던 대로 연구실 안에만 틀어박혀 똑같은 실험을 계속할 수 있었다. 실제의 삶을 반영하는(그가 바랐듯이) 통제된 실험들을 고안함으로써 학자로서 대단히 성공적인 경력을 이어 나갈 수 있었다. 하지만 학생들의 질문에 영감을 얻었던 그는 지금까지와는 다른 뭔가를 시도하고자 했다.

그는 이렇게 떠올리고 있다. 〈연구실 밖으로 뛰쳐나가서 영향력 있는 전문가들의 세상 속으로 들어가 보기로 결심을 했죠.〉 그는 영업 사원이나 마케터, 혹은 펀드 매니저처럼 설득과 함께 살아가고 있는 사람들의 눈을 통해 세상을 바라보고 싶었다. 물론 그건 생각보다 힘든 일이었다. 학술 분야의 경계를 벗어나 실험을 시작하면서 그는 예전에 없었던 골치 아픈 과제들과 직면하게 되었다. 초기의 한 실험에서 치알디니는 집을 일일이 찾아다니며 요청을 하는 방식으로 유나이티드 웨이United Way에 대한 기부 액수를 높일 수 있을지 검증해 보기로 했다. 그는 이렇게 언급했다. 〈그 실험은 연구실에서 했던 것보다 약 3배 정도 시간이 더 걸렸습니다.〉 먼저 경찰로부터 허락을 얻어야 했고, 낯선 사람들의 집을 찾아가서 노크를 하고, 간혹 적대적인 반응을 드러내는 집주인이나 경비견들과 맞닥뜨릴 각오가 되어 있는 연구 보조원들도 찾아야 했다.

그래도 치알디니는 실험을 계속했고 신중하게 실험 조건들을 관리했다. 그는 말한다. 〈보조원들에게 항상 무작위로 방식을 할당해 주었습니다. 먼저 유나이티드 웨이에 대한 기부를 요청하는 일반적인 방식이 있었고, 다음으로 이와는 다른 새로운 방식이 있었습니다. 연구 보조원들이 기존 방식으로 기부를 요청할 것인지, 아니면 새로운 방식으로 요청할 것인지는 집의 번지수를 기준으로 결정을 했습니다.〉 새로운 방식의 경우, 치알디니 연구팀은 기존의 요청 방식에다가 〈단 1센트도 도움이 됩니다*Even a penny would help*〉처럼 다섯 단어로 이루어진 문장을 추가했다. 그 결과 기부 액수는 2배로 증가한 것으로 나타났다. 치알디니는 이렇게 지적했다. 〈1센트도 괜찮다는데 누가 거절을 하겠습니까? 1센트의 기부도 거절한다면 스스로에 대해 어떤 느낌이 들겠습니까? 결과적으로 2배나 더 많은 사람들이 기부를 했습니다. 물론 그렇다고 실제로 1센트만 기부한 사람은 없었습니다. 유나이티드 웨이에 기부를 하기로 결심하면서 실제로 1센트만 내려는 사람은 없을 테니까요. 모두들 적절한 금액을 기부했습니다. 사람들은 스스로를 부정적인 시각으로 바라보기를 원치 않습니다.〉

마지막으로 그는 학생들의 질문에 대한 대답을 내놓고자 했다. 그는 단지 연구실이 아니라 현실 세상에서도 똑같은 현상을 확인할 수 있다는 사실을 증명해 보였다. 앞서 왜 다른 학자들이 실제 세상에서 설득을 주제로 한 실험을 수행하려고 하지 않았는지 이해하기는 어렵지 않다. 그 과정에서 대단히 복잡한 문제들을 처리해야 하기 때문이다. (경찰에 알리기, 경비견과 마주하기 등.) 그래도 치알디니는 도전했고 성과를 거두었다. 그리고 덕분에 자신의 분야에서 최고의 자리에 오를 수 있었다. 오늘날 그는 다양한 블루칩 기업 고객들을 대상으로 컨설팅 서비스를 제공하고 있으며, 200만 부 이상의 판매를 기록한『뉴욕 타임스』베스트셀러의 작가다.

사실 영향력에 관한 실험을 실제 세상에서 실시하겠다는 〈빅 아이디어〉는 이론적으로 모든 심리학자들에게 가능한 선택이었다. 분명하게도 치알디니는 실제 세상으로부터의 데이터가 존재하지 않는다는 사실과 관련하여 학생들로부터 질문을 받았던 첫 번째 교수는 아니었을 것이다. 그러나 치알디니는 학생들의 지적에 귀를 기울이고 스스로 〈더 나은 방법이 없을까?〉라고 물었던 첫 번째 교수이기는 했다.

치알디니가 심리학 세상을 바꾸어 놓았던 것처럼 우리 모두는 각자의 분야에서 기존의 전제에 도전함으로써 변화를 이끌어 낼 수 있다. 가령, 택시 산업과 관련된 다양한 전제들은 수십 년 동안 도시의 삶 속에 깊이 뿌리를 내리고 있었다. 하지만 스마트폰이 등장하면서 사람들은 이제 이렇게 묻고 있다. 〈시간적으로 여유가 있는 일반인들의 차를 얻어 탈 수 있다면?〉 그리고 실제로 오늘날 우버Uber와 같은 차량 함께 타기 서비스 시장의 신생 기업들은 수십억 달러의 가치를 자랑하고 있다. 그리고 여분의 침실들이 그저 텅 빈 채로 남아 있던 세상에서 에어비앤비Airbnb와 같은 업체가 등장하면서 단기 임대를 쉽고 매력적인 비즈니스로 만들어 주었고, 그 결과로 호텔 산업은 치명적인 타격을 입게 되었다. 그리고 지금까지 전문 인력들은 계약 관련 문제로 인해서 많은 비용을 지불하고 정직원 신분을 보장받을 것인지, 아니면 운에만 모든 걸 맡겨야 하는 임시 계약에 만족해야 할 것인지 선택해야만 했다. 하지만 더 이상 그럴 필요가 없다. 이제 전문 인력들은 오데스크oDesk와 이랜스Elance 같은 온라인 사이트들을 통해서 계약과 관련하여 솔직한 리뷰와 추천을 기반으로 단기적인 도움을 쉽게 얻을 수 있게 되었다. 그렇다면 이제 우리는 더 이상 〈비즈니스 관행〉이라고 하는 폭군의 신하가 아닌 셈이다.

기존 상황에 도전함으로써 우리는 업무적 인지도와 경제적 보상 등 상당한 이익을 얻을 수 있다. 하지만 해피엔드를 향한 여정은 멀고도 험하다. 그래서 많은 사람들이 그 길을 선택하지 않는 것이다. 대부분의 시스템들은 법칙을 깨트리는 사람이 아니라 그것을 따르는 자에게 보상을 준다. 교수들은 학술지에 자주 논문을 게재할수록 높은 평가를 받는다. 이러한 상황에서 일반적인 연구보다 시간이 3배나 더 오래 걸리는 방식으로 실험에 도전하는 것은 가능한 빨리 논문을 써내기 위한 적절한 방법은 아닐 것이다. 〈들어가며〉에서 확인했던 다이앤 멀케이의 사례처럼 산업 내부의 기존 전제에 도전할 때 우리는 실질적인 역풍을 만나게 된다. 배리 마셜도 괴짜 취급을 받았다. 기존의 의학 단체는 과학적인 증거에도 불구하고 그들이 이미 위궤양의 원인을 알고 있다고 확신했다. 어떠한 분야도 일반적으로 인정하는 가정에 도전하는 자들을 달갑게 여기지 않는다. 하지만 이와 같은 단기적인 비난을 감수할 의지가 있다면 궁극적으로 자신의 분야에 엄청난 기여를 할 수 있다. 기본적인 가정에 의문을 던지지 않았더라도 치알디니는 여전히 성공적인 교수로 남아 있을 것이다. 하지만 수백만 명의 사람들에게 많은 영향을 미친 유명인이 되지는 못했을 것이다. 그는 이렇게 말한다. 〈그 성과는 모든 불편을 감수할 만한 가치가 있는 것이었습니다.〉

생각해 볼 질문

■ 다른 사람들이 못 보고 지나치는 것이 있는가?

■ 여러분이 활동하고 있는 분야에 존재하고 있는 근본적인 전제는 무엇인가? 사람들은 그러한 전제에 질문을 던지고 검증을 하고 있는가? 그렇다면 얼마나 오랫동안 그렇게 하고 있는가? 그리고 이를 통해 상황이 얼마나 많이 바뀌었는가?

■ 새로 들어온 〈신입들〉이 종종 던지는 질문들 중에서 사람들의 외면이나 무시를 받는 것이 있는가? 그러한 질문들을 진지하게 받아들일 방법이 있는가? 그렇게 한다면 사람들의 반응은 어떨까?

■ 여러분의 분야에서 〈올바른 방식〉으로 업무를 처리하기 위한 전통적인 지혜는 무엇인가? 이와 반대로 행동할 때 무슨 일이 벌어질까? 그리고 사람들의 반응은 어떠할 것인가?

■ 여러분의 분야에서 대다수 사람들이 불가능하다고 생각하는 것은 무엇인가? 그것은 정말로 불가능한 것인가? 아니면 단지 어려운 일인가?

■ 성공적으로 수행했을 때, 여러분의 분야에서 업무를 처리하는 방식을 완전히 바꾸어 놓을 수 있는 연구나 프로

그램은 무엇인가?

다음에 무엇이 올 것인가?

우리들 대부분은 정말로 큰 그림을 볼 수 있다. 인터넷의 중요성은 날로 높아지고 있다. 모바일 기술은 데스크톱의 존재를 몰아내고 있다. 인도와 중국의 경제는 급속도로 확장하고 있다. 그렇다……. 그런데 이 모든 것들은 무엇을 의미하는 것일까? 우리는 파도가 밀려오는 광경을 보고 있다. 그렇다면 그러한 정보를 어떻게 이용해야 할까? 새로운 경제 속에서 어떻게 성공을 준비해야 할까? 많은 사람들이 지금 벌어지고 있는 현상에 대해서 이야기하고 있지만 미래를 준비해야 할 필요성에 대해서는 별로 주목하지 않고 있다.

리타 건서 맥그래스Rita Guuther McGrath가 깨달았던 것처럼, 사람들이 미래를 준비하도록 도움을 줄 수 있다면, 즉 다가오는 도전 과제에 대한 실질적인 해결책을 제시할 수 있다면, 그들은 실질적인 지혜를 구하기 위해 여러분을 주목하게 될 것이다. 컬럼비아 비즈니스 스쿨 교수로 있는 맥그래스는 〈유지 가능한 경쟁 우위〉(유명하게도 하버드 비즈니스 스쿨의 전설적인 학자 마이클 포터Michael Porter

가 제안했던)라고 하는 개념이 비즈니스 세상의 변화의 속도가 한층 높아지면서 의미를 잃어버리고 말았다고 지적했다.[2] 몇 년 전만 하더라도 경쟁자들의 위협은 눈에 뻔히 보였다. 가령, 전화기 기업들은 다른 전화기 업체들의 움직임에만 주목하면 되었다. 하지만 이제 그들은 컴퓨터 비즈니스로 시작했던 애플, 혹은 검색 엔진으로 시작했던 구글을 두려워하고 있다. 맥그래스는 이렇게 말한다. 〈급격한 변화의 흐름이 일상적인 삶 속에서 사람들이 접촉하게 되는 기업들(노키아나 블랙베리 같은)을 건드리기 시작하고 있습니다. 전화기 시장에서 세계 굴지의 브랜드들이 5년 후에 사라질 수도 있다는 생각은 비현실적인 것으로 보였습니다.〉

맥그래스는 〈다음에 무엇이 올 것인가?〉라는 질문에 대한 대답을 내놓았다. 유지 가능한 경쟁 우위가 더 이상 의미가 없다면, 즉 획기적인 신제품을 다른 기업들이 10년이 아니라 1년 만에 따라잡을 수 있다면, 이제 우리는 어디로 넘어가야 할까? 맥그래스는 이 질문과 씨름하는 기업들을 위해 현실적인 대답들을 내놓기 시작했다. 그녀는 예산 수립 절차의 속도를 높이고(연 단위는 너무 길며, 분기 단위가 적절하다), 조직 내부에 지속적인 혁신의 파이프라인을 구축해야 한다고 주장했다. 그리고 아이폰의 엄청난 성공으로 기존 제품인 아이팟이 사라져 버렸던 애플 사례를 거론하면서 전반적인 체질을 강화하기 위해서 기업은 특정 분야의 비즈니스로부터 적극적으로 탈피해야 할 필요성이 있다고 강조했다. 경쟁 우위의 종말에 대해 언급하고 새로운 비즈니스 환경에서 성공하기 위한 로드맵을 제시하면서 맥그래스는 이러한 주제와 관련하여 사고 리더로 인정을 받게 되었다. 그녀의 이러한 노력은 결국 보상을 받았고, 2013년 세계에서 여섯 번째로 영향력이 강한 비즈니스 사고가로 선정되었으며, 권위 있는 싱커스50으로부터 전략상을 수상했다.[3]

사람들은 바로 눈앞에서 펼쳐지고 있는 변화의 흐름에 대해서는 쉽게 이야기를 한다. 학계에서도 그건 결코 어려운 일이 아니다. 그러나 맥그래스의 사례가 보여 주듯, 많은 사람들이 변화의 흐름이 미래와 관련하여 어떤 의미를 갖고 있는지 점차 이해하기 시작하면서 그들은 전문가의 조언을 갈망하고 있다. 오늘날 우리는 기후 변화와 이에 관련된 예외적인 현상에 관한 경고의 목소리를 듣고 있다. 그렇다면 이 경고는 바닷가에 있는 집을 팔고 내륙으로 이사를 해야 한다는 의미인가? 아니면 현재의 집에 계속해서 살면서 보수나 계량에 돈을 투자해야 한다는 말인가? 혹은 그냥 경고를 무시하고 최선의 상황을 기대해야 할까?

마찬가지로 우리는 지금 〈평평한〉 세상, 다시 말해 지정학적으로 불가지론적인 세상으로 들어서고 있다. 우리는 이기회를 어떻게 활용할 수 있을까? 해외의 가상 비서 서비스를 이용하거나 기존 업무를 아웃소싱해야 할까? 혹은 다른국가로 사업장을 이전하여 〈지리적 차익 거래geo-arbitrage〉를 통한 삶의 혜택을 누려야 할까?[4] 전 세계적으로 다양한기업들의 주식을 사들여야 할까? 변화하는 환경에 적응하는 과정에서 우리는 많은 두려움과 불확실성을 마주하게된다. 이러한 상황에서 확실하고, 합리적이고, 실천 가능한 조언을 제시할 수 있다면, 사람들은 우리 자신과 우리의 도전에 많은 관심과 인정을 보내 줄 것이다.

그렇다면 다음에 무엇이 올 것인지 어떻게 예측할 수 있을까? 한 가지 비밀은 연구와 혁신이 이루어지는 현장에가능한 가까이 머무는 것이다. 물론 신문을 읽거나 간접적인 방식으로 정보를 얻음으로써 많은 것을 배울 수 있다.하지만 변화의 흐름을 정확하게 이해하기 위해서는 앞서나아가는 사람들을 만나서 이야기하거나 직접 나서서 관찰을 하는 등 현장에서 시간을 보내야 한다. IT 분야에서오피니언 리더로 인정을 받고 있는 로버트 스코블Robert Scoble 역시 직접 정보를 얻으려는 노력의 중요성에 대해언급하고 있다. 〈연구실에 가능한 가까이 다가갈 수 있는 방법을 발견해야 합니다.〉 스코블은 블로그 활동, 구글 글라스, 블루투스 저전력 라디오 등 다양한 주제들과 관련하여 전문가로 인정을 받고 있다. 그것은 그가 이들 제품들을 직접 개발해서가 아니라(그는 발명가가 아니다), 그 개발자들을 잘 알고 있었기 때문에, 그리고 이러한 기술의 진보를 부지런히 따라잡고, 그것들을 직접 사용해 보고, 이와 관련하여 글을 쓰고, 많은 이야기를 나누었기 때문이다. 그는 이렇게 말한다. 〈깊이 있게 연구하는 사람들을 만나기 위해 항상 노력하고 있습니다.〉

물론 자체적으로 연구실을 운영하는 산업들은 많지 않지만 우리는 그 속에서 이와 비슷한 시스템, 즉 새로운 통찰력을 창출하는 고유한 공간을 발견할 수 있다. 싱크탱크나 대학들을 주목할 수도 있을 것이다. 혹은 특정 산업 내 최종 소비자나 비즈니스 최전선에서 일하고 있는 근로자들이 새로운 유행을 발견할 수도 있을 것이다. 지난 몇 년 동안 최고의 혁신들이 어디서 이루어졌는지 곰곰이 생각해 본다면 우리는 미래를 예측하기 위해 어디에 주목해야 할지 짐작할 수 있을 것이다. 로버트 스코블의 경우처럼 어떤 유행이 모습을 드러내는 초기 단계에 그 흐름을 발견할 수 있다면, 우리는 그 유행이 주류로 자리 잡기 전에 많은 이익을 얻을 수 있다. 어쩌면 여러분은 지금 새로운 혁신을 주제로 논의하는 콘퍼런스에 참석하고, 산업 관련 잡지를 읽고, 혹은 〈정통한〉 동료들과 친분을 유지하고 있다고 주장할 수도 있을 것이다. 그렇다고 하더라도 자신의 분야에서 전문가로서 이름을 날릴 수 있는 최고의 방법은 변화의 흐름의 최정상에 서서 다른 사람들에게 그 존재를 알리고 그것이 무엇을 의미하는지 그리고 어떻게 받아들일 것인지에 대해 자신의 생각을 공유하는 것이다.

생각해 볼 질문

■ 여러분이 활동하고 있는 산업 전반에 걸쳐 나타나고 있는 세 가지 흐름은 무엇인가? 그것들은 일시적인 것인가 아니면 근본적인 것인가? 여러분은 자신의 분야에 대해 잘 알지 못하는 외부인들에게 그러한 현상에 대해 어떻게 설명할 것인가?

■ 그러한 흐름들은 앞으로 몇 년 동안 현재 상황을 바꾸어 놓을 것으로 보이는가?

■ 미래의 번영을 위해 현명한 기업 혹은 개인들이 해야 할 일은 무엇인가? 무엇을 준비해야 하는가? 어떤 단계들을 밟아야 하는가?

■ 변화에 특히 효과적으로 대처하고 있는 기업이나 단

체가 있는가? 그들의 사례로부터 무엇을 배울 수 있을까?

■ 대부분의 사람들이 시도하지 않고 있는 혁신이나 새
로운 개발이 있는가?

■ 여러분의 분야에서 혁신이 일어나고 있는 곳은 어디
인가? 특정한 지역, 혹은 기업이나 사업부, 아니면 싱크탱
크인가? 여러분은 어떤 방법으로 그들의 연구 성과에 가
까이 다가가고 있는가?

자신의 경험에서 무엇을 이끌어 낼 수 있는가?

빅 아이디어를 발견하기 위해서 반드시 대학 교수가 되
거나, 혹은 IT 공동체와 협력해야만 하는 것은 아니다. 개
인의 삶과 경험으로부터도 우리는 얼마든지 빅 아이디어
를 이끌어 낼 수 있다. 여러분은 어쩌면 공식적인 연구로
부터 빅 아이디어를 이끌어 내기 위해서 박사 학위를 받거
나, 혹은 한 분야에서 오랫동안 경험을 쌓는 것과 같이 특
정한 〈자격을 갖추어야〉 한다고 생각할지 모른다. 물론 그
러한 자격은 중요한 자산이다. 하지만 그게 유일한 통로는
아니다. 때로는 우리가 살아온 배경이 다른 사람들과 다른
시선으로 세상을 바라보도록 해주는 고유한 조합을 창조하
는 뜻밖의 요소로 작용하기도 한다. 『포브스』 블로그 기사

를 쓰기 위해 싱커스50에서 데스 디어러브의 파트너 역할을 맡고 있는 스튜어트 크레이너Stuart Crainer와 인터뷰를 했을 때 그는 내게 다양한 출신의 사고가들로부터 신선한 통찰력을 발견하곤 한다는 이야기를 들려주었다. 가령, 마술사로 활동하고 있는 와튼 스쿨의 교수 애덤 그랜트Adam Grant, 정식 교육을 받은 정신과 의사인 인시아드INSEAD의 잔피에로 페트리글리에리Gianpiero Petriglieri, 그리고 혼자서 배를 타고 세계를 일주한 것으로 널리 알려진, 그리고 이후에 비즈니스 이론가로 거듭 났던 유명 요트 애호가 엘런 맥아더Ellen MacArthur[5]가 그렇다.

로즈 슈만Rose Shuman의 경우, 그녀는 예상치 못했던 개인적인 경험으로 인해 새로운 삶의 여정을 시작하게 되었다. 열여덟 살이 되던 무렵, 슈만은 가족 여행 차 니카라과에 있는 새 어머니의 친척 집을 방문하게 되었다. 그녀는 말한다. 〈당시는 니카라과 내전이 끝난 지 얼마 되지 않은 때였고 그곳 환경은 제게 실로 충격적이었죠. 상황이 대단히 열악했습니다. 국가 전체를 통틀어 신호등은 단 하나밖에 없었죠. 메릴랜드 교외에서 자란 저에게는 참으로 낯선 광경이었습니다.〉 그 여행을 시작으로 슈만은 국제 개발 프로그램에 관심을 갖게 되었고 이후 대학을 마치고 본격적으로 그 분야에 몸을 담았다.

그녀는 개발 도상국 시장에서 첨단 안경 기술을 바탕으로 사업을 운영하는 영국 기반의 사회적 기업에서 비즈니스 개발 업무를 맡게 되었다. 아직까지도 전 세계적으로 10억 명이 넘는 사람들이 시력 검사를 제대로 받지 못하고 있다. 이 분야에서 아주 오래 일을 하는 동안 슈만은 소외된 사람들에게 다가갈 수 있는 방법을 발견하기 위해 노력했다.

　어느 날 오후 그녀는 관련된 주제로 브레인스토밍 시간을 가졌다. 그 시간의 주제는 다음과 같은 질문이었다. 〈그들에게 어떻게 인터넷을 가져다줄 수 있을까?〉 여러분은 아마도 빈곤층에 노트북을 지원하는 사업에 대해 들어 보았을 것이다. 하지만 슈만은 여행을 하던 도중에 첨단 기술에 접근하지 못하고 있는 많은 사람들이 여전히 도움을 받지 못하고 있다는 사실을 깨닫게 되었다. 그녀는 말한다. 〈우선 글을 읽을 줄 알아야 합니다. 다음으로 전기를 공급하고 컴퓨터를 설치할 안전한 장소가 필요합니다. 그리고 컴퓨터 사용법을 배워야 하고 운영 체제가 그들이 사용하는 언어로 개발되어 있어야 합니다. 그렇지 못하다 보니 인터넷을 접한 사람이 많지 않은 겁니다. 그들은 새로운 언어를 배워야 합니다. 그 후에야 비로소 인터넷으로 검색을 하게 될 것이며, 그러면 뭔가 좋은 일이 일어나게 될 겁니다. 하지만 그건 엄청나게 많은 단계들로 이루어진 절차입니다. 이러한 단계들을 없애서 단순한 과정으로 만들 수는 없는 걸까요?〉

대학 캠퍼스나 환승 정류장에 설치된 공중전화 박스에서 영감을 얻은 슈만은 결론을 얻기 위해 4시간 동안 공책을 끼적였다. 그들이 자신의 언어로 말을 하고, 컴퓨터 앞에 앉아 문제를 검토하고 질문에 대답할 준비가 되어 있는 사람들과 전화로 통화할 수 있다면 어떨까? 슈만은 말한다. 〈음성을 통해서 최종적으로 인터넷 연결이 이루어질 것이며, 그렇게 된다면 사람들은 인터넷의 추상적 개념을 이해할 필요가 없을 겁니다. 그리고 곧바로 인터넷의 혜택을 누리게 될 겁니다.〉

그것은 바로 현재 인도, 그리고 아프리카 사하라 이남 지역에서 이루어지고 있는 비영리 프로젝트인 퀘스트션 박스Question Box의 시작이었다. 그녀는 말한다. 〈개념을 잡는 데 4시간이 걸렸고 이를 완성하고 실현하기까지 7년의 세월이 걸렸습니다.〉 그 과정에서 슈만은 TED 펠로우의 자격으로 이름을 올렸고 『뉴욕 타임스』에 소개가 되었으며, 현재는 USC 마셜 비즈니스 스쿨에서 강의를 하고 있다.

이제 학생에서 농부, 그리고 고아에 이르기까지 많은 소외된 사람들이 〈세상에서 제일 부자는 누구인가?〉에서 농산물 가격 정보에 이르기까지 그들이 하고 싶었던 수많은 질문을 마음껏 할 수 있게 되었다. 슈만이 좋아하는 질문들 중에는 이런 것도 있었다. 〈피라미드들이 움직인 적이 있습니까?〉 그녀가 말하길, 퀘스천 박스는 근본적인 관점에서 〈삶의 수준을 높여 주는 도구〉, 다시 말해 인터넷의 혜택과 세상의 모든 정보를 그동안 고립되어 있었던 이들에게 나누어 주는 통로다.

한편으로 슈만의 이야기는 아르키메데스처럼 한순간에 〈빅 아이디어〉를 떠올린 극적인 사례처럼 보인다. 불꽃 튀는 브레인스토밍 4시간 동안 그녀는 평생 동안 추구해야 할 사업의 지도를 완성했다. 하지만 십 대 시절에 가족들과 함께 니카라과로 여행을 떠나지 않았더라면, 그리고 개발 도상국들을 여행하면서 직접 현장들을 답사하지 않았더라면, 슈만은 그 아이디어를 완성하지 못했을 것이다. 비록 그녀의 아이디어는 대단한 것이기는 했지만 아이디어 자체만으로는 충분하지 않았다. 전 세계를 무대로 아이디어를 실현하기 위해 슈만은 이후로 10년에 가까운 세월 동안 꾸준히 노력을 해야만 했다.

외부인들은 빅 아이디어를 보고 종종 이렇게 놀란다. 〈틀림없이 어떤 천재가 생각해 낸 아이디어로군!〉 물론 사고 리더들은 모두 똑똑한 사람들이지만 그렇다고 해서 천재만이 빅 아이디어를 떠올릴 수 있는 것은 아니다. 다양한 전문가들 역시 이미 충분한 기술을 보유하고 있다. 다시 말해, 올바른 질문을 던지고, 기존 전제에 도전하고, 내면의 직관에 귀를 기울임으로써 세상이 놓치고 있는 가치를 발견할 수 있는 역량을 갖고 있다. 궁극적으로 이러한 빅 아이디어를 확산하고 실현하는 과정에서 반드시 필요한 요소는 성실함과 끈기다.

스티븐 존슨Steven Johnson은 자신의 저서 『탁월한 아이디어는 어디서 오는가Where Good Ideas Come From』에서 〈느린 직감〉의 중요성에 대해 언급하고 있다. 최고의 아이디어는 때로 그 모습을 분명하게 드러내기까지 오랜 시간을 필요로 하고 그 시간은 몇 년이 되기도 한다. 예를 들어, 찰스 다윈은 진화론을 최종적으로 완성하기까지 수개월 동안 그 이론의 핵심적인 개념들을 개략적으로 메모하고 있었다. 많은 사람들의 경우, 빅 아이디어는 개념들을 새롭게 정의하거나 연구 과정에서 떠오르는 새로운 질문들에 대답하는 과정의 수없는 반복을 통해 모습을 드러낸다. 우리는 자신의 개인적인 경험을 통해 다른 사람들과 색다른 방식으로 세상을 바라볼 수 있다. 그 대상이 공중전화 박스든, 아니면 핀치 새의 부리이든 간에 우리의 눈앞에 놓인 사물에 집중하자. 그리고 이를 통해 새로운 아이디어와 연구의 방향을 발견하자. 진심으로 주목하고 귀를 기울일 때 우리는 완전히 새로운 방식으로 그 대상을 경험하게 될 것이다.

생각해 볼 질문

■ 자신의 세계관을 바꾸어 놓았던 개인적인 경험이 있었나?

■ 자신이 맡고 있는 업무나 프로젝트, 혹은 지금 만들어 내고 있는 연구 성과에 대해 생각해 보자. 앞서 해결했던 질문으로부터 자연스럽게 따라 나오는 질문은 무엇인가?

■ 여러분의 분야에 있는 다른 사람들이 해보지 못했을 여러분만의 고유한 경험은 무엇인가? 이는 자신의 분야를 바라보는 여러분의 관점에 어떤 영향을 미쳤는가?

2장

전문 영역 창조

사고 리더십에서 우리는 때로 크게 나아감으로써 성공을 거둘 수 있다. 로버트 치알디니는 영향력과 설득의 암호를 풀어냈고, 리타 맥그래스는 경쟁 우위 종말의 시대에 기업이 성공을 거둘 수 있는 방법을 제시했다. 그러나 개인의 열정과 목표를 바탕으로 특정한 영역에 집중하는 전략이 더 나을 수도 있다. 세상이 돌아가는 방식, 혹은 미래의 흐름과 관련하여 방대한 이론을 개발하는 대신, 우리는 많은 사람들이 간과하고 있는 특정한 분야에서, 즉 개인의 해박한 지식과 그러한 지식을 통해 의사소통할 수 있는 역량이 빛을 발하는 영역에서 전문가로 올라설 수 있다. 그리고 일단 특정 영역에 자리를 잡았다면 다른 영역으로도 쉽게 영향력을 확장해 나갈 수 있다.

특정 분야의 지식을 구축하려는 노력은 경력의 범위를

제한하는 것으로 보일 수 있지만, 때로 이러한 전략은 경쟁을 뛰어넘을 수 있는 유일한 길이 될 수 있다. 여러분의 분야에서 이미 수많은 사고 리더들이 활동하고 있다면 전문가로 인정받기는 더욱 어려울 것이다. 독자들은 기존 전문가를 더 신뢰할 것이며, 하위 분야에 대한 여러분의 지식이 일반적인 전문가들의 수준을 뛰어넘지 않는 이상 여러분에게 관심을 주어야 할 이유를 발견하지 못할 것이다.

IT 세상을 한번 살펴보자. 로버트 스코블은 말한다. 〈IT 블로거로 이름을 알리고 싶다면 테크크런치TechCrunch, 기가옴Gigaom, 버지The Verge와 경쟁을 벌여야 합니다. 이들 블로그에는 150명에 가까운 전문가들이 활동하고 있습니다. 이처럼 치열한 시장에서 한 사람의 개인으로서 자신의 이미지를 드러낼 수 있을 거라 생각하십니까? 저는 그렇게 생각하지 않습니다.〉

자신의 영역 발견하기

첫 번째 단계는 자신의 영역을 발견하는 것이다. 여러분은 어떤 주제에 대해 논의할 자격을 갖추고 있는가, 혹은 어떤 일에 많은 관심을 갖고 있는가? 어릴 때부터 좋아해 온 취미가 그런 일이 될 수 있다. 여러분은 어쩌면 아주 오랫동안 한 가지 주제에 대해 연구를 하고 있거나, 혹은 특정 분야에서 수준 높은 학위를 보유하고 있을지도 모른다. 아니면 혼자서 광범위한 분야를 연구하고 있을 수도 있다. 〈부자가 되는 법을 알려 주마〉(나중에 책으로도 나와서 『뉴욕 타임스』 베스트셀러에 오른)라고 하는 유명 블로그를 만들었던 래미트 세시Ramit Sethi의 경우가 바로 그랬다. 세시는 원래 회계사나 금융 플래너가 아니었다. 대신 그는 현장에서 직접 개인적인 금융 지식을 배웠다. 〈우리 집은 가난했습니다. 아버지는 이렇게 말씀하셨죠.《대학을 가려거든 장학금을 받아라.》〉 세시는 내게 이렇게 말했다. 〈그래서 저는 예순다섯에서 일흔 가지의 장학금을 신청하는 시스템을 개발했고 결국 제 힘으로 대학을 다닐 수 있었죠.〉 성공 스토리다. 하지만 세시는 초기의 실패로부터 많은 것을 배웠다. 그는 처음으로 받았던 장학금을 가지고 주식에 투자를 했다. 하지만 절반을 잃고 말았다. 그는 당시를 이렇게 떠올렸다. 〈이런 생각이 들더군요.《돈이 어떻게 돌아가는지 더 공부를 해야겠어.》〉 그 이후로 세시는 새로운 길을 향해 걸어가게 되었다. 인생의 여정은 때로 이와 같은 순간에 분명하게 드러나곤 한다.

하지만 어디서 시작해야 할지 확신이 서지 않는다면? 그럴 때 좋은 전략은 자신의 열정에 주목하고, 그 열정이 자신을 이끄는 방향으로 따라가는 것이다. 네이트 실버 Nate Silver는 4년 동안 회계 기업에서 근무하고 있었고 자신의 업무에 대해 지루함을 느끼고 있었다. 그러던 어느 날 인터넷과 통계 자료, 그리고 순위를 함께 조합하는 일에 도전해 보기로 했다. 가장 먼저 그는 시카고에 있는 멕시코 레스토랑들의 점수를 매기는 버리토 브래킷Burrito Bracket이라고 하는 웹 사이트를 만들었고 다음으로 인터넷 포커를 시작했다.[1] 대학에서 경제학을 전공하면서 기본적인 통계학 과목을 수강했고 많은 미국인들처럼 여가 시간에는 종종 야구장을 찾았다. 하지만 단지 경기를 관람하거나 응원을 하는 것에 그치지 않고 그는 성적을 기준으로 선수들의 순위를 매기는 시스템을 개발했다. 그리고 놀랍게도 이는 대단히 정확한 것으로 드러났다.

이후 베이스볼 프러스펙터스Baseball Prospectus가 그 시스템을 인수하면서 실버는 몇 년에 걸쳐 시스템의 관리를 맡았다. 그리고 이후로 실버는 자신이 좋아하는, 그리고 복잡하고 많은 오해를 받고 있는 분야인 정치 쪽으로 관심을 기울이게 되었다. 다양한 여론 조사 기관들은 수많은 조사 결과들을 발표하지만 거기서 일관성을 발견하기란 쉽지 않다. 실버는 더 정확하게 결과를 예측할 수 없을지 궁금한 마음이 들었다. 그리고 이러한 의문에 대답을 내놓기 위해 2008년 미국 대선 기간 동안 파이브서티에이트 FiveThirtyEight라는 블로그를 만들어 대부분의 기관들보다 더욱 정교한 방식으로 통계 분석 작업을 실시했다. (그 이름인 538은 미국 대선에 참여하는 선거인단의 수를 의미한다.) 그 과정에서 네이트 실버는 열렬한 지지층을 확보하게 되었고 놀랍게도 정확한 예측을 내놓을 수 있었다.

2010년 봄 실버는 보스턴에 있는 앰트랙 기차역에서 『뉴욕 타임스 매거진』 편집자를 우연히 만나게 되었다. 그리고 그것은 또 한 번의 기회가 되었다. 그때 실버는 그 잡지에 몇 편의 기사를 기고해 달라는 편집자의 요청에 동의를 했다. 이후 요청은 계속해서 들어왔고, 결국 2012년 선거 기간(실버가 완벽하게 예측을 했던) 동안에 그는 『뉴욕 타임스』와 3년 라이선스 계약을 맺고 블로그 기사를 게시하기로 했다.[2] 이후 실버는 베스트셀러 책을 펴내면서 방대한 팬층까지 확보했다. 선거 전날에 그의 블로그를 찾은 방문객들의 수는 『뉴욕 타임스』 전체 온라인 트래픽에서 20퍼센트를 차지할 정도였다. 2013년 실버는 파이브서티에이트에서 ESPN으로 자리를 옮겼고 거기서 스포츠, 정치, 경제 분야를 다루는 뉴스룸을 진행하고 있다. 이 프로그램 역시 실버의 통계적 접근 방식을 중심으로 이루어지고 있다.

하지만 실버는 통계학자도 아니었고 석사 학위조차 없었다. 그래도 대학 시절에 했던 공부 덕분에 〈충분한〉 지식을 갖추고 있었다. 하지만 처음부터 야구나 정치 분야를 바꾸어 보고 싶다고 생각했던 것은 아니었다. 그는 먼저 버리토와 포커를 가지고 실험을 했다. 그리고 자신의 열정을 계속해서 따라갔고 마침내 자신의 가치를 인정받을 수 있는 특정한 분야를 발견하게 되었다. 물론 야구와 정치는 서로 다른 분야다. 하지만 실버는 복잡한 숫자를 의미 있는 이야기로 엮어 내는 자신의 능력을 바탕으로 그 경계를 뛰어넘었고 스스로 유명인의 반열에 오르게 되었다.

자신의 영역에 집중하기

여러분은 어쩌면 너무 많은 분야에 관심이 있어서 한 가지에 집중할 수 없는 것인지도 모른다. 사실 그건 내가 오래 전에 겪었던 문제이기도 하다. 나는 혼자서 마케팅 컨설턴트로 일을 하고 있었고 책을 쓸 궁리도 하고 있었다. 그 두 가지 일 모두 나의 장기적인 목표를 달성하기 위한, 그리고 새로운 비즈니스에 도전하기 위한 통로가 되어 줄 것으로 보였다. 하지만 무엇을 주제로 글을 써야 할 것인지 결정하기는 쉽지 않았다. 컨설팅 서비스 분야에서 나는 제너럴리스트였다. 나는 고객들이 마케팅 기획과 소셜 미디어 전략을 수립하고, 메시지를 전달하고, 기업을 홍보하는 일과 관련하여 도움을 주고 있었다. 대선 기간에는 대변인과 저널리스트로 활동했고, 또한 비영리 단체를 운영하면서 다큐멘터리 영화까지 제작하기도 했다. 게다가 신학교를 다닌 적도 있었다. 이러한 나의 경험들 중에서 어떤 것을 중점적으로 글을 써야 할지, 그리고 더 중요하게도 어떤 주제가 독자들의 관심을 끌어들일 수 있을 것인지 이해하기란 힘든 일이었다.

내가 한 가지 분야에 집중하기 시작한 것은 2010년에 『하버드 비즈니스 리뷰』를 통해 블로그 활동을 하면서부터였다. 내가 거기에 두 번째로 게재했던 글은 〈개인의 브랜드를 새롭게 개발하는 방법〉이라는 제목의 기사로, 그 이야기의 주제는 내가 다양한 경력 변화를 겪는 동안 자연스럽게 흥미를 갖게 된 것이었다. 그 블로그 기사에서 나는 굳이 세상을 향해 확고한 주장을 드러낼 필요는 없었다. 그건 단지 1,700단어의 블로그 게시글에 불과했고, 내가 예전에 썼던 수십 편의 기사들, 그리고 그 이후로도 계속해서 쓰고 있는 수백 편의 글들 중 하나였다. 그런데 어떤 이유에서였는지 많은 사람들이 그 기사에 관심을 보여 주었다. 웹 사이트에 수많은 댓글들이 달렸고 이에 편집자들은 내게 주제의 범위를 넓혀서 『하버드 비즈니스 리뷰』 잡지를 통해 발표를 해보도록 권유했다. 그렇게 그 기사가 출판물로 나온 지 일주일 만에 저작권 에이전트 세 곳으로부터 연락이 왔고 그들은 내게 출판에 관심이 있는지 물었다. 그리고 2년 뒤 나는 〈리인벤팅 유Reinventing You〉라는 제목으로 책을 내놓게 되었고 그 이후로 전 세계를 돌아다니며 개인 브랜딩과 경력 전환을 주제로 강의를 하고 있다.

우리는 때로 다양한 아이디어들을 놓고 실험을 해보고 어느 것이 효과가 있는지 확인해 볼 필요가 있다. 확신이 서질 않는다면 그 판단을 시장에 맡겨 보자. 어떤 기사로부터 가장 많은 댓글이나 리트윗, 혹은 이메일 질문을 받는가? 어떤 글이 사람들의 상상을 자극하는가? 자신의 영역을 발견하기 위한 노력은 엄밀한 과학적 작업이 아니며 어떤 것이 더 효과가 있을 것인지 예측하기 힘들다. 만약 내가 확실한 아이디어를 기다렸다면 분명히 지금도 기다리고 있을 것이다. 대신에 나는 다양한 시도를 했고 그 과정에서 사람들이 어떤 주제에 관심을 기울이는지 확인할 수 있었다.

자신의 영역을 창조하기

나의 문제점은 현실적으로 실현 불가능할 정도로 아이디어들이 너무 많았다는 것이다. 하지만 나와 정반대의 경우인 사람들도 많다. 그들은 자신만의 전문 영역을 발견하지 못해서 걱정이다. 여러분이 그렇다면 너무 성급하게 단정 짓지는 말자. 전문성은 아주 다양한 형태로 드러난다. 어떻게, 그리고 어디에 가치를 부여할 것인지 전략적인 선택을 내릴 수 있다면 대부분의 사람들이 특정 분야에서 전문가로 자리를 잡을 수 있다. 게다가 자신의 분야에서 반드시 일등이 될 필요는 없다. 중요한 것은 주변 상황이다. 사무실에서 훌륭한 작가로 인정받기 위해 굳이 셰익스피어가 될 필요는 없다. 그리고 피트니스 코치로 성공하기 위해서 꼭 아놀드 슈왈제네거가 될 필요는 없다.

리서치 업체인 가트너Gartner에서 지역 부사장을 맡고 있는 마이클 레키Michael Leckie는 코칭 및 인재 개발 전문가가 되기 위해 자신이 있던 기업 내에서 명성을 쌓아 나갔다. 그도 인정하듯이 출발은 그리 거창하지 못했다. 세계적인 권위자들과 비교할 때 그는 풋내기에 불과했다. 그래도 조직 내에서 다른 사람들보다 더 많은 것들을 알고 있었고 점차 지식의 범위를 넓히기 위해 노력했으며 자신이 배운 것들을 다른 사람들과 함께 나누고자 했다. 그는 말한다. 〈기업 내에서 개인의 브랜드를 구축하고자 할 때 거기는 한정된 공간입니다. 그렇기 때문에 세계 최고가 될 필요는 없죠. 다만 자신이 있는 곳에서 최고가 되기만 하면 됩니다. 작은 연못에서는 큰 물고기가 될 수 있습니다. 그리고 그곳에서 가장 큰 물고기가 되었다면 더욱 몸집을 불릴 수 있고, 이후 조직을 떠나 새롭게 비즈니스를 시작할 수 있습니다.〉 레키는 바로 그러한 식으로 경력을 새롭게 시작했다. 마찬가지로 글쓰기에 재주가 있다면 비즈니스 작문이나 이메일을 잘 쓰는 방법에 대해서 사무실 동료들에게 도움을 줄 수 있다. (물론 그들의 동의하에.) 혹은 건강에 관심이 많다면 조깅 모임을 시작할 수 있을 것이며 이러한 노력은 나중에 피트니스 코칭 비즈니스를 새롭게 시작하면서 고객들을 끌어모으는 데 도움이 될 것이다. 또한 명상에 관심이 많다면 사무실에서 수련 모임을 시작할 수 있을 것이다. (구글플렉스Googleplex에서 〈내면의 자아 찾기〉라는 강의를 시작해서 세계적인 명성을 얻고 책도 펴냈던 구글 엔지니어 차드 멍 탄Chade-Meng Tan이 대표적인 사례.)

마지막으로 어떻게 〈지나치게〉 협소한 영역으로부터 벗어날 수 있을까? 먼저 특정 주제가 지속적으로 흥미를 제공할 수 있는 풍부한 재료를 확보하고 있는지 스스로에게 물어보도록 하자. 이러한 방법으로 브라이언 스텔터Brian Stelter는 꽤 많은 도움을 얻었다. 젊은 저널리스트인 스텔터는 자신의 블로그를 통해 TV 뉴스 산업 전반을 아주 상세하게 다루었고 이를 통해 『뉴욕 타임스』의 관심을 받게 되었다. 그리고 결국 그곳으로 들어가게 되었다. (이후 그는 CNN으로 자리를 옮겼다.) 그는 아주 구체적인 분야를 선택했고 그랬기 때문에 주류 언론들보다 훨씬 더 주제를 잘 다룰 수 있었을 뿐만 아니라(주류 언론들은 항상 중요한 일이 터졌을 때만 관심을 보인다), 언제든 기사의 재료를 발견할 수 있을 만큼 충분히 다양한 분야들을 다루었다. (자신의 블로그에서 오직 하나의 뉴스 채널에만 집중했다면 절대 그러지 못했을 것이다.)

그러나 많은 사람들은 이러한 〈니치 다운niche down〉 전략에 소극적이다. 지나치게 겸손한 사람들은 자신이 〈진정한〉 전문가가 아니라고 걱정하고 인기를 얻고 있는 사람들은 한정된 틀 안에 갇히게 될까 봐 걱정한다. 하지만 기억하자. 자신의 영역을 발견하고 이를 받아들이려는 노력을 통해 우리는 강력한 영향력을 발휘할 수 있다. 일단 주변 사람들보다 더 많은 것들을 알고 있기 때문에 실질적인 기여를 할 수 있다. 그리고 다음으로 이 장의 뒷부분에서 살

퍼보고 있듯이, 특정한 영역을 발견하려는 시도는 그 인접한 영역으로 넘어가기 위한 최고의 지름길이다. 영감을 던져 주는 사고가들이라면 절대 지나치지 않을 중요한 요소에 지금 당장 주목하자. 즉, 여러분의 자리에서 <u>스스로</u>를 차별화하자.

생각해 볼 질문

■ 지금 열정을 느끼고 있는 주제는 무엇인가? (비록 그것으로 돈을 많이 벌지는 못한다고 하더라도.)

■ 여러분은 어떤 주제에서 〈지역 전문가〉인가? 여기서 지역 전문가란 반드시 세계 최고가 될 필요는 없으며 다만 주변 사람들보다 더 많은 것을 알고 있으면 된다는 의미이다.

■ 앞서 소개했던 특정 영역을 기반으로 경력을 쌓아 나가고 있는 사람들이 있는가? 있다면 그들은 어떻게 하고 있는가? (가사 일과 빵 굽기는 마사 스튜어트Martha Stewart가 이름을 날리기 전까지 돈이 될 만한 일로 보이지 않았다.)

자신의 자리에서 스스로를 차별화하기

나노 기술처럼 새롭게 떠오르는 분야에서 일을 하고 있다면 보다 쉽게 새로운 흐름을 바라볼 수 있을 것이다. 그러한 기술을 주제로 지금까지 광범위한 저작을 남긴 사람이 없을 때 충분한 노력을 기울인다면 앞서가는 전문가로 올라설 수 있다. 하지만 이미 많은 전문가들이 활동하고 있는 분야들은 어떨까? 이러한 분야에서 인지도를 쌓기 위해 우리는 스스로를 어떻게 차별화할 수 있을까? 레이철 레이Rachael Ray 역시 이러한 문제에 직면했다. 그녀의 사례에서 살펴보게 되겠지만 어떤 분야에서는 평범한 것이 다른 분야에서는 의미심장한 것이 되도록 전문성의 틀을 새롭게 만드는 시도가 중요하다.

레이가 활동하고 있는 세상, 즉 요리 분야에서 〈전문성〉이 의미하는 바는 분명하다. 그것은 고급 식당을 운영하고 있거나 일류 요리 학교를 졸업했다는 뜻이다. 그러나 레이는 두 가지 경우가 모두 아니었다. 그녀는 뉴욕 알바니 지역에 있는 식료품 매장에서 구매 담당자로 경력을 시작했다. 거기서 그녀는 〈30분 요리〉라는 요리 시연 행사를 기획했고 이를 통해 다양한 요리 재료들을 소개하는 일을 했다.[3] 하지만 그 매장이 레이를 뽑은 것은 그녀의 뛰어난 재능 때문이 아니었다. 그것은 그 지역에서 활동하는 어떤 요리사들도 그곳의 낮은 급여를 받아들이지 않았기 때문이었다. 이후 자신의 상사가 해고되었을 때 레이 역시 그 매장을 떠나 프라이스 초퍼Price Chopper라고 하는 식품 매장 체인점에서 해당 지역을 중심으로 요리 시연 업무를 계속했다.

매장을 돌아다니면서 하는 레이의 시연 행사는 이후 지역 방송국인 알바니 TV의 주간 요리 프로그램으로 이어졌고 1999년에는 자신의 첫 요리책까지 내놓았다. (한 명의 여성 사장이 운영하는 소규모 출판사에서.) 레이의 이야기는 여기서 끝날 수도 있었을 것이다. 하지만 2001년 레이에게 뜻밖의 일이 벌어지게 된다. 그 일은 〈투데이〉 쇼의 프로듀서가 레이의 요리책을 우연히 선물로 받게 되면서 시작되었다. 어느 날 눈보라 때문에 게스트들의 출연이 잇달아 취소되는 일이 벌어졌고, 그때 그 프로듀서는 레이에게 한번 기회를 주기로 했다. 레이는 눈보라를 뚫고 9시간 운전을 해서 뉴욕 시에 도착했다. 그리고 그 프로그램에서 좋은 모습을 보여 주었고, 다음 날 아침 푸드 네트워크Food Network로부터 36만 달러짜리 계약을 제안받았다. 새로운 삶이 시작된 것이다. 믿기 힘든 놀라운 사건이 그녀에게 벌어졌고, 이후 레이는 『하버드 비즈니스 스쿨』의 사례 연구로까지 등장했다.[4] 그런데 〈왜〉 그들은 그녀를 선택했던 것일까?

제임스 비어드상James Beard award에 빛나는 에머릴 라가세Emeril Lagasse나 마리오 바탈리Mario Batali와 같은 요리사들과 비교할 때 그녀의 상황은 보잘것없었다. 레이는 배너티 페어Vanity Fair에서 했던 면접을 이렇게 떠올리고 있다. 〈저는 이렇게 말했죠.《여러분은 샴페인이고 저는 병맥주입니다. 분명하게도 저는 이곳에 어울리는 사람이 아닙니다. 전 요리사가 아닙니다. 뭔가 잘못 알고 계신 겁니다.》그러고는 곧장 일어섰죠.〉[5] 하지만 푸드 네트워크 경영진은 뭔가 다른 것을 찾고 있었다. 〈그런데 제게 이렇게 말하더군요.《아뇨, 아뇨. 잠깐만요. 그게 바로 우리가 찾고 있던 겁니다. 우리는 당신이 요리사 행세를 하길 원치 않는다고요.》》

〈우리는 당신이 요리사 행세를 하길 원치 않는다고요.〉 요리 채널의 방송국 임원들의 입에서 나오기에 참으로 이상한 말이긴 하지만 거기에는 분명히 중요한 의미가 담겨 있었다. 레이 스스로도 인정했듯이 전통적인 기준으로 전문성을 판단할 때 레이는 〈완전한 자격 미달〉이었다.[6] 하지만 그녀는 뭔가 다른 종류의 전문가였다. 그것은 고급 프랑스 요리나 분자 요리가 아니라 쉽게 음식을 만들고 대중들에게 친숙하게 다가설 수 있는 기술이었다. 물론 어떤 사람들은 그러한 기술을 전문성이라고 부르지도 않을 것이다. 그리고 많은 사람들은 자신의 어머니나 아내, 혹은 친구도 레이만큼 요리를 잘한다고 불만을 늘어놓을 것이다. 도대체 왜 그녀가 TV에 나온단 말인가? 하지만 그들은 핵심을 놓치고 있다.

레이철 레이가 여러분의 동네에 사는 이웃이라면 30분 만에 깜짝 요리를 만들어 내는 능력이 대단해 보이기는 하겠지만, 그렇다고 해서 세상을 놀라게 할 일은 아닐 것이다. 하지만 에머릴 라가세와 같은 유명 요리사들을 중심으로 기업 브랜드를 키워 나가고 있던 푸드 네트워크의 입장에서 레이의 존재는 일종의 폭로였다. 그들은 한 평범하고 용감한 여성의 매력이 미국 최고 요리사들의 전문성을 충분히 대체할 수 있을 것이라 기대했던 것이다. 라가세는 누가 봐도 최고의 요리사다. 하지만 시청자들은 그에 대해 감히 이렇게 질문을 던지지 못한다. 나도 라가세처럼 요리할 수 있을까? 반면 레이철 레이와 함께라면 사람들은 그런 걱정을 할 필요가 없다.

전문성을 확보하기 위해 꼭 권위 있는 졸업장이나 수상 경력이 필요한 것은 아니다. 우리는 때로 특정한 상황 속에서 다양한 방식으로, 그리고 효과적으로 일을 처리할 수 있어야 한다. 여러분이 갖고 있는 기술과 방법을 필요로 하지만 쉽게 접근하지 못하는 사람들이 누구인지 한번 생각해 보자. 세상에 스페인어를 할 줄 아는 사람들은 많다. 하지만 여러분이 사무실에서 모국어와 스페인어를 동시에 구사할 줄 아는 유일한 금융 플래너라면 그건 특별한 경쟁 우위가 되어 줄 것이다. 그리고 잠재 고객들 모두가 여러분에게 관심을 기울일 것이다. 또한 소프트웨어 업체에서 일을 하면서 의사소통 능력이 뛰어나다면 엔지니어와 고객들 사이에서 중요한 연결 고리가 되어 줄 것이다. (기술과 관련된 전문 용어를 가급적 사용하지 않으면서.) 혹은 환경 문제에 관심이 많은 경영자라면 비즈니스 세상에 대한 지식과 기업 정책에 대한 영향력을 바탕으로 환경 문제와 관련하여 특별한 역할을 할 수 있을 것이다.

자신과 비슷한 자격을 갖춘 많은 사람들과 경쟁을 벌이고 있다면 여러분의 자리에서 인정을 받기란 힘든 싸움이 될 것이다. 인맥이 조금 더 넓거나 재능이 조금 더 뛰어난 수준에 불과하다면 성공 가능성은 그리 높지 않을 것이다. 하지만 레이철 레이처럼 상황을 바꾸어 자신만의 고유한 영역에서 경쟁을 벌인다면 여러분은 많은 관심을 받게 될 것이다. 논의 과정에 신선한 아이디어와 에너지를 불어넣고 완전히 색다른 가치를 제안할 수 있다면 우리는 특별한 경쟁 우위를 확보하게 될 것이다.

생각해 볼 질문

■ 여러분의 분야에서 스스로를 다른 사람들과 차별화할 수 있는 방법이 있는가?

■ 여러분의 분야에서 영향력을 발휘하고 있는 사람들의 보편적인 배경은 무엇인가? 그것과 반대되는 배경을 활용할 수 있을까?

■ 희소성 있는 기술을 확보하고 있거나, 혹은 지금까지 자신의 기술을 충분히 활용하지 못했던 관심 분야가 있는가?

■ 여러분의 어떤 약점이 오히려 장점이 될 수 있는가? 자격이나 전문성을 갖추지 못한 분야는 어디인가? 그리고 그러한 사실이 경쟁력이 될 수 있을까?

자신의 자리를 개발하기

지금까지 우리는 자신의 자리를 발견하고 시장에서 스스로를 어떻게 차별화할 것인지 살펴보았다. 이제부터 우리는 자신의 자리를 개발함으로써 일반적인 전문가에서 특별한 전문가로 도약해야 한다. 다시 말해, 자신의 지식을 활용하여 다음 단계로 올라서고 경쟁자들이 넘볼 수 없는 지위를 구축해야 한다. 이를 위해 공식적인 교육 과정을 밟을 수도 있지만 반드시 그래야 하는 것은 아니다. 자신의 자리를 개발하기 위한 한 가지 좋은 방법은 스스로 개인적인 교육 과정을 만들어 내는 것이다. 스스로 배우고 싶은 기술을 확인하고 어떻게 배울 것인지 생각해 보자. 등록금을 내고 학위를 딸 수도 있겠지만, 지역의 성인 교육 센터나 대학의 평생 교육원에서 마음대로 수업을 골라 들을 수도 있을 것이다. 혹은 자신이 존경하는 사람 밑에서 인턴이나 파트타임 견습생으로 일을 해보는 방법도 좋을 것이다.

자신이 선호하고 인정하는 무료 정보 원천들을 둘러볼 수도 있다. 나는『포브스』나『하버드 비즈니스 리뷰』와 같은 사이트를 통해서, 마케팅, 브랜딩, 메시지 개발, 리더십, 개인 브랜딩 등을 주제로 내가 썼던 기사들을 400건 이상 무료로 수집할 수 있었다. 다른 수많은 저자들 역시 이와 비슷한 데이터베이스를 무료로 제공하고 있다. 개인적으로 작년 나의 목표들 중 하나는 온라인 마케팅에 대해 더 많은 것을 배우는 것이었다. 그래서 스마트 패시브 인컴Smart Passive Income이나 안트러프러너온파이어EntrepreneurOnFire와 같은 수많은 훌륭한 무료 팟캐스트를 자주 듣기 위해 노력했다. 일단 자신이 좋아하는 사이트나 팟캐스트를 발견했다면 우리는 거의 무한대로 즐길 수 있다. 지금 이 글을 쓰는 시점을 기준으로 안트러프러너온파이어 한 곳만 하더라도 300시간이 넘는 분량의 오디오 콘텐츠를 무료로 제공하고 있다.

체계적인 과정을 선호한다면 무크를 통해 온라인 강의를 들을 수 있다. 아니면 스스로 독서 목록을 작성해 볼 수도 있을 것이다. 조시 코프만Josh Kaufman은 혼자서 최고의 비즈니스 서적들을 섭렵함으로써 스스로에게 〈학위〉를 수여했다. 코프만은 자신의 유명한 책 『퍼스널 MBA*The Personal MBA*』에서 그러한 시도에 관한 이야기를 들려주고 있다. 여러분 또한 자신이 선택한 분야에서 똑같은 일을 할 수 있다. 이를 통해 다른 사람들이 추천하는 책만 읽거나, 혹은 외부의 압박으로 필독서들만 손에 집어 드는 많은 사람들보다 훨씬 더 가치 있는 지식을 쌓을 수 있을 것이다.

마지막으로 우리는 실천을 통해 배울 수 있다. 네이트 실버는 『하버드 비즈니스 리뷰』에서 이렇게 언급했다. 〈최고의 훈련이란 언제나 실제로 한번 해보는 것이라고 생각합니다. 데이터를 가지고 직접 몸으로 부딪쳐 보는 것이

지나치게 많은 책을 읽는 것보다 훨씬 더 나은 방법이라 생각합니다.)[7] 그는 원래 전문적인 통계학자가 아니었다. 그러나 시작을 위해 필요한 것들을 잘 알고 있었고 버리토 순위를 가지고 연습을 하는 과정에서 전문가가 되었다. 호기심이 많고 기꺼이 일할 준비가 되어 있다면 여러분은 자신의 자리를 개발하고 다음 단계로 이동하기 위해 무엇이 필요한지 스스로 깨닫게 될 것이다.

생각해 볼 질문

■ 여러분의 영역에서 더 많이 배워 보고 싶은 주제는 무엇인가?

■ 그러한 주제에 대해 가장 많이 배울 수 있는 책이나 웹 사이트, 혹은 팟캐스트는 무엇인가?

■ 자신의 아이디어를 어떻게 위험이 낮은 방식으로 검증해 볼 수 있을까? (제품 개발 전에 설문 조사를 실시하고, 책을 쓰기 전에 블로그 게시물을 올리고, 자신이 하고 싶은 일을 앞서 한 사람들과 면담을 나눔으로써 정보를 구하는 등.)

자신의 자리를 넓히기

마지막으로 이제 여러분의 자리를 확장할 때가 되었다. 일단 한 분야에서 전문가로 인정을 받았다면 새로운 영역으로의 이동은 훨씬 더 수월해진다. 한 가지 이유는 심리학에서 말하는 〈후광 효과〉 때문이다. 여러분이 이미 한 가지 주제에 대해 유능하다고 인정을 받았다면 사람들은 다른 분야에서도 유능할 것이라고 일반화하게 된다. 가령, 여러분이 구글 글라스의 전문가로 인정을 받았다면 사람들은 구글의 무인 자동차에 대해서도 여러분의 의견을 듣고 싶어 할 것이다. (물론 자신의 전문성의 한계에 대해 솔직하게 밝히는 태도 역시 중요하다. 어떤 소비자들은 필 박사가 추천했다는 이유만으로 특정 브랜드 치약을 구매할 것이다. 하지만 그가 밤늦게 치의학 공부를 하지 않은 이상 그러한 추천은 하지 말아야 할 것이다.) 그리고 다음으로, 원래의 전문 영역을 통해 이룬 인맥 관계는 분야를 다각화하는 과정에서 도움이 된다. (어떤 주제에 대해 신문에 사설을 게재했다면 여러분과 그 필체에 익숙한 담당 편집자는 아마도 다른 주제에 대해서도 여러분의 글을 받아 보고 싶어 할 것이다.)

이러한 영역 확장의 대표적인 사례로 소팔 에아르Sophal

Ear를 꼽을 수 있겠다. 에아르가 아주 어릴 적, 그의 어머니는 다섯 자녀들을 구하기 위해 대학살을 자행한 캄보디아 무장 단체 크메르 루즈 치하를 빠져나왔다. 그리고 30년에 가까운 세월이 흘러 에아르가 버클리에 있는 캘리포니아 대학에서 정치 경제학으로 박사 과정을 시작했을 때 그는 오래 전 도망쳐 나왔던 자신의 고향에 대해 궁금한 생각이 들었고 결국 그 나라에 대해 연구해 보기로 결심을 했다. 에아르는 이렇게 말했다. 〈막중한 책임감 덕분에 밤늦게까지 열정을 불태울 수 있었습니다. 전 운이 좋았죠. 캄보디아에서 살아서 빠져나올 수 있었으니까요.〉

캄보디아의 전문가가 되기로 한 에아르의 선택은 전도 유망한 학자로서 그리 좋은 결정이 아니었을 수도 있다. 학자들은 주로 자신의 논문이 얼마나 자주 인용 되는지를 기준으로 평가를 받는다. 그러나 중국과 인도에 집중된 뚜렷한 지정학적 관심과 비교할 때 캄보디아는 학계의 관심에서 한참 먼 곳에 있다. 에아르는 캄보디아에 대한 자신의 결정이 개인적인 인지도에 별 도움이 되지 않을 것이라는 사실을 알고 있었지만 그래도 개의치 않았다. 〈제가 정말로 좋아하는 일을 하고 싶었으니까요.〉

에아르는 자신의 박사 논문에서 캄보디아에 대한 해외 원조를 집중적으로 다루었다. 특정 주제를 깊이 있게 파고

드는 과정에서 그는 이와 관련하여 폭넓은 지식을 구축할 수 있었고 전환의 기회가 찾아왔을 때 곧바로 뛰어들 수 있었다. 당시 에아르의 학과장은 UN 농업 위원회와 함께 프로젝트를 추진하고 있었고 이를 위해 캄보디아의 가축에 관한 논문을 쓸 사람을 찾고 있었다. 에아르는 자신의 박사 논문과 맥락을 함께하는 범위 내에서 논문을 쓰기로 했다.

이러한 기회들이 어디서 찾아올 것인지 누구도 예측할 수 없다. 이후 조류 독감이 발발했을 때 에아르는 아시아 지역의 가축과 관련하여 세상이 주목하는 전문가로 우뚝 섰다. 실제로 그의 전문 분야는 이후 다양한 주제로 나아가는 출발점으로 기능했다. 그는 말한다. 〈연구에 있어서 만큼은 좁은 길을 따라가는 학자가 아닙니다. 캄보디아는 하나의 문이었고 그 문은 모든 가능성으로 이어져 있었습니다.〉 에아르는 또한 크메르 루즈 치하에서 가족이 겪었던 경험을 가지고 형사 재판소와 정의를 주제로 유명한 TED 강연까지 하게 되었다.

많은 주목을 받지 못했던 하나의 국가에 집중을 하면서도 에아르는 자신의 전문성을 본질적으로 전혀 관련이 없는 또 다른 영역으로 넓혀 가는 길을 발견하게 되었다. 그는 최근에 옥시덴탈 칼리지로부터 종신 재직권을 부여받았으며, 동시에 대학 외부에서도 자신의 연구를 이어 나가겠다는 확고한 포부를 밝히고 있다. 〈저는 글을 쓸 겁니다…….그건 도서관에 잠자고 있을 그런 아이디어를 만들어 내는 것이 아니라 세상에 영향을 미치기 위한 것입니다.〉

에아르처럼 전략적으로 움직인다면 우리도 자신의 특정한 전문 분야를 사고 리더의 수준으로 넓혀 갈 수 있다. 그 비밀은 실질적으로 가치를 더할 수 있는 〈관련된〉 분야들에 걸쳐 사고하는 노력이다. 에아르는 캄보디아 정치부터 시작해서, 축구나 발레, 혹은 할리우드 영화 쪽으로 넘어가지는 않았다. 그 대신 자신의 핵심 분야를 적극적으로 활용하면서 연결 고리가 존재하는 인접한 분야로 서서히 나아갔다. 그리고 오랜 시간에 걸쳐 다양한 분야에서 전문성과 명성을 쌓으면서 에아르는 더 멀리 이동할 수 있었다. (예를 들어, 캄보디아에 대한 해박한 지식으로부터 조류독감 분야로 나아갔다. 시도를 했다면, 캄보디아와 전혀 상관이 없는 다양한 감염 질환 분야로도 넘어갈 수 있었을 것이다.) 일단 성공의 발판을 마련했다면 지금 전문가로 인정받고 있는 개인의 인지도와 전문 영역을 신속하게 확장해 나갈 수 있을 것이다.

생각해 볼 질문

■ 일단 특정 분야에서 전문성을 확보했다면 다음으로 넘어갈 수 있는 인접한 영역은 어디인가?

■ 자신의 인지도를 새로운 영역으로 어떻게 넓혀 갈 수 있을까? (블로그 게시물이나 사설 쓰기, 관련 위원회 활동 등.)

■ 전문성의 가치를 높여 줄 새로운 사건들은 무엇일까? (에아르의 경우, 크메르 루즈에 대한 재판은 언론들이 사법 제도에 대한 그의 연구에 관심을 기울이는 계기로 작용할 것이다.)

■ 이러한 기회들을 어떻게 활용할 것인가? (언론 분야의 지인들과 연락을 취하는 등.)

3장

새로운 연구 조사

불확실성이 만연하고 최고 전문가들의 조언이 난무하는, 그리고 모두 저마다 의견을 내세우는 (그리고 이를 블로그에서 계속해서 공유하는) 세상에서 사람들은 객관적인 데이터에 목말라 있다. 중소기업들은 그들의 마케팅 시도가 정말로 성과를 거두고 있는지 확인하고 싶어 한다. 투자자들은 그들의 CEO가 현명한 전략가인지, 아니면 그저 호경기의 수혜자일 뿐인지 궁금해한다. 잠재적인 주택 구매자들은 집을 사는 게 좋은 선택인지 알고 싶어 한다. 이들에게 신선하고 정확하고 의미 있는 데이터를 제시할 수 있다면 사람들은 여러분을 소중한 정보의 원천으로 주목하게 될 것이다.

너무 돈이 많이 들고 지나치게 시간을 많이 잡아먹는다는 이유로, 많은 사람들은 새로운 연구 조사를 수행하려는 시도를 외면하고 있다. 사실 자금과 인력이 풍부한 기업들의 연구 성과에 필적할 만한 결과물을 내놓는다는 것은 결코 쉬운 일이 아니다. 전국적인 차원에서 10만 명을 대상으로 전화를 걸어 설문 조사를 실시한다면 꽤 의미 있는 결과를 얻을 수 있겠지만 그건 현실적으로 쉬운 일이 아니다. 그러나 시간과 노력을 투자할 의지만 있다면, 데이터를 수집하고 증거 기반의 분석 결과를 제시함으로써 공적 논의를 활성화시킬 수 있는 보다 경제적인 방안들을 얼마든지 찾을 수 있다. 여기서 중요한 것은 데이터를 꾸준하고 부지런하게 수집하여 이를 신선한 형태로 내놓는 것이다.

여러분을 차별화해 주는 리뷰(시간을 들여 신중하고 치밀하게 까다로운 주제를 분석하는 작업), 혹은 다양한 형태의 현장 조사들이 그러한 연구가 될 수 있다. 일상적인 현상을 주의 깊게 들여다보고 앞서 나가는 사람들과 직접 소통할 때 우리는 다른 사람들이 쉽게 접근할 수 없는 미묘한 관점을 확보할 수 있다. 어떠한 형태의 연구를 선택하든 간에 중요한 것은 가능한 많은 사람들에게 영향을 미치고 시간과 자본을 투자할 만한 가치를 확보할 수 있어야 한다는 것이다. 이 장에서 우리는 규모가 작으면서도 가치 있는 연구를 수행하는 방법에 대해, 그리고 그러한 노력을 통해 많은 이들에게 실질적인 도움을 주는 방법에 대해 논의해 볼 것이다.

연구의 힘

새 천년으로 넘어갈 무렵 금융 업체에서 IT 부서를 책임지고 있던 마이클 왁센버그Michael Waxenberg와 그의 아내는 뉴욕 어퍼웨스트사이드에 위치한 허름한 건물에 임대로 살고 있었다. 그들에겐 아이가 하나 있었고 조금씩 이런 걱정을 하게 되었다. 앞으로 여기서 계속 살아가야 할까? 그들은 매물로 나온 집들을 둘러보았지만 주택 가격들이 너무 높아서 당분간 그냥 살기로 했다. 하지만 2005년으로 접어들면서 부동산 시장의 상황은 더욱 심각해졌다. 건물 주인은 왁센버그 부부가 살고 있던 집을 팔아 버렸고 새 건물주는 임대 방식에서 분양 방식으로 시스템을 바꾸기 시작했다. 이제 그 부부는 결정을 내려야 했다. 집을 살 것인가, 아니면 이사를 갈 것인가?

그러던 어느 날 왁센버그는 스트리트이지StreetEasy라는 웹 사이트를 발견했다. 거기에는 사용자들이 부동산과 관련하여 짧은 리뷰를 올리는 게시판이 있었다. 그는 이 사이트에 가입해서 매물로 나온 집들에 대한 자신의 생각을 사람들과 함께 나누기 시작했다. 리뷰의 수준이 점차 높아지면서 왁센버그는 자신의 전문 분야, 즉 지금 가족과 함께 살고 있는, 침실이 여러 개 딸려 있고, 전쟁 전에 지어진 어퍼웨스트사이드 지역의 아파트들을 주제로 깊이 있고 세부적인 보고서를 올리기 시작했다. 그는 말한다. 〈점차 그 작은 시장에서 주도적인 인물이 되어 갔습니다. 90년 된 아파트의 경우 무엇을 확인해야 하는지, 방이 세 개, 혹은 네 개인 경우에는 어떤 구조가 좋은지, 어느 건물이 리모델링에 적합한지 저는 잘 알고 있었습니다. 여러 부동산 중개업자들과 대화를 나누었고 그들로부터 얻은 지식을 통해서 어느 정도 내부자의 시선으로 물건들을 바라볼 수 있게 되었죠.〉

왁센버그는 자신의 수준 높은 리뷰들에 대해 뿌듯한 마음이 들었지만 그것만으로는 충분하다는 생각이 들지 않았다. 사이트 회원들은 주택들의 가격과 관련하여 다양한 의견을 달았지만 왁센버그가 생각하기에 〈지극히 두서없고 일회적이고 게다가 실질적인 통계적 가치가 전혀 없는 것들이었습니다. 제가 데이터 전문가이다 보니 아무래도 신경이 좀 쓰이더라고요.〉 그래서 2007년 말에 그는 숫자에 초점을 맞춘 새로운 토론방을 개설했고 여기서 그는 회원들에게 판매 가격과 관련하여 정확한 데이터를 공유하도록 요청했다. 그 토론방은 크게 확장되면서 많은 사람들의 관심을 끌게 되었고 도시 단위의 토론방은 점차 여러 개의 지역별 토론방들로 나뉘게 되었다. 왁센버그는 어퍼 웨스트사이드 지역 토론방에서 활발하게 활동을 했고 그러한 노력은 2,000건이 넘는 게시글로 이어졌다.

스트리트이지에서 활동하던 동료 회원들은 점차 그에게 전문적인 조언을 구하기 시작했다. 그렇다면 왁센버그는 차라리 부동산 중개인으로 활동하는 게 낫지 않았을까? 하지만 한 가지 문제가 있었다. 공인 중개사 자격증이 없었던 것이다. 그는 사람들에게 얼마든지 조언을 줄 수는 있지만 그들을 대리해서 업무를 처리할 수는 없었다. 그는 말한다. 〈와인과 초콜릿을 선물로 받을 수는 있었지만 위임을 받을 수는 없었죠.〉 그러던 어느 날 한 공인 중개사로부터 연락을 받게 되었다. 2008년 말 왁센버그의 수준 높은 리뷰들에 강한 인상을 받았던 공인 중개사 키스 버크하트Keith Burkhardt는 그에게 이렇게 제안을 했다. 〈공인 중개사가 아니시라면 제가 당신을 돕도록 하겠습니다.〉

처음에 왁센버그는 탐탁지 않았다. 그가 생각하기에 맨해튼 지역의 공인 중개사들 대부분은 과열된 부동산 시장에서 〈가격을 끌어올리는 거대한 음모〉의 일부일 뿐이었다. 그는 말한다. 〈저는 세입자의 입장에서 바라보고자 했죠. 뉴욕에 살고 있는 중산층 사람들은 여기저기서 돈을 뜯기고 있었고 저 역시 마찬가지였죠.〉 그러나 당시 할인 가격으로 혁신적인 풀 서비스 중개 비즈니스를 운영하고 있던 버크하트는 그러한 의심을 저버릴 수 있도록 왁센버 그를 설득했다. 자신의 지식을 활용하여 자신과 비슷한 처 지에 있는 사람들에게 도움을 줄 수 있다는 생각에 왁센버 그는 필수 과정들을 들었고 마침내 공인 중개사 자격증을 땄다.

왁센버그는 대단히 성공적으로 자신의 브랜드를 구축 했고 스트리트이지의 동료 회원들을 기반으로 즉각 비즈 니스를 시작했다. 요즘 그의 고객들은 모두 이차 위탁자들 이다. 그래도 여전히 IT 업계에서 전일 근무를 하고 있으 며 그에게 부동산이란 〈돈이 좀 되는 취미〉다. 더욱 중요하 게도 어퍼웨스트사이드 주택 시장을 연구한 지 10년도 더 넘은 2011년 7월에 왁센버그 가족은 마침내 그들의 집을 장만하게 되었다.

사람들은 부동산 시장에 대해서, 그리고 어디에 거품이 있고 없는지에 대해서 이야기를 나누려 한다. 여기서 왁센 버그는 〈사실〉을 가지고 옴으로써 사람들의 논의를 더욱 활발하게 해주었고 이러한 노력으로 주목을 받게 되었다. 그는 어퍼웨스트사이드 지역을 중심으로 1,000건이 넘는 아파트 매물들을 살펴보았고 그 과정에서 광범위한 지식

기반을 확보할 수 있었다. 그리고 그러한 정보를 혼자만 간직하고 있지 않았다. 자신의 리뷰를 통해서 적극적으로 정보를 공유했고 실제 부동산 가격을 기반으로 하는 토론방에서 사람들이 집단적으로 지식을 축적할 수 있도록 기여했다. 그의 사례가 말해 주듯이, 많은 시간을 투자하여 지식을 쌓고 이를 공유할 때 우리는 사람들의 관심을 끌어들일 수 있다. 마이클 왁센버그는 부동산 중개인이 되고자 했던 것은 아니었지만 그러한 노력 덕분에 그 길로 나아가게 되었다. 바로 이러한 노력을 시작할 때 고객과 기회는 여러분을 찾아올 것이다. 모든 다양한 분야에서 이러한 일들이 벌어질 것이다.

자신이 활동하고 있는 분야에서 연구를 하고 리뷰를 작성하는 노력은 믿음직한 정보 원천으로 떠오를 수 있는 가장 빠른, 그리고 가장 경제적인 방법들 중 하나다. 리뷰를 쓰기 위해서 특정한 대학 졸업장이나 자격증이 필요한 경우는 거의 없다. 다만 시간을 투자하고, 해당 분야에 진정한 관심을 기울이고, 다른 사람들이 최선의 선택을 내릴 수 있도록 도와주려는 의지가 필요하다.

왁센버그는 아마추어 부동산 애호가로서 시작했고 네이트 실버는 버리토 평가로 시작했다. 맥주에서 경영서, 온라인 강의, 호텔, 오페라 공연, 그리고 자동차 등 실제로 우리는 세상의 모든 것들에 대해 리뷰를 쓸 수 있다. 최고의 리뷰들은 대단히 구체적인 정보를 담고 있고 자발적으로 작성된 것으로 평범한 리뷰들과는 확연히 차별화되고 특정 분야에 대한 정통함을 드러내면서 특정 제품이 경쟁 제품들과 어떻게 다른지 명료하게 보여 준다. 또한 개인적인 열정과 경험은 물론, 관심이 많은 다른 소비자들과의 교류를 통해서 많은 소비자들이 관심을 기울이고 있는 중대한 사안들을 충분히 이해하고 있다.

우리는 자신의 블로그, 혹은(사이트를 직접 운영하는 데 별로 관심이 없다면) 트립어드바이저TripAdvisor와 같은 기존 사이트를 통해 스스로 글을 써볼 수 있다. 리뷰 작성은 실제로 거대한 비즈니스로 성장할 수 있다. 지금으로부터 10년도 훨씬 전에 나는 로빈 리스Robin Liss라는 젊은 여성을 만난 적이 있었다. 당시 그녀는 나의 반대편에서 대선 후보 캠페인을 벌이고 있었다. 동시에 리스는 여가 시간을 이용하여 캠코더에서 오븐, 세탁기에 이르기까지 다양한 제품들을 다루는 전문 리뷰 사이트도 운영하고 있었다. 그리고 스물여섯이 되던 2011년에 그녀는 자신의 리뷰 사이트를(당시 열두 가지 제품 카테고리를 다루고 있었던) 『USA 투데이』에 팔았다.[1] 일반적으로 제품이나 서비스를 구매하는 소비자들 대부분은 깊이 있게 파고들어 갈 능력이나 의지를 갖고 있지 않다. 그런데 여러분이 그들을 대신하여 그러한 작업을 하고 있다면 그들은 그러한 수고에 고마움을 느끼고 여러분의 전문성을 높이 평가하게 될 것이다. 그리고 이는 우리가 전문가로 인정받을 수 있는 지름길이다.

생각해 볼 질문

- 좀 더 연구해 보고 싶은 분야나 질문이 있는가?
- 여러분의 분야에 기여할 수 있는 연구에 대해 생각해 보자. 여러분, 그리고 다른 사람들은 무엇을 알고 싶어 하는가?
- 리뷰가 충분히 (혹은 전혀) 이루어지지 않은 제품, 서비스, 혹은 비즈니스가 있는가? 어떻게 차별화된 리뷰를 내놓을 수 있을까?
- 여러분이 갖고 있는 지식을 공유할 수 있는 공간이 있는가? 그렇지 않다면 사람들이 정보를 수집하고 공유할 수 있도록 새로운 공간을 창조할 수 있는가?

숨겨진 이야기를 발견하자

왁센버그는 어퍼웨스트사이드 지역에 올라온 매물들을 수천 번 넘게 방문하면서 쌓았던 경험을 바탕으로 깊이 있는 리뷰를 제공함으로써 스스로를 차별화할 수 있었다. 그의 성공에서 중요한 부분은 시장을 직접 찾아다니고 실제로 현장을 답사하려는 의지였다. 집에 앉아서 그저 부동산 중개인들이 올려놓은 유튜브 영상들을 클릭하고만 있지는 않았다. 그는 매물들을 직접 둘러보고 진지하고 솔직한 평가를 글로 썼다. 마찬가지로 전설적인 비즈니스 컨설턴트 톰 피터스Tom Peters와 밥 워터먼Bob Waterman 역시 소매를 걷어붙이고 스스로 답을 찾아 나섰던 사람들이다. 그들은 리뷰를 쓰지 않았다. 그들의 사명은 숨어 있는 이야기, 즉 아직 사람들이 접하지 못했던 이야기들을 발굴하는 일이었다.

많은 비즈니스 서적들을 읽다 보면 계속해서 똑같은 얼굴들을 만나게 된다. 두 사람이 연구를 하고 있었던 1970년대 말에는 일반적으로 CEO들의 성공 요인을 밝히는 책들이 베스트셀러 목록에 이름을 올렸다. 그래서 피터스와 워터먼은 비즈니스 세상에 아직 알려지지 않은 이야기들을 중점적으로 연구하기 시작했다. 그리고 두 사람의 이러한 노력은 1982년도 베스트셀러 『초우량 기업의 조건*In Search of Excellence*』으로 결실을 맺었다.

오늘날 모범이 될 만한 미국 기업들의 특성들을 정리해 보겠다는 아이디어는 자칫 진부한 발상처럼 보일 수 있다. 그러나 1970년대 말과 80년대 초 미국 사회는 경기 침체 와 더불어 신용 위기까지 맞이하고 있었다. 당시 일본 자 동차 기업들은 미국 경쟁자들을 물리치고 있었고 일본 경 제는 엄청난 속도로 성장하고 있었다. 당시 미국 경제는 정체기를 맞이했고 효율성을 높이기 위해서 일본인들처럼 사고하고 경영하는 법을 배워야 한다는 이야기들이 유행 했다. 반면, 미국 기업들을 연구하는 노력이 가치 있다고 생각하는 사람들은 거의 없었다.

피터스와 워터먼은 애국심을 자극하는 이야기를 지어 내려고 하지는 않았다. 피터스는 말한다. 〈밥과 저는 선동 적인 애국자는 아니었죠.〉 하지만 두 사람은 경기 침체와 경쟁 위협의 한가운데에서도 성공을 누리고 있었던 미국 기업들을 살펴보면서 다른 이들이 하지 않는 이야기를 들 려주기 시작했다. 피터스는 이렇게 지적했다. 〈거의 대다 수의 경영서들이 부정적인 소식들을 전하면서 어떻게 하 면 고칠 수 있을지에 대해서만 이야기하고 있었죠. 하지만 우리는 긍정적인 소식들을 다루었습니다. 그게 전부예요.〉

차별화 자체를 목적으로 해서가 아니라 다른 사람들이 간과하는 이야기를 통해 기존과는 다른 메시지를 전달할 수 있을 때 여러분은 사람들의 주목을 받게 될 것이다. 피터스가 바로 그랬다. 덕분에 그의 책은 200만 부 이상 팔렸고 그 자신은 1980년대를 대표하는 비즈니스 대가들의 반열에 올랐다.

피터스와 워터먼은 미국의 기업들에 대한 연구에 집중했을 뿐만 아니라 CEO들과 인터뷰를 나누는 사람들이 종종 간과했던 질문을 던졌다. 피터스는 경영자들의 수준이 이미 대단히 높기 때문에 현장에서 이루어지는 관리 기술에 집중할 필요는 없다고 생각했다. 그는 말했다. 〈우리의 완벽한 표본은 사업부 본부장이었습니다.〉 그리고 이러한 관리자들은 현장에 대해 충분히 잘 알고 있었기 때문에 최고의 사례들을 굳이 이론적으로 포장할 필요가 없었다고 설명했다. 대신에 피터스는 일상적인 차원에서 그들이 했던 일들에 관한 이야기를 공유하고자 했다. 버몬트에 위치한 그의 집에서 인터뷰를 나누었을 때 피터스는 내게 이렇게 말했다. 〈사람들은 모두 긍정적인 이야기를 좋아합니다.〉 하위 직급의 직원들로부터 정보를 수집하는 동안 피터스는 사람들의 관심을 자극할 만한 다양한 사례 연구들을 만들어 내었고, 이러한 시도는 당시로서는 대단히 드문 것이었다.

최고의 리더들과 이야기를 나누는 과정에서 피터스와 워터먼은 의도적으로 비즈니스 공동체로부터 큰 관심을 받고 있지 못했던 기업의 대표들에 주목했다. 피터스가 기억하기로 1970년대 말 HP는 경영서들이 주요하게 다루고 있던 거물들과 비교할 때 〈훌륭하기는 했지만 특별히 인지도가 높은 기업은 아니었죠〉. 피터스가 HP에 연락을 취했을 때 그는 신선한 이야기들뿐만 아니라 전례 없이 기업의 의사 결정자들을 직접 만날 수 있었다. 〈HP 안내 데스크 직원에게 이렇게 말했죠. 《가능하다면 존 영John Young 사장과 이야기를 나누고 싶습니다.》 그리고 35초 후에 저는 정말로 존 영과 이야기를 나누고 있었습니다. 체이스나 시티은행이었다면 (의사 결정자를 만나 대화를 나누기 위해) 서너 단계를 더 거쳐야만 했을 겁니다.〉

우리는 특별한 곳을 들여다봄으로써 많은 혜택을 얻게 된다. 피터스가 HP 본사를 방문했을 때 그는 그 사람들이 보여 준 태도에 깜짝 놀랐다. 그들은 피터스에게 일정 구역에만 접근을 허용하는 방문객 배지를 지급하지 않았고 어디든 마음대로 돌아다닐 수 있도록 했다. 게다가 존 영은 좁은 사무실을 비서와 함께 나눠 쓰고 있었다. 오늘날 유행하고 있는 평등주의 문화에서는 이러한 모습을 종종 찾아볼 수 있지만 1970년대 말에는 상상하기조차 힘든 일이었다. 분명하게도 당시 존 영은 모두가 생각하는 CEO와는 다른 모습을 드러내고 있었다.

〈존과 함께 이야기를 나누었고 그는 《현장 경영management by wandering around》 개념에 대해 설명해 주었습니다.〉 피터스는 그때를 이렇게 떠올린다. 〈그리고 그때의 일은 이후로 제가 하고 있는 모든 일의 기반이 되었죠.〉 피터스를 통해 널리 알려지게 된 영의 아이디어는 리더들을 위한 격언이자 과제가 되었다. 만일 피터스와 워터먼이 원고에만 집착하고 일반적인 CEO들과 이야기를 나누는 전통적인 비즈니스 책들만 펴냈더라면 그러한 아이디어를 발견하지 못했을 것이다.

연구를 통해 최고의 효과를 얻기 위해서는 현재의 흐름을 거슬러 올라가야 한다. 아무도 말하지 않는 이야기, 혹은 누구도 발견하지 못한 이야기를 찾아야 한다. 최고의 지위에 있는 인물들을 쉽게 만날 수 있는 매킨지 컨설턴트로서, 피터스와 워터먼은 산업 내 고위 관리자들을 방문해서 그들의 생각을 후세를 위해 기록하는 작업만으로 만족할 수 있었을 것이다. 또한 지루하고, 별로 의미가 없고, 스스로 축하하는 수많은 책들을 펴낼 수 있었을 것이다. 하지만 두 사람은 아웃라이어들, 즉 뭔가 다른 획기적인 일을 하고 있는 HP와 같은 기업들을 찾아다녔다. 모두가 떠오르는 신생 기업들에 대해서만 이야기할 때, 지난 100년 동안 성공을 계속해서 이어 오고 있는 기성 기업들로부터 어떤 교훈을 이끌어 낼 수 있을까? 비즈니스 잡지들이 CEO들을 추켜세우기에 정신이 없을 때 실질적인 기업 운영의 핵심과 관련하여 COO들과 이야기를 나눔으로써 무엇을 배울 수 있을까? 모든 사람이 아시아를 미래의 시장으로 바라보고 있을 때 남아메리카나 아프리카에 집중함으로써 무엇을 발견해 낼 수 있을까? 숨어 있는 보석을 발굴하고 그러한 아이디어들을 널리 퍼뜨림으로써(피터스와 〈현장 경영〉의 개념처럼) 우리는 주목을 받을 수 있다.

생각해 볼 질문

■ 여러분의 산업 내에서 가장 널리 알려진 정보의 원천은 누구인가? 많은 것을 알고 있지만 그들의 통찰력과 의견이 충분한 주목을 받지 못하고 있는 사람이 있는가? 어떻게 그들에게 접근할 수 있을까?

■ 여러분이 관심을 기울이고 있는 분야에서 어떠한 현장 조사를 실시할 수 있을까? 방문을 하거나 그들의 경험에 대해 인터뷰를 나눠 볼 수 있는 사람들이 있는가?

■ 여러분의 분야에 사람들이 모르고 있거나 이야기를 나누지 않는 숨겨진 〈좋고 새로운 이야기〉가 있는가?

연구 투자 활용법

매킨지로부터 후원을 받았던 피터스는 당시 『초우량 기업의 조건』을 쓰기 위한 연구 작업에 매달릴 수 있는 충분한 시간과 자원을 확보하고 있었다. 하지만 우리들 대부분은 많은 일들을 해야만 한다. 그런 연구를 할 만한 시간과 돈이 없다. 그렇다면 어떻게 그러한 연구에 대한 노력의 가치를 정당화할 수 있을까? 그 방법은 연구 과정이 두 가지 기능을 하도록 하는 것이다. 올바르게 이루어진 연구는 특정 산업에 소중한 정보를 제공해 줄 뿐만 아니라 산업 내부에서 활동하고 있는 영향력 있는 인물들과 접촉할 수 있는 기회를 준다. 그러한 차원에서 연구 작업은 업무적 개발에 대한 투자이자, 〈동시에〉 인맥을 구축하기 위한 투자이기도 하다. 그렇기 때문에 우리는 연구 작업에 많은 시간을 투자해야 하는 것이다.

우리는 조사 마케팅을 통해 업무적인 이익을 얻을 수 있다. 조사를 마무리하기 전에 콘텐츠 개발 계획을 진지하게 수립하자. 소셜 미디어 전략가 게리 바이너척Gary Vaynerchuk은 내게 이런 말을 했다. 〈방대한 분량의 콘텐츠를 만들어 내는 것만으로는 충분하지 않습니다. 널리 알리기 위해서는 짧은 분량의 콘텐츠도 개발해야 합니다.〉 바이너척은 특정 주제에 관해 블로그에 글을 쓰고 똑같은 주제로 동영상이나 GIF 파일 같은 움직이는 사진을 만들어 낸다. 여러분도 연구의 성과를 극대화하고 더 넓은 팬층을 확보하기를 원한다면 트위터나 페이스북에 홍보할 수 있는 형태로 글과 동영상, 사진 및 오디오 파일을 만들어 내야 할 것이다. 그리고 유튜브나 비미오Vimeo에 올린 상당한 분량의 콘텐츠를 홍보하기 위해 짧은 분량의 동영상을 제작해서 바인Vine에 올리는 노력도 필요하다. 충분한 시간을 투자해서 가치를 창조했다면 이를 흥미진진한 콘텐츠로 만드는 일은 여러분의 몫이다. 이러한 노력을 통해 목표로 했던 청중들이 여러분의 작품을 볼 수 있도록 해야 한다.

이와 관련하여 대표적인 인물로, 샌디에이고에서 활동하고 있는 기업가이자 컨설턴트인 마크 피델만Mark Fidelman을 꼽을 수 있다. 그는 『포브스』나 『비즈니스 인사이더』와 같은 사이트에서 열성 블로거로 활동하고 있다. 하지만 돈 때문에(아주 약간 받기는 하지만), 혹은 〈노출〉이라고 하는 불확실한 가능성 때문에 그 일을 하는 것은 아니다. 대신에 그는 두 가지 이유로 많은 노력을 들여 글을 써나가고 있다. 〈우선 새로운 고객들을 만나서 그들이 비즈니스를 키워 갈 수 있도록 도움을 주어야 하는데, 글을 쓰는 일을 통해서 관련된 많은 정보를 얻을 수 있습니다. 또한 세대를 이끌어 나가기 위해 글을 씁니다. 더 많은 사람들이 저와 관계를 맺고, 우리 회사에서 일하고, 제 네트워크 속에서 함께하기를 바랍니다.〉

피델만은 의뢰를 받자마자 곧바로 글쓰기에 들어가지는 않는다. 대신에 의뢰한 고객의 산업 내부에서 활동하고 있는 리더들과 인터뷰를 나누고 그 과정에서 인맥을 형성한다. 그의 한 가지 전략은 특정 분야나 산업 내에서 활동하는 최고의 리더 25인을 만나고 많은 노력을 들여 글을 쓰는 것이다. (가령, 〈현재 활동하고 있는 최고의 CEO 25인〉, 〈포춘 선정 100대 기업에서 가장 유명한 CMO 20명을 만나다〉, 또는 〈세계 최고의 사회적 브랜드 20〉 등.) 그는 최소한 100시간을 투자해서 글의 목록을 작성한다. 엄청난 작업이기는 하지만 그는 그러한 노력의 가치를 확신하고 있다. 그 과정에서 그는 앞으로 자신과 자신의 고객에게 유용한 인맥이 되어 줄 영향력 있는 인물들과 관계를 맺는다. 더 나아가 피델만은 시간을 활용하기 위한 치밀한 시스템까지 개발했다.

그는 먼저 400~500명에 달하는 후보들로 시작을 해서 온라인 영향력을 측정하는 클라우트Klout 지수를 기준으로 이들을 걸러 낸다. (오데스크나 이랜스 같은 온라인 사이트를 통해 2명의 프리랜서를 고용하여 시간당 5~6달러의 비용으로 클라우트 지수를 측정하고 확인한다.) 이를 통해 후보 목록을 관리 가능한 규모인 100명 정도로 줄이고, 이렇게 선별된 잠재적으로 영향력 있는 인물들이 특정 주제(가령 크라우드 펀딩 같은 주제)에 대해 최소 50퍼센트 이상의 비율로 이야기를 했는지 분석을 한다. 그렇지 않을 경우 후보에서 제외된다.

다음으로 프리랜서들과 함께 크레드Kred 점수와 알렉사Alexa 순위, 블로그의 인기, 그들의 글이 리트윗되는 횟수, 구글 검색 결과를 기준으로 인용 및 언급되는 횟수 등 다양한 사회적 지표들을 고려한다. 그리고 일고여덟 가지의 기준을 통해 가중 평균을 구한다. 다음으로 후보 수를 25명으로 줄이고 마지막으로 최종 후보자들이 가짜 트위터 팔로워들을 매수하는 방식으로 시스템을 조작하지는 않았는지 점검한다. 최종 단계는 산업 내부자들을 대상으로 한 무작위 조사다. 〈이들 다섯 명의 후보들 모두 타당해 보이는가?〉

그렇게 최종 목록이 완성되고 나면 피델만은 자신의 노력이 헛수고로 끝나지 않도록 세심한 주의를 기울인다. 시간당 10달러에 불과한 비용으로 동유럽 지역에서 활동하고 있는 그래픽 디자이너를 고용해서 자신이 선정한 영향력 있는 인물들의 목록을 인포그래픽으로 전환한다. 그는 말한다. 〈콘텐츠를 최대한 널리 공유하고자 합니다. 이와 관련된 슬라이드셰어SlideShare를 만들고 있는 셈이죠. 저는 묻습니다. 더 많은 사람들에게 알리기 위해 이 정보를 어떤 형태로 전환해야 할까?〉 그는 해당 분야에서 성공을 거둘 수 있었던 비결을 주제로 영향력 있는 인물들에게 질문을 던지고 이를 정리하여 전자책으로 만든다. 그는 전자책 제작을 위한 기본적인 포맷을 이미 만들어 두고 있으며 이를 원하는 사람들이 있다면 이메일로 보내 준다. 그는 말한다. 〈고객들이 한 걸음 앞서갈 수 있도록 도움을 줍니다. 그리고 최고의 25인으로 선정된 사람들 대부분은 제가 널리 이야기를 알릴 수 있도록 도움을 줍니다. 이미 그 과정에 참여를 했기 때문이죠.〉 이러한 방식으로 피델만은 특정 산업 내에서 영향력이 강한 인물들을 활용함으로써 고객들이 앞서 나갈 수 있도록 도움을 주고 있다.

블로그 게시글 하나를 작성하는 데 100시간을 할애하는 것은 미친 짓 같다. 하지만 이러한 과정이 피델만에게는 성공의 공식이다. 그는 이렇게 말한다. 〈영향력 있는 인물들에게 도움이 된다는 사실이 제가 이 일을 이렇게 하는 이유의 전부입니다. 아주 의미 있는 방식으로 그들을 인정할 때 그들은 저와 제 고객에게 다섯 배로 보답을 해줍니다. 저는 그들 중 90퍼센트의 사람들과 끈끈한 관계를 맺고 있습니다. 특정 산업 내에서 영향력이 강한 인물들을 많이 알고 있다면 고객들에게 더 많은 가치를 가져다줄 수 있습니다.〉

그 모든 노력은 치밀하게 계획된 윈윈*win-win*의 과정으로 이루어져 있다. 피델만은 대중들에게 흥미진진한 연구 결과를 내놓고 있다. (많은 독자들은 특정 산업 내에서 최고의 선수들이 누구인지에 높은 관심을 보인다.) 동시에 그 분야에서 최고의 자리에 있는 깊이 있는 전문가들의 대중적 인지도를 높여 주고 있다. 그리고 그 과정에서 그는 다양한 산업들에 대해 배우고 자신의 고객 및 잠재 고객들과 더불어 가치 있는 인간관계를 구축하고 있다. 오늘날 우리 모두는 바쁘다. 연구를 수행하기 위해 100시간은커녕 1시간도 투자할 여유가 없다. 그러나 피델만의 사례는 우리가 어떻게 연구 작업을 개인의 업무적인 삶과 통합하고 이를 비즈니스 차원으로 이끌어 갈 수 있는지 잘 보여 주고 있다.

생각해 볼 질문

■ 어떻게 여러분의 연구가 다양한 목표에 기여할 수 있도록 할 수 있을까? (피델만이 전문성을 확장하고 앞서가는 세대를 위해 글쓰기를 활용했던 것처럼.)

■ 시간 투자를 활용하기 위한 시스템을 창조할 수 있을까? (연구, 저작, 홍보 등 다양한 분야의 도움을 통해서.)

■ 연구 성과를 어떻게 더 널리 알릴 수 있을까? 원래의 결과물을 요약한 콘텐츠를 따로 개발할 수 있는가? (전자책, 인포그래픽, 슬라이드셰어 등.)

4장

다양한 아이디어의 결합

　여러분은 아마도 온라인 축구 게임, 이탈리아 문학 석사 학위, 혹은 저글링 기술이 미래의 비즈니스 성공과 별로 상관이 없을 것이라 생각할 것이다. (스티브 잡스가 대학 시절에 들었던 캘리그래피 수업이 디자인과 미학 분야에 전 세계적으로 영향을 미치게 될 줄 누가 알았겠는가?) 하지만 이러한 것들 덕분에 우리는 남들과 다른 눈으로 바라봄으로써 세상에 기여할 수 있다. 획기적인 아이디어는 새로운 관점에서 문제를 바라보기 시작할 때, 아무런 연관이 없어 보이는 각각의 요소들을 하나로 조합할 때 그 모습을 드러낸다. 그리고 바로 그 지점에서 우리는 개인의 고유한 영향력을 발휘하게 된다. 어느 누구도 우리 자신과 정확하게 똑같은 교육을 받거나 배경을 갖고 있지 않으며, 그렇기 때문에 어느 누구도 우리와 똑같은 관점에서 문제를 바라보지 못한다. 자신의 모든 자아(과거의 모든 행동과 배움들)를 동원하여 문제에 집중함으로써 우리는 다양한 아이디어들을 흥미진진하고 새로운 방식으로 조합할 수 있다.

하버드 의과 대학의 앨버트 로던버그Albert Rothenberg 교수는 〈야누스적 사고〉라는 용어를 만들어 낸 인물이다. 이는 로마 신화에 등장하는 두 개의 얼굴을 가진 신, 야누스의 이름을 딴 것으로 창조적인 통찰력은 어떤 대상, 그리고 〈그 반대의 대상〉을 동시에 받아들이는 능력으로부터 비롯된다는 사실을 의미하는 것이다. 같은 맥락에서 창조적인 과학자 마이클 미칼코Michael Michalko는 이와 같은 사고방식이 다양한 각도에서 동일한 사물을 동시에 바라보는 피카소의 큐비즘에도 영감을 불어넣었다고 설명한다. 은유적인 차원에서, 우리는 물리학 분야에서 아인슈타인이 보여 주었던 한 가지 혁신에 대해서도 똑같은 이야기를 할 수 있다. 그것은 어떻게 물체가 움직이는 동시에 멈추어 있는 것처럼 보일 수 있는지에 대한 질문을 말한다.[1] (가령, 내가 지붕에서 뛰어내리면서 손에 쥐고 있던 공을 놓을 때 그 공은 빠른 속도로 낙하를 하지만 내 눈에는 정지해 있는 것처럼 보인다.) 어떤 것, 그리고 그것에 반대되는 것을 동시에 상상하는 훈련을 통해서 우리는 더 깊이 파고들어 갈 수 있다. 지금까지 진리라고 생각해 온 가정이 거짓이라면? 우리는 왜 꼭 그런 식으로 생각해야 하는 가? 다른 접근 방식이 있을까? 왜 그렇게 생각하면 안 되는가?

하지만 특정 분야 속에 갇혀 있을 때 이러한 야누스적 사고를 시도하기란 절대 쉬운 일이 아니다. 다른 분야나 전통으로부터 신선한 생각을 가져오는 시도를 통해 우리는 의미 있는 창조적 혁신을 일구어 낼 수 있다. 이를 위한 한 가지 현실적인 방안은 다른 관점을 이용해 결점을 발견해 내는 것이다. 어떤 기술을 빌려 와서 이를 가지고 새로운 질문을 던짐으로써, 혹은 르네상스 정신을 독려함으로써 우리는 놀라운 통찰력을 얻을 수 있다. 결론적으로 우리에게는 다른 사람들과 똑같은 시선으로 문제를 바라볼 여유가 없다. 관점의 차이야말로 우리 자신의 경쟁력이기 때문이다.

다른 분야로부터 배우기

우리는 다양한 분야에서 받았던 교육의 경험 덕분에 다른 사람들이 생각하지 못하는 질문을 던지고 새로운 연결 고리를 만들어 낸다. 에릭 샤트Eric Schadt는 원래 수학자로서 경력을 시작한 인물이었다. 그러나 이러한 그의 배경은 나중에 생물학 분야에서 혁신을 일으킨 결정적인 요인으로 작용하게 되었다.

몇 년 전 샤트는 컬럼비아 대학에서 강연을 했다. 그런데 시작한 지 5분 정도 지났을까 한 교수가 일어서서 이렇게 말했다. 〈누구도 이 강의를 계속해서 들어야 할 필요는 없다고 생각합니다. 저는 강의실을 나갈 겁니다. 다른 모든 사람들도 그렇게 해야 합니다.〉 최고의 학술지에 동료들의 검증을 마친 논문을 이백 편 넘게 발표했고 권위 있는 연구를 통해 〈세계에서 가장 영향력 높은 과학적 지성〉으로 거론되고 있는 학자에게 누가 감히 그러한 독설을 날릴 수 있단 말인가?[2]

당시 그 교수를 포함한 다른 청중들에게 샤트는 쓴소리를 하는 사람이었다. 그것은 〈각각의 부분들을 연구함으로써 생명 시스템 전체를 이해할 수 있다고 하는 생각〉을 기반으로 하고 있는 전통 생물학이 이상한 관점에서 세상을 바라보고 있다는 그의 주장 때문이었다. 생물 수학biomathematics으로 박사 과정을 밟기로 결정했을 때 샤트는 수업을 따라잡기 위해 보충 강의를 들어야 했다. 그는 고급 수학에만 집중하다 보니 고등학교 졸업 이후로 생물학을 제대로 들여다본 적이 없었다. 그는 말한다. 〈제가 즉각적으로 깨달았던 것은 생물학 교과서 저자들이 생물학이라고

108 스탠드 아웃

하는 학문을 지나치게 단순화해 버렸다는 사실이었습니다.〉 그가 생각하기에 생물학은 그 분야에 몸담고 있는 전문가들이 생각하는 것보다 훨씬 더 복잡한 학문이었다. 이러한 깨달음과 함께, 스스로를 차별화하고, 명성을 얻고, 학문에 기여할 수 있는 기회가 그에게 찾아왔다.

1998년 즈음에 RNA와 DNA의 배열 순서를 신속하게 확인하고 특정 유전자의 발현을 개별적으로 측정하는 기술이 등장하면서 생물학 연구가 극적으로 변화했다. 샤트는 이렇게 설명한다. 〈단일 유전자의 활성화 여부를 확인하기 위해 실험실 전체를 동원해야만 했던 상황에서 (특정 질병과 관련된 유전자를 확인하는 데에만 몇 년의 세월이 걸렸다) 그러한 특정 유전자에다가 삼만 가지에 달하는 다른 유전자들까지 단 하루만에, 그것도 낮은 비용으로 확인할 수 있는 수준으로 생물학은 하루아침에 변화했습니다. 이러한 발전은 생물학을 정성적인 학문에서 정량적인 학문으로 완전히 바꾸어 줄 것으로 보였습니다.〉 하지만 그의 동료들 대부분은 이러한 새로운 현실을 맞이할 준비가 전혀 되어 있지 않았다. 생물학자들은 정량적으로 사고하도록 훈련을 받지 않았고 방대한 양의 데이터를 처리하기 위해 필요한 기술을 갖추지 못하고 있었다.

하지만 이론 수학으로 석사 학위를 받았고 학부 시절에

는 컴퓨터 과학을 전공했던 샤트는 준비가 되어 있었다. 제약 기업에서 근무하는 동안 자신의 박사 논문이 완성될 무렵에 샤트는 새로운 기술의 도입을 제안했다. 그는 말한다. 〈완전히 말이 통하지 않았죠. 어느 누구도 제 아이디어에 돈을 대려고 하지 않았습니다. 사람들은 저의 제안을 《낚시 원정대fishing expedition》라며 비아냥거렸고 이런 식으로 비판을 했죠.《당신은 지금 미끼를 던지고 있다. 아무런 가설도 제시하지 않고 자신이 발견한 것만 보고 그걸 가지고 이야기를 꾸며 내고 있다.》지독히 경멸적인 반응이었죠.〉

그러나 샤트는 자신이 언급했던 〈새로운 생물학〉의 가치를 확신하고 있었다. 새로운 생물학은 전체적인 관점에서 시스템을 바라보고 빅데이터 기술을 비롯한 다양한 첨단 기술을 적극적으로 활용한다. 샤트는 유전자에 대한 연구가 소셜 네트워크에 대한 연구와 흡사하다고 말한다. 우리는 개인의 내면을 들여다봄으로써 그 사람에 대해 알 수 있지만, 동시에 그가 어떤 사람들과 이야기를 나누는지, 그리고 사람들과 함께 어떤 활동을 하는지 살펴봄으로써 그 사람에 대해 더 많은 것을 알 수 있다. 몇 년 전 생물학자들은 운 좋게도 낭포성 섬유증을 유발하는 단백질 돌연변이처럼 특정 상황을 분명하게 촉발하는 특정 유전자를 발견하는 데 성공했다. 그러나 대부분의 상황들은 이보다 훨씬 더 복잡한 형태로 이루어지며, 그 미묘한 상관관계를 이해하기 위해서는 엄청난 양의 데이터가 필요하다.

샤트는 그 가능성을 보여 주기 위해 작은 규모의 실험들을 시작했고 이를 통해 아주 서서히 사람들의 마음을 돌려 놓을 수 있었다. 샤트의 경우, 그와 그의 몇몇 동료들이 발견했던 아이디어가 주류 학계에 받아들여지기까지 무려 15년의 세월이 걸렸다. 그래도 그들은 결국 성공을 이루어 냈고 그 덕분에 샤트는 마운트 시나이 의과 대학의 아이칸 유전체학 및 다중 생물학 연구소Mount Sinai's Icahn Institute for Genomics and Multiscale Biology (여기서 나는 그를 위해 자문을 제공하고 있다)를 이끌고, 세계에서 가장 많이 인용되는 과학자들 중 한 사람으로 인정을 받고 있으며, 『에스콰이어』와 『뉴욕 타임스』 등으로부터 좋은 평가를 얻고 있다.

샤트의 경험이 보여 주듯이, 외부에서 새롭게 들어온 사람들은 초반에 많은 어려움을 겪게 된다. 텃세를 견뎌 내야 하고 아이디어를 인정받기까지 몇 년의 세월이 걸릴 수 있다. 그리고 많은 사람들이 해당 분야에서의 경험 부족을 단점으로 지적할 것이다. 〈생물학에 대해 그가 대체 뭘 알겠어?〉 경험이 풍부한 사람들은 어느 곳에나 있다. 많은 학자들이 대학에서 생물학을 전공하고 그 이후로 정해진 과정을 그대로 밟아 나갔다. 그러나 아웃사이더로서의 입장과 이에 따른 새로운 관점은 얼마든지 무지를 무기로 바꿔놓을 수 있다.

샤트는 새롭게 등장한 기술의 도움으로 생물학이 급격히 발전할 수 있다고 생각했다. 이를 위해 생물학자들은 수학자나 컴퓨터 과학자들처럼 생각할 수 있어야 했다. 그러나 대부분의 학자들이 그러한 접근 방식을 거부했다. 샤트는 그러한 반발을 충분히 이해할 수 있었다. 그는 말한다. 〈어떤 면에서 그들의 존재 가치에 의문을 던지는 것이었으니까요. 미지의 것에 대한, 그리고 경쟁에 대한 두려움 때문이었죠.〉 성공한 전문가들 대부분은 그들을 돋보이게 해주는 기존의 상황에 강한 애착을 느낀다. 그러나 시간이 흐르면서 조금씩 새로운 기회들이 떠오르기 시작한다. 새로운 아이디어를 추구하고 반대자들(샤트의 강연에서 짜증을 냈던 컬럼비아 대학의 교수처럼)의 비난을 극복할 수 있을 때 우리는 다른 사람들이 보지 못하는 연결 고리와 통찰력을 발견하게 된다.

사고 리더가 되기 위해서는 자신의 모든 경험들(전문적인 교육, 선천적 재능, 성장 배경, 취미 등)이 세상을 바라보는 관점에 큰 영향을 미친다는 사실을 이해해야 한다.

샤트의 경우와 마찬가지로 우리는 신입으로서의 입장을 단점이 아니라 장점으로 전환할 수 있다. 어느 정도의 수준까지 깊이 있게 연구를 하고 동시에 아웃사이더로서의 관점에서 기존의 가정에 과감하게 질문을 던질 때 우리는 스스로 길을 열어 가면서 자신의 존재감을 드러낼 수 있다.

생각해 볼 질문

■ 새로운 관점으로 기존의 활동을 바라보기 위해 우리는 과거의 교육 경험을 어떻게 활용할 수 있을까?

■ 지금 고민하고 있는 질문에 대한 대답을 다른 분야의 관점으로부터 이끌어 낼 수 있을까? 수학자들은 (혹은 화학자나 철학자, 아니면 정치학자들은) 지금 여러분이 고민하고 있는 문제나 기회에 대해 어떻게 생각할 것인가?

■ 지금 하고 있는 업무 분야를 넘어서서 어떤 분야에 호기심을 느끼고 있는가? 그러한 분야에서 여러분과 비슷한 배경을 지닌 사람들이 많이 있는가? 혹은 여러분의 고유한 아이디어를 제시할 수 있는가?

■ 여러분의 분야에서 예전에 불가능했던 일이 기술 발전으로 가능하게 된 사례가 있는가?

■ 그러한 기술을 활용하기 위해 무엇이 필요한가?

■ 이제 여러분은 예전에 불가능했던 어떤 질문들을 던질 수 있게 되었는가?

　■ 여러분의 분야에서 나타나고 있는 어떠한 변화와 흐름이 기득권층을 성가시게 하고 있는가? 그들은 왜 혼란을 느끼고 있는가? 그리고 그 이유는 무엇인가?

새로운 상황에 적용하기

　도전 과제에 직면했을 때 스스로에게 이렇게 질문을 던지자. 지금 가능한 것, 그리고 사람들이 실제로 필요로 하고 있는 것 사이의 간격을 어떻게 메울 수 있을까? 이와 비슷한 질문에 해답을 내놓은 사람이나 사례가 있는가? 다른 사람들이 이루어 놓은 것들로부터 우리는 떠올리기 쉽지 않은 영감을 종종 발견하게 된다. 우리는 바퀴를 다시 발명할 필요가 없다. 다만 새로운 환경에 도움이 될 만한 것들만 받아들이면 된다.

　에릭 샤트가 전통 생물학의 한계를 확인하고 더 나은 해결 방안을 모색했던 것처럼, 또 한 명의 에릭(기업가 에릭 리스Eric Ries)은 창업 문화를 어떻게 개선할 수 있을 것인지 고민했다. 그는 다방면에서 경력을 쌓았고 그 과정에서 아무도 원하지 않는 제품들을 개발하는 과정에 엄청난 시간과 자본이 낭비되고 있다는 사실을 목격했다. 그것은 정말로 안타까운 손실이었다. 리스는 이 문제에 대한 해결책을 모색하는 과정에서 아이디어 조합에 관한 새로운 측면, 즉 특정 분야에서 최고의 사례들을 발굴해서 이를 변형함으로써 다양한 분야에 적용하는 역량에 주목하게 되었다.

어떤 측면에서 많은 신생 기업들이 실패한 것은 효율성 문제 때문이었다. 이 문제에 대한 보편적인 전통적 해법은 린 생산 방식*lean manufacturing*, 즉 도요타와 같은 산업 거물들이 비즈니스 절차를 유연하게 다듬고 개선하기 위해 수용했던 방식이었다. 하지만 리스는 린 생산 방식이 실리콘 밸리 환경에는 적절하지 않다고 보았다. 『허핑턴포스트』지 기사를 위해 내가 마련한 인터뷰 자리에서 리스는 이렇게 말했다. 〈정확한 예측을 내놓을 수 있을 만큼 장기적이고 안정적인 운영의 역사가 존재하지 않을 때 계획의 초과 달성이 축하의 이유가 될 수는 없습니다. 실제로 성공적인 실행이 실패로 전락하고는 합니다. 그것은 잘못된 계획을 추구했기 때문입니다.〉[3] 린 생산 방식을 도입함으로써 생산성을 개선할 수 있다는 생각이 어쩌면 치명적인 착오일 수 있다. 그건 사실상 〈잘못된〉 것들을 〈더 많이〉 만들어 내기 때문이다.

하지만 리스는 신생 기업들을 위해서 그 개념을 다시 살려 낼 수 있고 질문을 달리함으로써 그 잠재력을 실현할 수 있을 것이라 믿었다. 그리고 생산 방식을 개선하기 위해서가 아니라 의사 결정 과정을 개선하기 위해 린을 활용할 수 있다고 생각했다. 그는 이렇게 말한다. 〈목표는 (처음부터) 어떤 것을 생산해야 할 것인지 효과적으로 결정하는 것입니다.〉 리스는 린 생산 방식에 관한 자료를 읽기 시작하면서 버클리와 스탠퍼드 대학에서 강의를 하고 있는 스티브 블랭크Steve Blank와 같은 학자들의 연구에 주목했고 거기서 배운 것들을 신생 기업들을 대상으로 적용해 보았다. 그리고 블로그 활동도 시작했다. 초기에는 자신의 아이디어를 객관적으로 검증하기 위해서 익명으로 글을 올렸다. 가까이서 지켜보았던 실패 사례들을 바탕으로, 리스는 독자들이 〈최소 기능 제품Minimum Viable Product〉(필요 없는 기능들을 모두 제거한 초기 형태의 제품)을 개발하여 수요를 검증하고, 그 이후에 필요할 경우 〈선회pivoting〉(과정을 변경하는)하는 아이디어를 받아들이도록 했다.

리스는 기존의 비즈니스 운영 방식이 새로운 기술 환경에서 힘을 발휘하지 못하고 있다는 사실을 깨달았고 새로운 방식을 창조하기로 했다. 그가 린 방법론과 기업가 문화의 개념을 결합해서 쓴 『린 스타트업The Lean Startup』은 엄청난 베스트셀러가 되었고 이를 통해 기술 산업이 더 나은 방향으로 나아가도록 자극했다. 이 글을 쓰고 있는 시점을 기준으로 전 세계의 472개 도시와 70개 국가들에 걸쳐 1,400개에 달하는 린 스타트업 미트업*Lean Startup Meetup* 그룹들이 존재하고 있으며, 거기서 35만 7,000명의 사람들이 활동하고 있다. 리스가 새로운 환경 속에서 의미 있고 유용한 린 원칙들을 만들어 냈던 것처럼, 여러분도 자신의 분야에서 드러나고 있는 문제들에 대한 해결책을 모색해 볼 수 있을 것이다. 뭐가 빠져 있는 것일까? 다른 분야에서 영감을 얻을 수 있을까? 그대로 적용할 수는 없다고 하더라도 살짝 수정함으로써 활용할 수 있는 중요한 아이디어가 있을까? 그러한 아이디어들을 어떻게 수정함으로써 자신이 활동하고 있는 산업에 적용할 수 있을까?

리스가 수십만 명에 이르는 린 스타트업 지지자들에게 도움을 주었던 것처럼, 우리의 조언이 실질적인 도움을 줄 수 있다면 그 복음을 널리 전파하고자 하는 많은 지지자들의 기반을 확보하게 될 것이다.

생각해 볼 질문

- 지금의 문제를 다른 산업들은 어떻게 해결했을까? 그들이 활용하고 있는 기술과 관련하여 어떻게 더 많은 것

을 배울 수 있을까? (인터뷰를 통해 정보를 얻거나 비즈니스 서적을 읽는 등.)

■ 그들의 전략을 여러분의 기업이나 분야로 가지고 올 수 있는가? 기존의 문화에 적용하는 과정에서 어떤 것들이 쉽거나 혹은 어려울 것인가?

■ 그 아이디어들이 더욱 강력한 효과를 발휘하도록 하기 위해서 어떻게 수정해야 할 것인가?

다르게 바라보기

우정, 취미, 연애, 여행, 여름 캠프, 인턴십, 직장, 책, 콘서트 등 여러분이 삶에서 겪었던 모든 경험들에 대해 생각해 보자. 그 과정에서 얻었던 지혜를 어떻게 활용할 수 있을까? 대부분의 사람들은 업무적인 삶에 대해 지나치게 좁게 생각하고 있다. 우리는 대학 시절에 배웠던 것들, 혹은 과거의 직장 경험들을 현재의 업무로 가져올 수 있다. 물론 오늘날 밤낮없이 모바일로 연결된 시대에는 개인적인 영역과 업무적인 영역을 완벽하게 구분하는 것이 더 이상 가능하지 않다. 부모가 되기 위한 시간 관리 기술이나, 전 세계를 떠돌았던 배낭여행에서 얻은 융통성이나 호기심, 혹은 테니스나 체스, 시, 컴퓨터 프로그래밍 등 다양한 취미를 통해 몸으로 익힌 집중력 등, 우리를 유능한 직원이나 기업가로 만들어 주는 것들은 종종 근무 시간 외에서 배웠던 것들이다.

진정한 통찰력을 창조하고자 한다면 똑같은 업무를 계속하고 다른 사람들처럼 생각하고 돌고 도는 이야기를 그대로 읊어서는 안 된다. 앞서 우리는 아이디어를 결합하는 가치에 대해 이야기했다. 우리는 때로 한 걸음 더 나아가야 한다. 세상을 다르게 바라보아야 한다. 이 말의 의미는 단지 여러 가지 이론들을 결합하는 것이 아니라 범주화하기 힘들 만큼 시야가 넓은 사람이 되어야 한다는 말이다.

파코 언더힐Paco Underhill은 어느 날 은행에서 줄을 서서 기다리다가 문득 세상을 다르게 보게 되었다. 그때 그는 일주일 전 지붕 위에서 벌벌 떨고 있었던 기억이 떠올랐다. 〈강한 바람이 불어오고 있었고 카메라를 설치하는 동안 건물이 바람에 흔들리는 걸 느낄 수 있었죠.〉 비영리 단체인 공공 디자인 프로젝트에서 도시 설계자로 일을 했던 언더힐은 여러 도시들을 보다 살기 좋은 곳으로 만들기 위해 용도 지역 조례를 수정하는 일을 하고 있었다. 하지만 원하는 결과를 위해 어떤 정책들을 선택할 것인지 결정을 내리기 위해서 그는 많은 데이터를 끌어모아야 했다. 그리고 이를 위해 건물 지붕에 저속 촬영 카메라를 설치하여 행인과 자동차들의 움직임을 추적했다. 그런데 한 가지 문제가 있었다. 그에게는 고소 공포증이 있었다. 시애틀의 한 건물 옥상에서 있었던 기억을 떠올리며 그는 이렇게 말했다. 〈정말로 무섭더군요. 왜 하필 저는 저의 공포를 그렇게 자주 직면해야만 하는 직업을 선택했던 걸까요?〉

일주일 후 그는 뉴욕으로 돌아와 은행에 줄을 서 있었다. 줄은 길고도 길었다. 〈뭔가 제대로 돌아가고 있지 않다는 생각에 점점 화가 나더군요. 그 순간 도시가 돌아가는 방식을 관찰하기 위해 사용했던 똑같은 원리를 은행이나 매장, 혹은 대형 공공건물에 그대로 적용할 수 있다는 생각이 들었습니다.〉 그리고 자신의 기업을 통해 비즈니스 컨설팅 서비스를 제공할 수 있다는 사실을 깨달았다. 그러한 계획이 효과가 있다면 다시는 지붕 위로 기어 올라갈 필요도 없을 것이었다. 그러나 그의 상사는 그 아이디어에 별 관심을 보이지 않았다. 결국 1977년에 언더힐은 도시 계획과 인류학 원리를 유통 비즈니스에 적용하는 획기적인 아이디어를 가지고 컨설팅 업체인 인바이로셀Envirosell을 직접 설립했다.

초기에 그는 고객들을 모으기 위해 자신의 다양한 배경에 주목했다. 당시 그는 뉴욕 시에 있는 한 나이트클럽의 지분을 소유하고 있었고, 어느 날 밤 거기서 에픽 레코드

Epic Records의 사장을 만나게 되었다. 언더힐은 그에게 이렇게 말했다. 〈저는 제안했습니다.《음반 매장의 구조를 완전히 바꾸어 놓을 아이디어가 있습니다.》그러자 그는 이렇게 대답했죠.《그럼 제안서를 보내 주세요.》그리고 몇 달이 흘러 그에게서 전화가 걸려 왔다. 사람들이 공원을 돌아다니는 경로를 예상할 수 있는 것처럼 음반 매장에서도 소비자들이 돌아다니는 경로의 패턴을 발견할 수 있다. 여기서 만약 병목 현상을 제거하고 사람들이 특정 구역에 오래 머무르도록, 혹은 특정한 제품에 주목하도록 할 수 있다면 매장의 수익을 크게 끌어올릴 수 있을 것이었다.

〈싱글 앨범을 판매할 생각입니까? 그러면 열 살짜리 아이들의 눈높이에 맞춰 진열하세요.〉언더힐은 초기의 컨설팅 기억을 떠올리며 이렇게 말했다. 〈LP와 카세트테이프를 판매하던 시절에 사람들은 먼저 LP 코너에서 쇼핑을 한 뒤 카세트 코너로 넘어갔습니다. 그러다 보니 비대칭적인 이동 패턴이 매장에서 나타나고 있었습니다. 이동을 균등하게 조정함으로써 전환 비율을 더 높일 수 있었죠. 그런 식으로 논리적 단계를 이어 나갔습니다.〉인바이로셀은 지금도 여전히 유통 기업들을 대상으로 컨설팅 서비스를 제공하고 있으며 동시에 온라인으로도 그 영역을 확장하여 고객 기업들의 웹 사이트상에서 소비자들의 움직임을 추적하고 있다. 인터넷상에서도 우리는 똑같은 질문을 던질 수 있다. 무엇이 소비자를 머무르게 하는가? 무엇이 그들을 돌아서게 하는가? 그들은 어디서 멈춰 서는가? 이러한 질문에 대답하기 위해서는 예술과 과학의 조합이 필요하다. 그리고 그것은 여러 분야에 걸친 경력 덕분에 언더힐에게 대단히 익숙한 기술이었다.

그는 고객들을 위해 대학 시절의 경험으로부터 새로운 지혜를 이끌어 내고 있다. 그는 원래 여자 대학이었던 바사르Vassar 칼리지에 남자로는 처음 입학한 학생들 중 하나였다. 그 덕분에 그는 특히 남자와 여자가 사물을 인식하는 방식에서 드러내는 차이를 자연스럽게 받아들일 수 있었다. 그는 말한다. 〈란제리를 판매하든 기술을 판매하든 성공하기 위해서는 먼저 여성을 이해해야 합니다.〉

다르게 바라보기는 자신의 직원들에 대해서도 가치 있게 생각하는 자질이다. 현재 140명으로 이루어진 그의 기업에서 경영진은 모두 연극 분야 출신들이다. 그의 경험에 따르면 그들은 처음부터 〈선입견〉을 가지고 기업에 들어오는 MBA 출신들보다 훨씬 더 일을 잘 해내고 있다. 다시 말해, 언더힐의 회사에서 최고의 인재들은 일반적인 비즈니스 분야 출신들이 아니다. 언더힐은 항상 획기적인 아이디어를 추구하고 있으며, 이러한 아이디어는 종종 도시 계획이나 나이트클럽, 연극, 비즈니스 등 다양한 분야들이 서로 엇갈리는 지점에서 모습을 드러낸다. 우리가 다양한 기술과 경험, 그리고 정체성들을 한데 끌어모을 때, 그 활동 무대는 더 이상 특정한 범주에 속하지 않는다. 그것은 밤새워 다른 분야에서 일을 한다는 의미가 아니다. 다만 여러 가지의 렌즈(배우, 물리학자, 의사)로 세상을 다양하게 바라본다는 뜻이다. 우리는 다양한 관점들을 받아들인다. 그리고 각각의 관점들은 서로 영향을 주고받는다. 어느 누구도 그러한 조합을 정확하게 따라할 수는 없다. 고유한 관점을 갖는다는 것은 기존의 많은 사고가들이 간과하거나 무시하는 새로운 아이디어나 기회를 발견하게 될 것이라는 의미다.

언더힐은 도시 계획과 인류학을 유통 시장에 적용하겠다는 뚜렷한 계획을 갖고 비즈니스를 시작한 것은 아니었다. 다만 다양한 기회와 독창적인 조합에 항상 마음을 열어 놓고 있었다. 은행에서 줄을 서서 기다리는 동안에 생각들이 자연스럽게 흘러가도록 내버려 두었고 갑작스럽게 새로운 가능성을 보았다. 그건 단지 두 가지 분야, 혹은 두 가지 아이디어를 함께 연결하는 일이 아니었다. 사실 그건 그의 모든 것이었다. 언더힐의 비즈니스적 삶은 그가 누구인지, 그리고 그가 어떻게 세상을 바라보고 있는지를 그대로 드러내고 있다.

혁신적인 아이디어, 즉 평범함을 벗어 버린 새로운 가치를 발견하고자 한다면 표준에서 벗어난 삶을 살아가려는 의지가 중요하다. 물론 그러한 태도는 때로 사람들의 냉소를 자아내기도 한다. 많은 생물학자들은 지금도 에릭 샤트를 탐탁지 않게 여기고 있다. 직접적인 공격을 받지 않는다고 하더라도 보다 미묘한 형태의 회의주의에 맞닥뜨릴 수 있다. 언더힐은 자신의 상사가 아이디어의 가능성을 인정해 주지 않았기 때문에 직접 회사를 설립했다. 여러분은 삶에서 어떤 기술과 태도를 개발하고 싶은가? 어떤 인물이 되고 싶은가? (언더힐의 관점에서 볼 때 기업가이자 인류학자, 그리고 나이트클럽 소유주로 살아간다는 것은 얼마든지 가능한 이야기였다.) 다른 사람의 생각대로 따라가는 것이 아니라 진정한 자신이 될수록, 지속적인 영향력을 발휘할 수 있는 새로운 가치를 만들어 낼 가능성은 더욱 높아질 것이다.

생각해 볼 질문

■ 자신의 배경이나 이력에서 〈엉뚱하거나〉 혹은 적절하지 않은 부분이 있는가? 어떻게 그러한 부분들을 새로

운 형태로 비즈니스적 삶에 끌어들일 수 있을까?

　■ 자신의 분야에서 드러나고 있는 도전 과제를 어떻게 외부인의 눈으로 바라볼 수 있을까? 한 여성은 이에 대해 뭐라고 말할 것인가? 아이는? 혹은 록 뮤지션이나 환경 운동가는? 그들의 관점에 주목함으로써 우리는 아주 다른 시각으로 문제를 바라볼 수 있을 것이다.

　■ 다음 달에 접하게 될 새로운 아이디어들을 어떻게 자신의 분야를 검토하거나 평가하기 위한 렌즈로 활용할 수 있을까?

5장
기반 구축

깊은 슬픔에 잠겨 있을 때 우리는 가슴 아픈 상실의 고통을 느낀다. 그럴 때면 더 큰 그림을 보지 못하고 고통이 영원히 계속될 것이라 믿게 된다. 모두에게는 그러한 강렬하고 개인적인 경험이 남아 있다. 슬픔의 단계에 관한 엘리자베트 퀴블러로스Elisabeth Kübler-Ross의 연구는 위압적인 상실을 다루고 이를 공유하는 방법을 보여 주고 있다. 슬픔의 단계를 이해함으로써, 다시 말해 그 전체 과정이 거부와 분노, 타협, 좌절, 그리고 최종적인 수용으로 이루어져 있다는 사실을 이해함으로써, 우리는 슬픔 속에서도 통제력을 회복하고 다른 사람들과 더불어 아픔을 나눌 수 있다.

마찬가지로 에이브러햄 매슬로Abraham Maslow는 〈욕구의 단계〉를 체계화함으로써 인간을 움직이는 요인들을 구체적으로 설명했다. 매슬로의 이론은 우리에게 직관적인 통찰력을 던져 준다. 물론 그가 이를 이론으로 내놓기 전에도 많은 사람들은 물과 음식이 필요조건이기는 하지만 행복한 삶을 살아가기 위한 충분조건은 될 수 없다는 이야기를 했다. 하지만 매슬로는 이러한 생각들을 체계적으로 정리했으며 생리적 욕구가 일차적이고 필수적이기는 하지만, 일단 충족이 되면 사람들은 안전에서 사랑, 존경, 그리고 자아실현에 이르는 상위 욕구에 집중하게 된다는 점을 보여 주는 상징적인 피라미드 모형을 완성했다.

그 대상이 슬픔이든, 아니면 인간의 동기이든 간에, 구체적인 형태가 없고 신비에 둘러싸인 경험을 설명해 주는 이론을 창조했다면 그 사람은 세상에 중대한 기여를 한 것이다. 그 덕분에 사람들은 이제 한층 넓어진 렌즈를 통해서 자기 자신과 주변 사람들의 삶을 들여다볼 수 있게 되었다. 때로 어떤 현상 뒤에 숨어 있는 원리를 밝혀냄으로써 우리는 그와 같은 기여를 할 수 있다. 그 현상은 어떠한 단계나 과정으로 이루어져 있는가? 그러한 일은 어떤 절차를 거쳐 일어나며 이를 설명해 주는 이론을 만들어 낼수 있는가? 우리는 철학적인 요소와 전략적인 요소를 결합함으로써 사람들에게 무엇을 해야 하고 왜 해야 하는지를 설명할 수 있다. 또한 세상이 필요로 하는 것은 어쩌면 간단하고 객관적인, 그리고 특정한 과제를 수행할 수 있도록 도움을 주는 안내서일 수도 있다. 어떤 현상을 효과적으로 설명하고 이를 더 많은 청중들이 의미 있는 것으로 받아들일 때 우리는 전문가로 인정을 받을 수 있다.

원리를 밝혀내기

자신의 분야에서 업적을 남기고 싶다면 드러나지 않는 근본적인 원리들을 설명해 낼 수 있어야 한다. 놀랍게도 다양한 분야의 핵심 이론들이 의식적인 차원에서 설명이 되지 않은 채 남아 있다. 예를 들어, 인류는 수천 년 동안 신화를 즐겨 왔다. 그러나 조지프 캠벨Joseph Campbell은 〈영웅의 여정Hero's Journey〉이라는 패턴을 분석하고 그 원리를 적용할 수 있는 다양한 이야기(스타워즈 등)들이 어떻게 인류의 문화적 상상력 속에서 그토록 강력한 힘을 발휘할 수 있었는지 보여 주고자 했다.

자신의 분야에서 드러나지 않은 구조나 원리를 분명하게 설명해 낼 수 있다면 우리는 많은 사람들에게 도움을 줄 수 있다. 그리고 자신의 분야와 관련된 논의가 이루어질 때마다 우리의 이름과 이론이 거론될 것이다. 다양한 현상들의 공통적인 특성을 분석하거나(성공적인 기업가들은 모두 X, Y, Z라는 특성을 공통적으로 갖고 있다), 구조를 제시하거나(최고의 시나리오들은 모두 특정한 서사적 흐름을 따른다), 단계(퀴블러로스가 말한 슬픔의 단계), 혹은 원리(게리 채프먼Gary Chapman이 자신의 유명한 저서 『5가지 사랑의 언어The 5 Love Languages』에서 들려주고 있는 이야기)를 밝혀냄으로써 우리는 그러한 일을 할 수 있다.

로버트 치알디니가 설득을 주제로 연구를 시작했을 때 그 역시 드러나지 않는 근본적인 원리에 대한 설명이 충분히 이루어지지 않고 있다는 사실을 깨달았다. 〈사실 저는 우리 집에 찾아오는 판매 사원이나 한 번도 들어 본 적이 없는 자선 단체에 기부를 하라고 요청하는 모금자들의 쉬운 표적이었습니다.〉 치알디니는 이렇게 떠올리고 있다. 그는 잡지를 사거나 기부할 의사가 전혀 없었다. 하지만 그는 매번 설득에 넘어가고는 했다. 〈궁금하더군요. 대체 어떻게 그렇게 넘어가는 거지?〉 그는 자신을 설득시킨 요인이 제품의 장점이 아니었다는 사실을 잘 이해하고 있었다. 그렇다면 그것은 사람들의 기술이었다. 그들은 도대체 어떻게 했던 것일까?

그 해답을 밝혀내기 위해 그는 스스로 영업 사원으로 가장했고, 보험과 인물 사진, 진공 청소기, 자동차를 판매하는 기술을 교육받았다. 심지어 종교 전도사들과 면담을 나누어 보기도 했다. 치알디니는 연구를 통해 또 다른 혁신, 즉 모든 다양한 설득 기술들을 여섯 가지 보편적인 원칙으로 요약할 수 있다는 획기적인 주장을 내놓았다. 그는 영향력 뒤에 숨어 있는 요소들을 체계적으로 정리한 최초의 인물이었으며, 이를 통해 〈상호성〉, 〈책임과 일관성〉, 〈사회적 증거〉, 〈호감〉, 〈권위〉, 〈희소성〉이 어떻게 사람들을 움직이는지 설명해 냈다.

널리 알려져 있는 것처럼, 하레 크리슈나Hare Krishna 교도들은 왜 기부를 요청하기 전에 사람들에게 꽃을 나누어 주는 것일까? 치알디니는 사람들이 꽃을 원하지 않았음에도 상호성 충동이라고 하는 요인이 거절의 말을 불가능하게 해버린다고 설명하고 있다. 내가 여러분에게 예전에 이미 호의를 베푼 적이 있는 경우, 왜 나는 여러분에게 계속해서 더 많은 호의를 베풀려고 할까? 여기서 책임과 일관성 원리는 내가 일관적인 방식으로 여러분을 대하게 한다. 우리는 왜 유명인이 위원회에 있다는 사실을 알았을 때 자선 행사에 더 적극적으로 참여하려고 할까? 그것은 사회적 증거 때문이다. 다시 말해, 행동 방식과 관련하여 다른 사람들의 선택을 따르려고 하는 인간의 본능적인 성향 때문에 그런 것이다. 우리는 때로 자신이 좋아하는 친구의 부탁 때문에 전혀 관심을 갖고 있지 않았던 자선 단체에 돈을 기부한다. 또한 권위 때문에 〈의사의 지시〉에 충실히 따른다. 그리고 희귀한 물건을 손에 넣기 위해 열광을 한다.

치알디니가 집중했던 문제에 대한 〈해결책〉을 내놓은 사람은 없었다. 대부분 설득이란 선동적인 수사법이나 타고난 카리스마의 산물로 보았다. 혹은 다소 부정적인 의미로 사람들의 고유한 약점을 파고들어 가는 기술쯤으로 인식되었다. 그러나 치알디니는 지금까지 신비에 싸여 있었던 현상을 설명할 수 있는 기반을 스스로 창조해 냈다. 이 말은 곧 누군가 그러한 관점으로 영향력의 개념을 설명할 때 반드시 치알디니의 이름을 언급하게 된다는 뜻이다.

그는 말한다. 시스템을 체계화하는 것은 〈중요한 작업입니다. 우리가 직면하는 모든 새로운 상황 속에서 다시 돌아갈 수 있는 기준점을 확보할 수 있기 때문이죠.《여기서 내가 적용해야 할 시스템은 무엇일까? 새로운 상황에서 설득력을 높이기 위해 활용할 수 있는 영향력의 원리는 무엇일까?》세상을 바라보는 새롭고 확실한 방식을 많은 사람들에게 제시할 수 있다면 많은 영향을 미칠 수 있을 것이다.

생각해 볼 질문

■ 여러분의 분야에서 전반적으로 드러나는 특성들은 분명하게 설명되고 있는가? 그렇지 않다면 여러분이 그 일을 할 수 있는가?

■ 여러분의 분야에서 제대로 정의되거나 체계화되어 있지 않은 부분이 있는가? 그렇다면 다음의 기본적인 질문에 주목해 보자.

▶ 어떤 문제들이 신비에 싸여 있는가?

▶ 지금 그 문제를 어떤 접근 방식으로 정의하고 있는가? 그러한 방식에 한계가 있는가?

▶ 어떤 비밀을 밝혀내고 싶은가?

▶ 어떤 현상을 파악하고 싶은가?

■ 관련된 현상들의 유사성을 인식했는가? 그것들을 따로 분류하여 이름을 붙일 수 있는가?

주요 기반 구축하기

시스템을 체계화함으로써 얻을 수 있는 중요한 혜택은 실질적인 일처리 방식을 확인할 수 있다는 것이다. 다른 사람들이 움직이도록 하기 위해서 철학적인 측면(이론적인 차원에서 어떻게 이루어지고 있는가?)과 전략적인 측면(실제로 어떻게 일을 처리할 것인가?)을 조합하는 노력이 필요하다. 이와 관련하여 데이비드 앨런David Allen은 많은 사람들이 그의 업무 처리 방식(Getting Things Done, GTD)을 따르도록 영감을 주었다. 여기서 그는 이론적인 부분과 실용적인 부분을 의식적으로 조합하고자 했다. 그는 말한다. 〈GTD의 주요한 차이점은 최고의 실천 사례들을 뒷받침하고 있는 원리에 주목한다는 것입니다. 이는 단지 비법만을 알려 주는 것이 아닙니다. 제 생각에 GTD를 중간에 포기했던 사람들은《직접 써서 목록을 작성하라》라고 하는 원칙만을 따르고 그것을 이루고 있는 핵심 요인에 집중하지 않았던 겁니다.〉 많은 사람들로부터 신뢰를 얻고 일을 처리하는 방식을 보여 주는 전반적인 기반을 창조할 수 있다면, 우리는 그들의 삶 속에서 중요한 역할을 하게 될 도구를 가져다줄 것이다.

　조직을 관리하고 생산성을 높이는 방법에 관한 질문은 소셜 미디어 시대가 시작되기 전부터 중요한 과제였다. 2001년 앨런이 생산성 지침서라고 할 수 있는『끝도 없는 일 깔끔하게 해치우기Getting Things Done』를 내놓았을 때 많은 독자들로부터 관심을 받았다. 비즈니스를 시작했던 초창기에 앨런은 중소기업들을 대상으로 컨설팅 서비스를 제공하고 있던 딘 애치슨Dean Acheson(미국의 전 국무 장관은 아니다)과 손을 잡으면서 그로부터 많은 가르침을 얻었다. 애치슨은 고객들에게 기업의 미래를 위해 한 걸음 물러나서 바라보는 접근 방식을 권했다. 그러나 〈그들의 마음은 3주일 전에, 그리고 제대로 처리하지 못했거나 관리하지 못했던 책상 위 서류 뭉치에 그대로 머물러 있다〉는 사실을 발견하게 되었다. 나중에 앨런도 받아들였던 것처럼, 애치슨이 이들에게 제시했던 해결책은 모든 것들을 종이에 직접 적어 보고 〈다음번 행동 결정〉을 미리 내려 봄으로써 앞으로 어떻게 나아갈 것인지 지도를 그려 보도록 하는 것이었다.

애치슨의 승인하에 앨런은 과제를 파악하고 수행하기 위한 기반을 개발하고 확장해 나가기 시작했다. 앨런은 모형들의 개념과 그 모형들을 활용하여 성과를 개선할 수 있는 방법에 흥미를 갖게 되었다. 그는 스스로에게 물었다. 〈그리 많은 것들을 바꾸지 않고서도 할 수 있는 게 뭘까? 지혜를 활용하여 어떻게 좋은 성과를 올릴 수 있을까? 이러한 고민은 결국 어떤 기업이든 간에, 혹은 그 규모와 상관없이 모두에게 효과가 있는, 그리고 쉽게 활용할 수 있는 모형을 발견하겠다는 열정으로 이어졌죠.〉

GTD는 시간에 쫓기는 경영자들이 직면하는 주요한 문

제들에 집중한다. 앨런은 말한다. 〈좋은 아이디어를 얻기 위해서 반드시 많은 시간을 투자해야 하는 것은 아닙니다. 다만 여유가 필요합니다. 머릿속에 여유 공간이 없다면 제대로 사고할 수 없습니다. 우리는 순간적으로 혁신적인 아이디어를 떠올리거나 판단을 내릴 수 있습니다. 하지만 정신적인 여유가 없을 때 완전히 불가능하지는 않다고 하더라도 최선의 결과는 얻을 수 없습니다.〉

앨런은 오랜 시간에 걸쳐 경영 코치로 일을 하면서 자신의 이론을 발전시켜 나갔다. 그는 말한다. 〈사실 오랜 세월이 걸렸습니다. 1만 시간은 훌쩍 뛰어넘었죠. 그리고 책상 앞에서든, 혹은 전 세계적으로 열리는 세미나에 참석해서든 2만 시간, 혹은 3만 시간을 넘기고 나면 이런 생각이 듭니다.《이제 이러한 것들을 이해하게 되었군.》그리고 그 결과물을 바라보게 됩니다.〉 현장에서 오랜 시간을 보낸 덕분에 오늘날 널리 알려진 그의 GTD가 탄생할 수 있었다.

〈부엌이든, 아니면 국가든 통제력을 확보하기 위해서는〉 다섯 단계가 필요하다고 앨런은 생각한다. 첫째, 다룰 수 있는 모든 정보를 〈수집collect〉해야 한다. 기사 스크랩을 모두 끌어모으고 무작위로 떠오른 아이디어와 생각들을 모두 글로 기록한다. 다음으로 이들을 〈가공process〉한다. 2분 안에 할 수 있는 일이라면 곧바로 실행에 옮기자.

(가령, 팀원들에게 축하 이메일 보내기! 혹은 사려고 생각했던 음반을 다 내려받기!) 하지만 그렇지 않다면 다른 사람에게 위임하거나 결정을 맡기는 방법을 고려하자. 다음으로 수집한 것들을 〈정리*organize*〉 해야 한다. 책을 쓰는 것과 같은 과제들은 여러 단계들로 복잡하게 이루어져 있으며 그것들을 올바로 처리하기 위한 목록과 폴더가 필수적이다. 그다음으로 스스로 프로젝트를 관리하고 책임지기 위해 매주 모든 것들을 〈검토*review*〉 해야 하고 마지막으로 〈실행*do*〉에 옮겨야 한다. 다음번 행동에 관한 의사 결정을 내리는 것이다.

여러분은 아마도 사람들이 즉각 행동으로 옮기기를 원하겠지만 실제로 그들은 여러분이 제시한 계획이 실행 가능한 것으로 보일 때가 되어서야 비로소 행동할 것이다. 큰 그림(무엇을 할 것인가), 그리고 전략(어떻게 할 것인가) 모두를 구체적으로 제시할 때 사람들은 두려움과 관행에서 벗어나 성공을 향해 변화를 추구할 것이다.

생각해 볼 질문

■ 여러분의 분야에서 일하고 있는 많은 사람들이 보다 효과적으로, 그리고 효율적으로 업무를 처리할 수 있도록

어떤 도움을 줄 수 있을까?

■ 여러분이 생각하는 최고의 사례들을 뒷받침하는 원리는 무엇인가? 자신의 철학을 이루는 근본적인 가정을 설명할 수 있는가?

■ 많은 동료들이 분명하게 어려움을 겪고 있는 장애물은 무엇인가? 무엇이 그들의 발전을 가로막고 있는가?

■ 성공을 향한 여정을 구체적인 단계들로 나누어 볼 수 있는가?

사용 설명서 만들기

로버트 치알디니와 데이비드 앨런 두 사람 모두 각자의 분야에서 의미 있는 새로운 원리들을 체계화했다. 그러나 세상에 기여하기 위해 반드시 획기적인 아이디어를 직접 내놓아야 하는 것은 아니다. 그 대신 과소평가받고 있는 훌륭한 아이디어를 많은 사람들에게 전파하는 방법도 있다. 〈널리 알릴 만한 가치가 있는 아이디어〉(TED 콘퍼런스의 유명한 표현)를 발견했다면 그 아이디어가 널리 퍼져 있는지, 혹은 외적인 요인으로 인해 제한적으로 알려져 있는 것은 아닌지 생각해 보자. 잘못된 전달자, 혹은 애매모호한 표현으로 인해 훌륭한 아이디어가 널리 퍼지지 못했을 수도 있다. 그러한 경우 우리는 창조성을 발휘하여 확산의 범위를 넓히고 그 과정에서 특정 주제에 관한 전문가로 인정을 받을 수 있다. 전문가로 인정받기 위해 반드시 세계적인 권위자가 될 필요는 없다. 다만 아이디어가 발전할 수 있도록 자신만의 고유한 방식으로 도움을 줄 수 있으면 된다.

존 앨런John Allen(데이비드 앨런과 관계는 없다)의 경우가 바로 그러했다. 앨런은 10대였던 1960년대부터 자전거 마니아로 살았다. 이후 존 포레스터John Forester의 1976년도 작품인 『효과적인 자전거 타기Effective Cycling』를 읽고 나서 그의 삶은 바뀌었다. 앨런은 말한다. 〈포레스터의 책을 읽고 일주일 만에 제가 자전거를 타는 방식이 완전히 바뀌어 버렸습니다. 그 주제에서만큼은 포레스터를 천재라고 평가하고 싶습니다.〉 포레스터는 〈자동차처럼 자전거 타기vehicular cycling〉라고 하는 개념의 선구자였다. 그의 개념에 따를 때 자전거는 더 이상 자동차들의 방해물이 아니라 정식 차량으로서 도로를 달리고 자동차와 똑같은 법규를 따라야 한다. 좀 이상하게 들릴지 모르나, 자동차처럼 타는 자전거라는 개념을 통해 우리는 자전거 타기의 안전성을 한층 더 높일 수 있다. 일반적으로 운전자들은 다른 차량들을 항상 경계하기 때문이다. 도로 한복판에서 자전거를 탈 때 비록 위험에 노출된 느낌이 든다고 하더라도 차량 운전자들의 눈에 더 쉽게 띄게 된다. (그리고 그만큼 안전하게 보호받을 수 있다.)

다른 한편으로, 도로 가장자리에 주차된 차량들에 근접하여 자전거를 탈 때 〈차 문이 갑자기 열리는 것〉이나 〈순간적으로 우회전하는 운전자〉 때문에 위험에 노출이 된다. 일반적으로 많은 자전거 운전자들이 교통 법규를 어기고도 처벌을 받지 않는다는 사실은(가령, 일방통행 길에서 역주행을 하는 경우) 분명하게도 위험천만한 일이다. 포레스터의 주장에 따르면, 자동차에게 금지된 행동은 자전거에게도 금지되어야 한다.

하지만 자동차처럼 자전거 타기의 전도사인 포레스터에게 한 가지 문제점이 있었다. 화를 잘 내고 조롱을 참지 못하는 성격 때문에 그는 곧잘 논란에 휩싸이곤 했다. 어떤 사람들은 포레스터의 주장이라는 이유만으로 그의 이야기를 인정하지 않았다. 포레스터는 빅 아이디어를 개발했지만 충분한 지지를 얻지 못했고 그 이유는 공공 정책과 관련하여 다른 자전거 애호가들과 치열하면서도 상호 비방적인 논쟁을 종종 나누었기 때문이다.

포레스터의 아이디어에 대한 믿음, 그리고 다른 사람들에게 도움을 줄 수 있을 것이라는 확신을 바탕으로 앨런은

1970년대 말에 안전한 자전거 타기의 원칙에 관한 과학적이고 객관적인 기사들을 중점적으로 다루고 있는『바이시클링*Bicycling*』이라는 잡지에 글을 기고하기 시작했다. 그리고 1980년에는『자전거 출퇴근에 관한 모든 것*The Complete Book of Bicycle Commuting*』이라는 책을 내놓았다. 그 과정에서 앨런은 자동차처럼 타는 자전거에 대한 포레스터의 이론을 기반으로 삼으면서도, 동시에 중요한 차원에서 그 개념을 발전시켜 나갔다. 또한 메시지 전달을 가로막고 있었던 논쟁적인 부분을 제거함으로써 논의 방식 때문에 포레스터를 외면했던 많은 자전가 애호가들의 관심을 다시 자극했다. 그리고 원래 의도했던 것은 아니었지만 앨런은 당시 시장이 그토록 바라고 있었던 것을 내놓게 되었다. 1987년 출판사는 앨런에게 자동차처럼 타는 자전거와 관련된 다양한 원칙들을 포함하여 여러 가지 이야기들을 알기 쉽게 설명하는『자전거 출퇴근에 관한 모든 것』을 46쪽 분량의 소책자 형태로 출간하자고 제안했다.

앨런은 그 제안을 받아들였다. 이후 그의 소책자는 펜실베이니아 주 교통국 공무원들의 관심을 받게 되었고, 그들은 이를 다시『펜실베이니아 자전거 운전자 설명서*Pennsylvania Bicycle Drivers' Manual*』라는 이름으로 재출간했다. 그리고 이후로 플로리다, 애리조나, 아이다호, 그리고 오하이

오 주들 역시 앨런의 소책자를 각자 다시 출판하기로 계약을 맺었으며 지금까지 40만 부나 팔려 나갔다.

자전거 타기처럼 간단한 활동이 국가적인 차원에서 공식적인 안내 책자의 출간으로 이어지고 엄청난 판매고까지 올렸다는 사실은 얼핏 믿기 힘든 이야기처럼 들린다. 그러나 앨런이 지적하는 것처럼 〈자전거 타기는 대부분의 사람들이 따로 교육을 받지 않으며 올바르게 하지 못하고 있는 분야입니다〉. 사람들은 초등학교 시절에 부모님들로부터 단지 똑바로 갈 수 있을 정도로 배우지만 도로에서 자전거를 타는 것은 이것과는 완전히 다른 일이다. (어릴 적 뒷마당이나 골목에서 타는 것과는 차원이 다르다.) 때로 자전거 사망 사건에 관한 끔찍한 뉴스들이 터져 나오면서 도심에서 자전거 타기가 본질적으로 대단히 위험한 활동이라는 공포심을 불러일으키고 있지만 우리는 〈자전거 운행〉에 관한 더 나은 이해를 바탕으로 실수를 예방하고 소중한 생명을 지킬 수 있다.

자전거 운행 설명서는 어떤 이들에게는 전혀 불필요한 것처럼 보일지 모르나 실제로 대단히 성공적인 것으로 드러나고 있다. 사람들은 흔히 〈자전거 타기만큼 간단한〉 일이라고 말을 하지만 그 이면에는 많은 것들이 숨어 있다. 앨런은 사람들이 쉽게 접근해서 이해할 수 있도록 효과적인 방식으로 지침을 주었고, 이를 통해 도로 상에서 안전을 확보할 수 있도록 실질적인 도움을 주었다.

아이디어 확산은 중요한 과제다. 말콤 글래드웰Malcolm Gladwell은 데이비드 갤런슨David Galenson(창조성과 예술을 주제로 연구한 경제학자), 마크 그래노베터Mark Granovet-ter(사회적 연결에 주목하는 사회학자), 그리고 존 가트맨John Gottman(결혼 제도를 연구하는 심리학자)과 같은 학자들을 대중들에게 널리 소개하면서, 그 과정에서 본인 스스로는『티핑 포인트 *The Tipping Point*』,『블링크*Blink*』와 같은 베스트셀러의 저자로 떠올랐다. 포레스터가 대중들에게 때로 지나치게 공격적인 태도를 보였던 것처럼(그는 자신의 웹 사이트에서 초기에 〈차별적인 법률〉과 〈거짓 안전 논의〉에 관한 주제들을 주로 다루었다),[1] 많은 학자들 역시『뉴요커』지의 핵심 인물이자 매력적인 이야기꾼인 글래드웰처럼 부드러운 작문 실력을 갖추지 못하고 있다. 그래서 글래드웰은 이러한 학자들의 연구에 생명을 불어넣고 그들이 접촉할 수 있는 사람들보다 훨씬 방대한 규모의 청중들에게 이야기를 전달하고자 했다. 싱커스50의 데스 디어러브는 획기적인 아이디어에 대해서 이렇게 말하고 있다. 〈사람들은 종종 독창성을 과대평가하곤 합니다. 지금 우리는 많은 사고 리더들이 다양한 아이디어를 조합하는 모습들을 지켜보고 있습니다.〉 그리고는 〈감성 지능〉이라는 개념을 대중화시켰던 글래드웰과 대니얼 골먼Daniel Goleman의 사례를 인용하고 있다. 〈이들은 복잡한 아이이어를 전달하고 그러한 아이디어로부터 가치를 창조하는 기술과 역량을 갖고 있습니다. 하지만 그것은 그들의 (독창적인) 연구 성과는 아니었습니다.〉 시장의 수요(전달할 가치가 있는 아이디어)를 파악했다면 이제 우리는 이를 더욱 쉽게 변형하여 많은 사람들에게 전할 수 있다. 그리고 이는 사고 리더십을 향해 나아갈 수 있는 확실한 길이다.

물론 아이디어를 널리 퍼뜨리기 위해서 대단한 문학적 소양을 갖추고 있어야 하거나 뉴요커의 유명 작가가 될 필요는 없다. 예를 들어, 린 생산 방식을 자신의 기업에 소개하거나, 산업 잡지를 읽고 회사가 받아들일 수 있는 새로운 혁신 방안을 제시함으로써, 또는 TED 강의를 너무도 사랑한 나머지 자신이 살고 있는 지역에서 TEDx를 조직함으로써, 우리는 똑같은 길을 걸어갈 수 있다.

생각해 볼 질문

■ 여러분의 분야에 많은 영향을 미친 책들을 모두 읽어보았는가? 그렇지 않다면 독서 목록을 작성하고 책 읽기

를 시작하자. 이러한 책들이 빠트리고 있는 것은 무엇인가? 여기에 자신의 지식을 추가할 수 있는가?

■ 여러분의 분야에서 기본적인 지식들을 요약할 수 있는 방법이 있는가? 여러분이 알고 있는 중요한 지식을 간단한 지침의 형태로 내놓을 수 있는가?

■ 여러분의 분야와 관련하여 많은 사람들의 오해를 받고 있는 부분은 무엇인가? 그들은 어떤 오해를 하고 있으며 이를 어떻게 바로잡을 수 있을까?

■ 여러분이 관심을 기울이고 있는 분야에서 〈사용 설명서〉를 제작할 수 있는가? 모든 사람들이 이해하고, 또 실천해야 할 것들은 무엇인가? 그들은 어떤 단계를 따라야 하는가?

이야기를 퍼뜨리는 시스템 구축하기

기반을 창조한다는 것은 그 주제가 영향력이든 생산성이든, 혹은 자전거 타기이든 간에 다른 사람들이 특정 주제에 대해 새로운 방식으로 생각하도록 도움을 준다는 것을 의미한다. 그리고 여러분 자신의 아이디어가 널리 퍼져나갈 수 있도록 시스템을 개발한다는 뜻이다. 어떻게 많은 사람들이 쉽게, 그리고 적극적으로 논의에 참여할 수 있도록 할 것인가? 심각한 교통 체증을 겪던 어느 날 존 깁 밀스포John Gibb Millspaugh 목사 역시 이러한 질문을 던졌다. 그날 오후 도심의 매연 한가운데에서 중요한 일이 벌어졌다. 밀스포는 의지가 강한 환경 운동가였다. 그는 소형차를 몰고 채식주의를 고집했지만 길거리의 모든 차들을 보며(그날 그의 눈앞에 보였던 차들뿐만 아니라 전 세계의 모든 차들) 개인적인 노력만으로는 한계가 있다는 깨달음을 얻었다. 아무리 선의를 갖고 노력한다고 하더라도 한 사람의 개인적인 노력만으로는 세상에 필요한 변화를 이끌어 내지 못할 것이었다. 그렇다면 어떻게 다른 많은 사람들의 참여를 자극할 수 있을까?

그가 생각하기에 음식은 좋은 출발점이 될 수 있을 것으로 보였다. 밀스포는 말한다. 〈자신의 삶이 보다 거대한 문제와 어떻게 연관되어 있는지 이해할 수 있다는 점에서, 식량 정의는 우리 모두가 즉각적으로 무언가를 만들어 낼 수 있는 사안입니다. 비록 핵 확산 문제와 관련하여 많은 사람들이 관심을 기울이고는 있지만 스스로 무슨 일을 할 수 있는지에 대해서는 잘 알지 못합니다. 그러나 우리는 매일 음식을 먹습니다. 우리 중 일부만이 살 수 있는, 그리고 기껏해야 몇 년에 한 번 기회가 찾아오는 하이브리드 자동차를 구매하는 것과는 차원이 다른 문제죠. 음식과 관련된 문제는 하루에도 몇 번씩 우리를 찾아옵니다. 바로 이러한 점에서 사람들의 동참을 쉽게 자극할 수 있는 겁니다.〉

북미 자유주의 그리스도교 종파인 유니테리언 교파Unitarian Universalist의 성직자로서 밀스포는 영적인 의미까지 염두에 두고 있다. 그는 말한다. 〈자연과의 교감과 관련하여 낭만적이고 감성적인 애착을 느끼는 일은 어렵지 않습니다. 하지만 우리의 일상적인 선택들이 어떻게 기후와 환경 파괴, 그리고 많은 동물들에게 영향을 미치는지 이해하기란 훨씬 더 힘든 일이죠. 저는 영적인 실천을 통해 이를 위한 기반을 마련하고자 했습니다.〉 그는 신도들로부터 많은 힘을 얻을 수 있었다. 그러나 사람들에게 지시를 내리는 방식으로 강요할 수는 없었다. 그렇게 한다면 신도들의 반발을 자극할 것이라는 사실을 그는 잘 알고 있었다. 그는 말한다. 〈유니테리언들은 권위적인 방식을 대단히 싫어하며 자율적으로 사고하기를 좋아합니다. 지시에 따르는 걸 좋아하지 않죠.〉

그는 교인들이 그러한 주제에 대해 함께 이야기를 나누고 결론에 도달할 수 있도록 기반을 만들어야 했다. 우선 마음이 맞는 동료들과 함께 손을 잡고, 책과 영화, 예배 지침(관련된 찬송가와 설교 발췌를 포함한 것), 기사, 그리고 사람들이 각자 음식을 가지고 와서 〈윤리적인 식사〉에 대

해 논의할 수 있는 자리를 만드는 방법 등 종교 공동체가
활용할 수 있는 자원의 목록을 작성했다. 다음으로 유니테
리언 공동체의 삶을 상징하는 4년 단위의 〈연구 과정〉을
새롭게 시작했다. 밀스포는 말한다. 〈사람들이 공동체 환
경 속에서 이러한 주제들에 대해 풍부한 정보를 기반으로
이야기를 나눌 수 있도록 했습니다.〉

자신의 생각과 뜻을 사람들의 논의 속으로 억지로 집어
넣어서는 안 된다는 점을 그는 잘 알고 있었다. 논의는 상
향식으로 이루어져야 했고 그가 할 수 있는 것은 다만 논
의를 위한 도구를 제공하는 일이었다. 그는 말한다. 〈처음
부터 해답을 제시하는 방식이 아니라 사람들 모두를 하나
의 사고가로 바라보면서 그들의 참여를 이끌어 내고자 했
습니다. 모든 사람들이 스스로 판단을 내릴 수 있도록 했
고 윤리적인 식사와 관련하여 특정한 교리나 정의를 가지
고서 사람들의 논의 과정을 방해하지 않도록 주의했습니
다. 모든 사람들이 적극적으로 깨달음을 얻을 수 있도록
했죠.〉 이러한 노력의 결과, 일부 사람들은 부분적인 채식
주의, 혹은 완전한 채식주의를 실천하기로 결심했다. 그리
고 다른 이들은 유기농 식품을 더 많이 먹고, 농부들이 직
접 판매를 하는 시장을 더 자주 찾고, 지역 농산물을 더 많
이 찾아서 먹기로 결심했다. 또 다른 이들은 붉은색 육류

의 소비를 줄이거나 중단하기로 마음을 먹었다.

밀스포의 경우 중요한 것은 과정이었다. 〈그것은 특정한 목표 지점에 도달하는 것이 아닙니다. 사람들이 어떻게 환경에 영향을 미치고 있는지에 대해 계속해서 열린 질문들을 이어 나가고 개인의 삶 속에서 긍정적인 차이를 만들어 낼 수 있는 현실적인 방안들을 모색하는 일입니다.〉 그는 한 가지 〈올바른 길〉이 존재하는 것이 아님을 지적한다. 〈식량 시스템은 대단히 복잡하기 때문에 특정 음식에 대한 자신의 선택이 어떤 영향을 미치게 되는지 정확하게 이해할 수는 없습니다.〉 그러나 관점을 옮겨서 동물이나 농부, 혹은 공장의 생산 근로자들의 경험에 대해 생각해 본다면 우리는 분명 지금과는 다른 선택을 내리게 될 것이다.

연구 과정을 시작한 지 3년이 지난 2011년 6월, 유니테리언 교도들은 윤리적인 식사를 지지하는 성명서를 통과시켰다. 밀스포는 말한다. 〈성명서 자체가 사람들에게 많은 영향을 미칠 것이라고는 기대하지 않습니다. 그러나 유니테리언 교도의 역사에 남을 것이며, 활동가들은 이를 그들이 후원하고 있는 단체들을 위한 기반으로 활용할 수 있을 겁니다. 가령, 《우리 공동체는 스티로폼 구매를 중단하는 방안에 대해 고려해야 합니다》라고 주장을 했지만, 지나치게 가혹한 아이디어로 거부를 당했다면 그 활동가는 이렇게 반박할 수 있을 겁니다.《공동체 전체가 이미 이 성명서를 통과시켰고 이를 따르는 것은 곧 유니테리언으로서 살아간다는 것을 의미하는 것입니다.》

오늘날 유니테리언 공동체에서 40퍼센트 이상의 신도들이 밀스포의 윤리적인 식사 연구 그룹에 참여하고 있다. 그는 미국의 음식 문화를 바꾸기 위해서는 정치적 운동이 필요하지만 그래도 의식을 일깨우는 노력이 선행되어야 한다고 믿고 있다. 〈우리가 식량 정의를 중심으로 보다 큰 규모의 대중 운동을 이끌어 낼 때까지 정치인들에게 변화를 향한 동기를 부여할 수 없을 겁니다.〉 그는 공동체의 힘, 그리고 연구 그룹 과정의 조직적 시스템을 활용함으로써 반드시 필요하다고 생각했던 논의를 시작했다. 그는 말한다. 〈변화가 10년 뒤에 올 것인지, 아니면 열 세대가 지난 뒤에 올 것인지 알 수 없습니다.〉 그래도 그는 어떻게든 앞으로 나아가야 한다는 신념에 따라 부지런히 움직이고 있다. 〈중요한 것은 삶을 살아가는 동안 제가 성취할 수 있는 변화의 양이 아니라는 사실을 깨닫게 되었을 때 활동을 위한 저의 에너지는 더욱 풍성해졌습니다. 중요한 것은 내게 주어진 역할을 수행하고 있다는 믿음을 가지고 마땅히 해야 할 일을 하는 겁니다.〉

변화는 개인으로부터 시작된다. 그리고 분명하게도 밀

스포는 환경 보호와 관련하여 자신이 맡은 역할을 충실히 수행하고 있다. 하지만 그의 도전은 쉽지 않은 것이었고 다른 사람들의 참여를 끌어내야만 했다. 토론 설명서에서 예배 지침에 이르기까지 그와 그의 동료들은 많은 사람들이 비슷한 질문들을 자연스럽게 던지고 까다로운 논의를 시작할 수 있도록 시스템을 만들었다. 지금 여러분은 어떤 사안에 관심을 기울이고 있는가? 혼자서 하기에 힘든 과제가 있는가? 밀스포가 그러했던 것처럼, 내부 공동체와의 협력, 언론에 대한 접근(블로그나 팟캐스트와 같은 비전통적인 매체들까지 포함한다), 그리고 오랫동안 구축해온 인맥 등 다양한 자원들을 통해 다른 사람들을 끌어들임으로써 뚜렷한 효과를 얻을 수 있다. 어떻게 많은 사람들이 쉽게 참여하도록 할 수 있을까? 거대한 문제와 혼자서 맞서 싸울 수 없다. 그러나 이러한 문제들 중 많은 부분이 반드시 해결해야 할 가치가 있는 사안들이다.

생각해 볼 질문

■ 어떻게 많은 사람들이 여러분의 메시지를 자연스럽게 받아들이고 공유하도록 할 수 있을까? 이를 위한 도구를 개발할 수 있는가? (가령, 밀스포의 예배 안내서나 추

천 도서 목록처럼.)

■ 여러분이 관심을 기울이고 있는 문제를 해결하기 위해서 조직의 협력을 어떻게 활용할 수 있을까?

■ 의사소통 도구(뉴스 레터나 회의 등), 혹은 공식적인 기반(결의안이나 승인)을 활용할 수 있는 방법이 있는가?

아이디어를 중심으로
사람들을 모아라

많은 사람들에게 진정한 가치를 가져다주는 무언가를 창조하는 일은 사고 리더십의 출발점이다. 하지만 거기서 멈추어서는 안 된다. 세상에서 가장 훌륭한 아이디어를 떠올렸다고 하더라도 그 아이디어를 많은 이들에게 알리지 못한다면 사회적으로 영향을 미칠 수 없다. 오늘날 수많은 멋진 아이디어들이 사람들의 관심을 차지하기 위해 요란스럽게 경쟁을 벌이고 있다. 지금 여러분이 어떤 아이디어를 진정으로 신뢰하고 있다면 그 이야기를 널리 알리기 위한 전략을 수립하는 것 역시 여러분의 과제다.

2부에서 우리는 네트워크, 즉 자신의 활동 기반을 형성하는 과정에서 중요한 〈일대일〉 관계를 시작하는 방법에 대해 이야기를 나눌 것이다. 그러고 나서 시선을 돌려 지지 기반을 구축하는 방법을 살펴볼 것이다. 이를 통해 우리는 〈일대다〉의 방식으로 의사소통을 함으로써 영향력을 한층 강화할 수 있다. 또한 블로그 및 소셜 미디어 활동에서 책을 쓰는 일에 이르기까지 우리와 생각이 비슷한 지지자들을 끌어들일 수 있는 핵심적인 전략에 대해 이야기를 나눌 것이다. 마지막으로 흐름을 만들어 내는 과정에서 가장 중요한 과제, 즉 아이디어를 중심으로 공동체를 창조(〈다대다〉 방식으로 이야기를 퍼뜨릴 수 있도록 하는 수단)하는 일에 대해 논의를 해볼 것이다. 충분히 많은 사람들이 아이디어에 관심을 갖기 시작할 때 그들은 아이디어를 중심으로 관계를 맺고 열렬한 지지자로 활동하면서 그 아이디어가 문화 속에서 보다 광범위하게 뿌리를 내릴 수 있도록 도움을 줄 것이다.

아이디어를 중심으로 지지 기반을 구축하겠다는 생각은 대단히 힘든 과제처럼 보일 수 있다. 하지만 그 일을 해야 하는 것은 여러분 혼자가 아니라는 사실을 명심하자. 단지 아이디어를 제안하고 나서 무슨 일이 벌어지는지 지켜보는 것만으로 일이 이루어지는 것은 아니다. 그 대신 자신을 지지하고, 아이디어 개선에 도움을 줄 수 있고, 신뢰를 바탕으로 하는 내부적인 모임을 통해 아이디어를 공유해야 한다. 그러고 나서 외부로 범위를 확장하여 반응을 파악하고 어떤 사람들이 관심을 갖는지 확인한다. 여기서 우리의 역할은 아이디어에 영양분을 공급하는 일이다. 다시 말해, 아이디어를 강력하게 해주는 개선안을 수용하면서도, 점점 더 다양한 집단의 사람들과 아이디어를 공유하면서도, 그 핵심과 순수성은 잃지 않는 것이다. 그 과정에서 아이디어는 스스로 성장할 만큼 충분히 강해질 것이며 보다 폭넓은 논의의 일부로 자리 잡을 것이다. 이 단계에 도달했다면 우리는 성공을 거둔 셈이다.

6장
인맥 쌓기

새로운 흐름은 혼자서 만들어 낼 수 없다. 아이디어가 확산될 가능성이 보인다면 이제 그 아이디어를 중심으로 지지 세력을 끌어모아야 한다. 좋은 소식은 우리 주변에는 이미 자신과 자신의 비전을 믿어 줄 많은 사람들이 있다는 사실이다. 우리의 친구와 가족들은 이야기를 끄집어내고, 적절한 인물들과 관계를 형성하고, 각자의 인맥을 활용하여 아이디어를 확산하는 식으로 엄청난 도움을 준다. 일반적으로 가장 적극적으로 도움을 주고자 한다는 점에서 기존의 친밀한 인맥은 중요한 출발점이 된다.

자주 만나거나, 특히 가까운 관계를 맺고 있는 사람들을 중심으로 인맥 목록을 만들어 볼 수 있다. 그리고 이들과 함께 논의를 시작하면서 피드백을 확인하고 참여를 독려할 수 있다. 다음으로 시간을 투자하여 자신의 주소록이나 데이터베이스를 살펴볼 필요가 있다. 이를 통해 유용한 관점을 던져 주거나 소중한 자원을 가져다줄 수 있는, 다소 멀리 떨어져 있는 지인들을 확인해 볼 수 있다. 이메일을 주고받거나 커피 약속을 잡는 노력은 아이디어를 퍼뜨리는 방법에 대해 진지하게 고민하는 출발점이 되어 줄 것이다.

기존 인맥의 규모가 크건 작건 간에, 우리는 그 네트워크에 영양분을 공급하고 그 범위를 확장하기 위해 노력해야 한다. 이 장에서 우리는 업무적 개발 그룹을 만드는 시도부터 인터뷰를 통해 인맥을 쌓고, 동문회 조직을 활용하고, 자선 단체를 통해 관계를 형성하는 방법에 이르기까지 삶 속에서 인맥을 개발해 나갈 수 있는 다양한 방법들에 대해 논의해 보고자 한다. 스스로 적절하다고 생각되는 전략을 확인하고 실행에 옮기자. 물론 인맥을 구축하려는 시도는 가치를 뽑아내기 위한 얄팍하고 일방적인 전략이라는 억울한 누명을 종종 받기도 하지만, 그래도 올바른 방향으로 이루어졌을 때 우리는 모든 사람들에게 이익을 나눠 줄 수 있다. 우리가 자신의 아이디어를 널리 퍼뜨리기를 원하고 사람들이 그것을 좋은 아이디어라고 믿을 때 그들은 기꺼이 도움을 주고자 할 것이다. 나아가 그들이 각자의 목표를 성취할 수 있도록 도움을 줄 수 있을 때 우리는 단지 〈인맥을 활용하는 사람〉이 아니라 믿음직한 친구이자 소중한 동료가 될 것이다.

전문성 개발을 위한 그룹 형성하기

한 분야에서 전문가로 인정받는 일은 대단히 힘든 과제임에 틀림없지만 동료 네트워크의 강력한 지지가 있다면 한결 수월해질 것이다. 신뢰를 기반으로 하는 동료들의 집단이 존재할 때 우리는 아이디어를 새롭게 정의하고, 솔직한 피드백을 얻고, 통찰력과 리더십을 함께 나눌 수 있다. 그들은 또한 영감의 원천이 되어 주기도 한다. 우리는 그들의 성공을 목격하고 그러한 성공으로부터 많은 것을 배운다. 또한 좌절과 고난에 직면했을 때 든든한 힘이 된다. 사람들은 아마도 도움을 받을 수 있는 많은 비즈니스 지인들을 알고 있겠지만 서로 도움을 주고받는 활동적인 공동체의 형태를 취하고 있지는 않을 것이다. 블룸즈버리 Bloomsbury*나 할렘 르네상스Harlem Renaissance**와 같이 사적인 공동체로부터 도움을 얻는 행운을 누린 사람들은 소수에 불과하다. 그러나 우리는 이러한 네트워크를 직접 창조해 볼 수 있다. 실제로 케어 앤더슨Kare Anderson은 두

---

* 영국의 작가, 철학가, 예술가들의 집단.
** 1920년대에 뉴욕 할렘을 중심으로 일어난 흑인 문학 및 음악 운동.

가지 서로 다른 상황에서 그 작업에 도전을 했다.

앤더슨은 처음에 『월스트리트 저널』과 NBC 뉴스에서 기자로 일을 시작했다. 그리고 1988년에는 업무적인 역량 개발을 위해 6명의 동료 기자들과 함께 전문성 개발 그룹을 만들었다. 그들은 어떻게 속보를 다루어야 하는지, 최고의 정보원들이 누구인지에 대해서 함께 조언을 주고받았다. 그녀는 말한다. 〈더 좋은 기사를 쓰기 위해 도움이 될 만한 다양하고 훌륭한 출처를 확보하게 되었죠. 정말로 대단한 일이었습니다. 저 역시 동료들에게 똑같은 도움을 주면서 뿌듯함을 느낄 수 있었죠. 우리는 그렇게 서로 도움을 주고받았습니다.〉 이후 앤더슨은 기자 일을 그만두었다. 사실 뉴스 산업의 쇠퇴와 더불어 그녀의 그룹에 속해 있었던 기자들 중 절반이 그 일을 그만두었다. 그럼에도 그들은 25년 넘게 매월 만남을 이어 오면서 여전히 조언과 추천을 주고받고 있다. 그녀는 말한다. 〈우리는 매달 만나왔기 때문에 아주 빠른 속도로 다양한 정보를 얻고 이야기를 나눌 수 있게 되었습니다. 모두들 많은 아이디어들을 공유하고 있죠. 서로를 잘 알고 솔직하게 피드백을 주기 때문이죠.〉

오늘날 앤더슨은 전문 연설자로 살아가고 있으며, 1994년에는 새로운 분야에서도 마찬가지로 월간 연설자 그룹을 조직했다. 효율성을 높이기 위해서 그 모임은 특별한 방식으로 이루어지고 있다. 그룹 참가자들은 스카이프Skype를 통해 매월 모임을 갖고 정해진 순서대로 발언을 한다. 각 구성원들은 먼저 다른 사람들에게 도움을 요청하고(다른 이들로부터 조언을 얻을 수 있는 질문), 다음으로 돌아가며 조언(다른 이들에게 도움을 줄 수 있는 대답)을 제시한다. 그리고 요청과 조언이 서로 들어맞는 경우가 있는지 확인한다. (가령, 한 사람이 웹디자이너를 필요로 하고 다른 한 사람이 실력 있는 디자이너를 알고 있는 경우가 있는지 확인한다는 것이다.) 지금까지는 일반적인 경우에 해당한다. 다음으로 개인적이든 직업적이든 특별한 문제가 발생했을 때 그들은 한데 모인다. 한 구성원의 딸이 세상을 떠났을 때처럼 누군가 큰일을 당했을 때 그들은 마치 레이저 같은 집중력을 보여 준다.

그 그룹 내에는 모든 구성원이 꼭 지켜야 할 규칙들이 몇 가지 있다. 우선 비밀을 지키고, 소개료는 받지 않으며, 약속을 했다면 반드시 지켜야 한다. 그들은 동료들의 요청과 제안들을 계속해서 인지하고 있다가 몇 달이 흘러 기회가 생겼을 때 그 아이디어를 다시 거론한다. 그녀는 말한다. 〈스스로에게 이렇게 묻죠.《나는 다른 사람들만큼 도움을 주고 있는가?》그게 바로 기준이 됩니다.〉빌리고 갚는 것이 아니다. 다만 모두들 다른 구성원들이 기여를 할 것이라는 기대를 갖고 있다는 말이다.

앤더슨은 여기서 다양한 업무적 혜택을 얻고 있다. 그녀는 그룹 동료들의 강력한 추천에 용기를 얻어 새로운 형태의 강연회를 시작하고 있다. 그리고 그들은 각자의 업무에 유용한 것으로 입증된 제품 및 서비스와 관련하여 다양한 기술적인 팁들을 주고받는다. 그녀는 이러한 도움 덕분에 사반세기에 걸쳐 깊고 친밀한 업무적 관계를 구축할 수 있었다고 설명한다. 〈우리의 기록들을 살펴보면 지금 우리 관계가 얼마나 발전했는지 확인할 수 있습니다. 그 기록을 통해 우리는 서로 도움을 주고받았던 각자의 삶을 들여다볼 수 있습니다. 그 중심에 항상 상호 관계가 자리 잡고 있었기에 저는 더 나은 사람이 될 수 있었던 겁니다.〉

여러분은 업무적인 삶에서 자신을 잘 알고 있는 사람들을 충분히 확보하고 있는가? 인맥 관리를 주제로 하는 대부분의 논의에서 드러나는 선입견은 가능한 많은 사람들을 만나고, 많은 칵테일파티에 참석하고, 명함을 더 많이 교환하라는 것이다. 하지만 때로 깊이는 넓이만큼 중요하다. 빠르게 변화하는 세상에서 여러분을 오랫동안 알고 있고 여러분이 자라고 성장하는 모습을 쭉 지켜보았던 사람들이 우리 곁에 있다는 생각은 든든한 버팀목이 될 수 있다. 때로 우리는 스스로 존경하고 신뢰하는 다른 사람들의 눈을 통해서 자기 자신에 대해 더 많은 것을 깨닫는다. 앤 더슨의 경우처럼 깊이 있는 비즈니스 공동체를 개발할 수 있을까? 그렇다면 그 공동체는 아이디어의 성공에서 핵심 적인 원동력으로 작용할 것이다.

생각해 볼 질문

■ 동료들 중에서 여러분이 존경하는 인물이 있는가? 같은 산업이나 분야에서 일하고 있으면서 여러분이 잘 알 고 있는 사람들을 목록으로 정리해 보자. 그들과의 관계를 발전시키기 위해서 다음 1~3개월 동안 할 수 있는 일들을 적어 보자. (방문 계획을 잡고, 함께 점심을 먹고, 혹은 회 의에서 인사를 나누는 일 등.)

■ 활동적인 동료 그룹을 조직함으로써 어떤 혜택을 얻 을 수 있을까? 그 그룹에 초대하길 원하는 사람들은 누구 인가? 어떤 동료들이 가장 잘 어울릴 것인가? 그들과 공유 하는 관심사나 가치는 무엇인가? 아이디어를 내놓고 곧바 로 동료들을 초대하지는 말자. 대신 비공식적인 만남의 기 회를 통해서 동료들 사이에 화학 작용이 있는지, 혹은 긍 정적인 아이디어 교환이 있는지 먼저 확인하자.

■ 여러분의 관점에서 볼 때 어떠한 규칙이나 공통된 관심사가 가장 중요한가?

■ 어떠한 통찰력이나 도움을 얻기를 바라는가? 다른 사람들에게 어떤 도움을 줄 수 있는가?

인터뷰를 통한 인맥 쌓기

케어 앤더슨은 업무적인 차원에서 서로 도움을 주고받는 동료들의 핵심 그룹을 함께 만들었다. 이는 자신의 아이디어를 세상과 나누는 중요한 첫 번째 단계다. 그러나 많은 사람들이 아이디어에 관심을 갖도록 하기 위해서 우리는 우리가 지금까지 알고 지내지 못하는 영향력 있는 인물들과 어떻게 관계를 맺을 것인지에 대해 전략적으로 고민할 필요가 있다. 결국 여러분이 (돈이 엄청나게 많고, 실리콘 밸리와 워싱턴 D.C.에 인맥을 갖고 있으면서)『린인 *Lean In*』을 출간하고자 하는 셰릴 샌드버그Sheryl Sandberg와 같은 인물이 아닌 이상, 자신의 이야기를 퍼뜨리는 과정에서 많은 이들의 도움을 받아야 할 것이다. 최고의 비즈니스 리더와 기자, 벤처 투자자, 혹은 지지를 보내 줄 공동체와 관계를 맺어야 한다. 하지만 유명한 인물들은 주변의 수많은 요청에 바쁘고 정신이 없을 것이다. 그렇기 때문에 누구를 만나고 싶은지에 대해, 여러분의 가치 제안에 대해(왜 그들이 시간을 내서 여러분을 만나야 하는지), 그리고 그 제안을 효과적으로 전달할 수 있는 방안에 대해 수정처럼 투명해야 한다. 그러고 나서야 그들과 진정한 관계를 시작할 수 있다. 베이에어리어Bay Area에서 활동하고 있는 변호사 존 코코런John Corcoran은 자신의 블로그이자 팟캐스트인 〈스마트 비즈니스 혁명Smart Business Revolution〉을 통해서 바로 이러한 방식으로 자신이 존경하는 사고 리더들과 인터뷰를 나누고 있다.

비록 많은 시간이 드는 일이기는 하지만 코코런은 팟캐스트를 운영하면서 다양한 업무적인 혜택들을 발견하고 있다. 첫째, 그가 관계를 맺고 싶어 하는 청취자, 즉 향후 고객이 될지도 모르는 기업가들에게 유용한 정보를 제공하고 있다. 많은 인터뷰를 진행한 덕택에 코코런은 문제 상황에 직면한 사람들과 특정 주제를 놓고 논리적으로 이야기를 나눌 수 있는 능력을 키웠다. 그는 말한다. 〈저는 페이스북 마케팅이나 이메일 마케팅, 혹은 링크드인을 비즈니스에 활용하는 기술과 관련하여 전문가가 아닙니다. 하지만 50건의 인터뷰를 진행하는 동안 많은 이들에게 제 고객이 되기 전부터 도움을 줄 수 있는 기회를 발견하고 있습니다.〉 비록 완전히 처음부터 새로운 고객을 끌어들인 것은 아니었지만 그는 블로그와 팟캐스트 활동을 통해 항상 사람들의 기억 속에 남아 있었기 때문에 지속적인 비즈니스가 가능한 것이라고 확신하고 있다.

코코런은 또한 인터뷰를 통해 다양한 지식을 얻고 있다. 그는 말한다. 〈마케팅 차원에서 중요한 발전이죠. 기업 소유주의 입장에서 배우고 깨달아 가고 있습니다. 새로운 것을 배우면서 그 이야기를 녹음하고 이를 다시 편집해서 많은 사람들이 도움을 얻을 수 있도록 영원히 남을 팟캐스트 형태로 세상에 내보내고 있습니다.〉

코코런은 말한다. 더 중요한 사실은 〈팟캐스트의 진정한 가치는 관계에 있습니다〉. 그는 인터뷰를 통해서 흥미로운 초대 손님들과 관계를 형성하고 그들과 장기적으로 친목을 발전시켜 나갈 수 있는 구실을 마련하고 있다. 그의 초대 손님들 중 한 사람이었던 나는 그의 이러한 노력이 관계 구축에 얼마나 효과적인지 직접 목격할 수 있었다. 나는 한 콘퍼런스에서 그를 알게 되었다. 그는 먼저 자신을 내게 소개했다. 그때 그는 분명하게도 자신의 과제를 충실히 수행했다. 그는 내가 연설자이며 어떤 유형의 사람인지 잘 알고 있었고 우리가 함께 참여했던 정치 캠페인 이야기를 꺼냄으로써 즉각적으로 친밀감을 마련했다. 그러고는 내게 자신의 팟캐스트에 출연해 달라고 요청했고 이를 계기로 우리는 『포브스』의 여러 블로그 기사들을 함께 썼다. 또한 나는 내가 주최했던 워크숍의 연설자로 그를 초대하기도 했다. 물론 나는 그가 그렇게 관계를 구축했던 유일한 새로운 인물은 아니었다.

작년에 그는 야심 찬 목표를 세웠다. 베스트셀러 작가 다니엘 핑크Daniel Pink와 친분을 쌓는 일이었다. 코코런은 이렇게 떠올리고 있다. 〈그의 시야에 제 존재를 드러내기 위해서 할 수 있는 일들을 시작했고 결국 관계를 맺을 수 있었습니다.〉 우선 그는 핑크가 발행하는 뉴스 레터를 구독했고, 그의 블로그와 책들을 읽고, 트위터를 주고받았다. 〈결국 용기를 내어 저의 팟캐스트에 출연해 달라고 부탁했죠. 그는 다섯 번째 초대 손님이었습니다. 그처럼 유명한 인물을 섭외한 적은 그때가 처음이었죠.〉

그가 인터뷰를 요청한 시점은 전략적으로 적절했다. 그는 저자들이 책을 홍보하는 시기에 인터뷰 요청에 보다 적극적이라는 사실을 알고 있었기 때문이다. 당시 『파는 것이 인간이다To Sell Is Human』라는 책을 출간했던 핑크는 그의 인터뷰 요청에 적극 응해 주었다. 코코런은 말한다. 〈스카이프를 통해서 대화를 나누면 서로의 얼굴을 볼 수 있습니다. 커피숍에 마주 앉아서 이야기를 나누는 것과 다를 바 없죠. 서로 5,000킬로미터 가까이 떨어져 있다는 사실을 제외하고는 말이죠. 시각적인 신호는 (대화에) 많은 도움이 됩니다. 저는 또한 친밀한 관계를 구축하고 싶었습니다. 비록 다니엘은 워싱턴 D.C.에 있고 저는 샌프란시스코에 있다고 하더라도 상대가 제 얼굴을 볼 수 있기를 원했죠.〉

핑크 역시 때때로 팟캐스트를 진행하고 있으며, 놀이와 인맥 쌓기, 그리고 전문성 개발이 하나로 혼합된 형태의 방식을 높이 평가하고 있다. 그는 내게 이렇게 말했다. 〈전 골프를 치지 않습니다만 기본적으로 그 일은 제게 골프와 같은 겁니다. 즉, 제가 좋아하는 놀이죠. 제가 항상 꿈꾸는 일이죠. 이야기를 나누어 보고 싶은 사람들과 함께하는 가난한 자의 라디오 프로그램인 셈이죠. 정말로 재미있는 일입니다. 40분 동안 사람들과 함께 이야기를 나누고 이를 다른 이들과 함께 공유합니다.〉 핑크 역시 자신의 팟캐스트를 통해서 데이비드 앨런David Allen이나 톰 피터스Tom Peters와 같이 다양한 성공적인 저자들과 인맥을 쌓아 가고 있다.

코코런은 소셜 미디어를 주제로 핑크와 나누었던 심도 있는 인터뷰를 널리 알렸고 이후 샌프란시스코에서 열릴 예정이었던 핑크의 출간 기념 투어 행사에도 참석을 약속했다. 그의 출판 기념회는 상당한 규모로 열렸고 500명에 가까운 사람들이 참석했다. 코코런이 그의 책에 사인을 받기 위해 줄을 섰을 때 핑크는 반갑게도 그에게 먼저 인사를 건넸다. 〈존, 잘 지냈죠?〉 코코런은 말한다. 〈제가 너무나도 좋아하는 책을 썼던, 그리고 존경해 마지않는 저자와 마주하고 있다는 건 정말로 멋진 일입니다. 팟캐스트와 소셜 미디어 덕분에 저는 그를 직접 만나기도 전에 친분을 맺고 우정을 쌓을 수 있었습니다.〉

낯선 사람들을 초대해 놓고 1시간 동안 공짜로 〈그들의 아이이어를 억지로 짜내는〉 방식이 아니라 인터뷰에 적극적으로 응하는 (다시 말해, 아이디어가 널리 퍼질 가능성이 높은) 유명인들과 관계를 구축한다는 점에서 코코런의 전략은 대단히 효과적이다. 하지만 코코런의 진정한 탁월함은 그 이후에 빛을 발한다. 많은 사람들은 인터뷰를 하고 그렇게 관계를 끝낸다. 초대를 받았던 유명 인사들은 6개월이나 1년 후에 그들의 이름을 어렴풋이 기억할 수는 있겠지만 그게 전부다. 그러나 코코런이 지적하듯이 비밀은 초기의 연결을 진정한 관계로 전환하는 기술에 있다. 인터넷 기업가 앤드루 워너Andrew Warner를 포함하여 자신의 팟캐스트에 출연했던 많은 초대 손님들에게 그는 그러한 기술을 적용했다.

코코런은 인터뷰를 하기 전에 워너에 대해 치밀하게 사전 조사를 했고, 그의 배경을 살펴보고, 그가 쓴 모든 글을 읽었다. 이후 워너가 조만간 샌프란시스코로 이사를 올 것이라는 소식을 들었을 때 그는 흥분을 감추지 못했다. 그가 도움을 줄 수 있는 절호의 기회가 찾아온 것이다. 코코런은 워너에게 레스토랑을 추천하고, 지역과 아파트에 관한 조언을 주고, 예정된 행사와 관련된 팁을 알려 주었으며, 그 지역에 사는 사람들을 소개시켜 주기까지 했다.

게다가 코코런은 사회적으로 의식 있는 기업들을 대상으로 컨설팅 서비스를 제공하고 있는 워너의 아내가 베이에어리어 지역에서 업무적으로 인맥을 쌓을 수 있도록 도움을 주었다. 나중에 워너 부부는 코코런과 그의 아내를 부부 동반 브런치 자리에 초대했고 이를 계기로 그들의 관계는 더욱 돈독해졌다. 코코런은 말한다. 〈앤드루와의 관계는 팟캐스트 인터뷰로 시작이 되었습니다. 그 기회가 아니었더라면 저는 그에게 1시간을 내어 달라고 요구할 수 없었을 겁니다.〉 오늘날 두 사람은 친구 사이로 지내고 있다.

코코런은 대부분의 사람들이 별로 신경 쓰지 않는 차후의 과제들을 착실하게 수행했다. 하지만 더 중요한 것으로 그는 인맥을 구축하는 과정에서 천편일률적으로 똑같은 접근 방식을 취하지는 않는다. 누군가와 관계를 맺고자 할 때 그는 먼저 상대를 이해하려고 한다. 그는 묻는다. 〈이 사람이 지금 당장 필요로 하는 게 뭘까?〉 핑크의 경우에는 새로 나온 책을 대중들에게 알리는 일이었기에 팟캐스트 인터뷰는 거추장스러운 부탁이 아니라 반가운 요청이 될 수 있었다. 그리고 코코런이 이미 잘 알고 있었듯이, 새로운 도시로 이주를 하게 된 워너는 기본적인 것들과 관련하여 많은 도움을 필요로 하고 있었다. 즉, 어디서 먹고, 어디서 살고, 기업가 공동체와 어떻게 관계를 맺을 것인지에 대한 정보가 절실했다. 유명인들은 매일 같이 수많은 메시지와 요청에 시달린다. 그렇기 때문에 우리가 그들에게 진정한 호의를 베풀려고 한다고 하더라도 신중하게 고려하지 않는다면 또 하나의 거추장스러운 짐을 안겨다 주는 것으로 끝나고 만다. (그들은 〈정말로〉 우리가 추천하는 사람과 만나고 싶어 하는 걸까?) 하지만 시기가 적절하면 사려 깊은 도움으로 소중한 가치를 전달할 수 있고 상대를 만날 기회를 얻을 수 있다.

캐나다의 소셜 미디어 컨설턴트인 데비 호로비치Debbie Horovitch 역시 이와 비슷한 접근 방식을 기반으로 다양한 인터뷰를 통해서 관계를 만들어 가고 있다. 그녀의 인터뷰는 구글플러스의 행아웃 온에어Hangouts on Air를 통해 진행되고 있다. 코코런과 마찬가지로 호로비치 역시 비즈니스 저자들에게 보다 광범위한 노출 기회를 제공하고 있다. 하지만 그녀의 경우에는 (여러 사람들이 실시간으로 웨비나 webinar에 참여하도록 해주고 이를 녹화하여 유튜브에 올려 주는 것 같은) 첨단 기술이 일종의 동기로 작용하고 있다. 호로비치는 얼리 어답터였고 그녀가 초대했던 많은 손님들은 행아웃 서비스를 그전에 한 번도 경험해 보지 못했으며 모두들 어떻게 사용하는지 궁금해했다. 그녀가 기존에 확보해 놓고 있었던 인맥은 자신의 비즈니스에 또 다른 형태로 도움을 주고 있었고, 그중 한 저자는 출판사를 통해 그녀와 함께 작업을 하고 싶다는 제안을 하기도 했다. 실제로 호로비치는 행아웃 초대 손님들 중 한 사람인 마이크 미칼로위츠Mike Michalowicz의 책에 등장하기도 했다.

30분 정도의 시간을 얻고 싶다면 (혹은 초대 손님과 시간에 구애받지 않고 마음껏 이야기를 나누고 싶다면), 코코런과 호로비치의 사례를 따르도록 하자. 다시 말해, 최적의 시점을 현명하게 선택하도록 하자. 많은 최고의 리더들 및 저자들은 아주 바쁘고 뭔가 홍보할 기간이 아닌 이상 거의 모든 인터뷰 요청을 거절한다. (『4시간The 4-Hour Workweek』의 저자 티모시 페리스Timothy Ferriss는 하루에 1,000통에 가까운 이메일을 받는다고 한다. 그는 이를 〈믿기 어렵고〉, 〈무자비하다〉고 표현하고 있다.[1] 대부분의 유명 인사들 역시 이와 상황이 크게 다르지 않을 것이다.) 새로운 책이나 TV 프로그램, 신제품 출시 등 특별한 사건과

시기가 맞아떨어질 때 우리의 요청은 훨씬 더 잘 받아들여질 것이다. 여러분이 관계를 맺고자 하는 사람들의 목록을 작성하고, 그들의 블로그를 읽고, 소셜 미디어상에서 그들을 팔로우하다 보면, 그들이 어떤 프로젝트를 진행하고 있는지, 그리고 언제 여러분의 호의를 가장 잘 받아들여 줄 것인지 파악할 수 있게 될 것이다.

다음으로 인터뷰를 나누기에 앞서 가능한 많은 조사 작업이 필요하다. 코코런이 다니엘 핑크과 친분을 쌓고자 했을 때 그는 핑크의 뉴스 레터를 구독하고, 블로그를 읽고, 트위터를 주고받고, 그의 모든 책들을 읽었다. 그것은 오랜 시간이 걸리는 일이었지만 핑크가 행사장에서 그의 이름을 부르며 친절하게 인사를 건넸을 때, 그리고 그로부터 몇 달이 흘러 내가 핑크에게 코코런에 대해 물어보았을 때 그 노력은 충분한 보상으로 돌아왔다. 핑크는 분명하게도 그가 어떤 사람인지 기억하고 있었다. 실제로 자신의 블로그와 팟캐스트를 통해서 코코런은 사고 리더로서 명성을 꾸준히 쌓아 나가고 있다. 최근에 그는 다른 유명 팟캐스트에 초대 손님으로 출연하고 있으며 거기서도 여전히 자신의 과제를 충실히 수행하고 있다. 얼마 전 나는 그가 존 리 뒤마John Lee Dumas의 팟캐스트 〈안트러프러너온파이어〉에도 출연을 했다는 소식을 들었다. 뒤마는 자신의 프로그램에서 모든 초대 손님들에게 그들이 가장 좋아하는 생산성 도구에 대해서 물어보고는 하는데 그때 코코런은 인터넷 비밀번호 툴을 언급하면서 이렇게 설명을 했다. 〈아직까지 이게 언급되지 않았다는 사실을 믿을 수가 없군요. 당신의 목록에서 찾아볼 수가 없더군요. 600회가 넘는 인터뷰가 진행되는 동안 단 한 사람도 이걸 언급하지 않았다니!〉 곰곰이 생각해 보자. 그것은 대단히 중요한 순간이었다. 코코런은 많은 시간을 투자해서 뒤마의 팟캐스트를 들었고 이를 통해 자신이 가장 좋아하는 툴이 어떤 것인지 질문을 받을 것이라는 사실을 미리 예상할 수 있었다. 그는 여기서 멈추지 않고 더 많은 시간을 들여 뒤마의 웹 사이트를 뒤져서 600건 이상의 추천 목록 모두를 검색했고 인터넷 비밀번호 툴을 그때까지 아무도 언급하지 않았다는 사실을 확인했다. 뒤마는 코코런의 추천에 대단히 만족해했고 자신도 매일 그 툴을 사용하고 있다고 말했다. 우리는 바로 이러한 준비를 통해서 스스로를 차별화할 수 있고 강한 인상과 기억을 남길 수 있다.

마지막으로 계속해서 접촉을 유지하는 코코런의 접근 방식 역시 대단히 중요하다. 지속적으로 연락을 취하고 상대방의 레이더망에 머물면서 가치를 제공할 방법을 모색할 때 우리는 초기의 만남을 장기적인 관계로 전환할 수 있다. 지금은 서로 친구 사이로 지내고 있지만 내가 마이크 미칼로위츠와 처음으로 이야기를 나누었을 때(그 만남은 결국 그가 자신의 책에 데비 호로비치를 등장시키는 것으로 이어졌다), 나는『포브스』블로그 기사를 위해 그와 인터뷰를 나누고 있었다.[2] 우리는 이후로 이메일을 통해 계속해서 안부를 주고받았고 그렇게 몇 달이 흐른 뒤 미칼로위츠가 우리 도시에서 강연을 하게 되면서 나를 아침 식사에 초대했다. 다시 몇 달 뒤 그는 자신이 시작하고 있었던 전문 강연자 네트워킹 그룹에 나를 초대했고 이후로 나는 그들과 함께 휴가를 떠나기도 했다. 한 콘퍼런스에서는 하버드 비즈니스 스쿨 교수인 에이미 에드먼드슨Amy Edmondson을 잠깐 만날 수 있었고(아마도 1분 정도),『포브스』블로그 기사를 위해 나는 그녀에게 인터뷰 요청을 했다. 결국 나는 그녀의 사무실에서 직접 인터뷰를 나눌 기회를 잡았고 1시간 동안 나누었던 대담을 세 편의 블로그 기사로 발표하면서 그녀에게 강한 인상을 남길 수 있었다.[3] 우리의 우정은 그렇게 시작되었고 지금은 서로의 집을 오가며 저녁을 함께 나누는 사이로 발전했다. 게다가 그녀는 내 책에 추천사까지 써주었다.

이 책을 썼던 지난 2년 반 동안 나는『포브스』한 곳만 하더라도 이백오십 편이 넘는 블로그 기사를 썼다. 이들

기사들 대부분은 저자 및 비즈니스 리더들과의 인터뷰였으며 이는 내가 친분을 쌓고 싶은 사람들을 만날 구실이 되어 주었다. (코코런과 호로비치 역시 그러했다.) 글쓰기 작업은 브랜드 이름을 널리 알리는 데 도움이 되기는 하지만 그게 핵심은 아니다. 여러분이 자신의 개인 블로그를 통해서만 글을 쓰고 있다고 하더라도 아마도 대다수의 사람들은 여러분의 인터뷰 요청에 기꺼이 응할 것이다. 팟캐스트를 진행하는 한 친구는 내게 인터뷰에 초대했던 손님들 중 어느 누구도 그가 얼마나 많은 청취자를 확보하고 있는지 물어보지 않았다는 이야기를 들려주었다. 인터뷰는 온라인 세상으로 퍼져 나가고 검색 엔진을 통해 쉽게 찾아볼 수 있기 때문에 블로그가 주요 언론사들로부터 후원을 받고 있는지는 이제 별로 중요하지 않게 되었다. 물론 후원을 받는다면 분명 좋은 일이다. 하지만 그렇지 않다고 하더라도 관계 (그리고 브랜드) 구축을 위한 강력한 접근 방식을 섣불리 포기할 이유는 없다.

아이디어를 성공적으로 퍼뜨리기 위해서 우리는 신뢰를 기반으로 하는 동료들로 이루어진 핵심 그룹에 더하여 새로운 관계를 계속해서 개발해야 한다. 바쁜 사람들과 관계 맺기는 쉽지 않은 일이지만, 미리 일정을 잡아서 꾸준히 시간을 투자하고 그들에게 왜 자신의 제안이 가치 있는 것인지 보여 준다면 우리가 생각하는 것보다 훨씬 더 빨리 실질적인 인맥 관계를 만들어 낼 수 있을 것이다.

생각해 볼 질문

■ 친분을 쌓고 싶은 유명 인사들이 있는가? 어떻게 그들에 대한 심도 있는 조사를 시작할 수 있을까? (독서, 이메일, 뉴스 레터 신청하기 등.)

■ 관계를 맺기 위해 어떤 전략들을 활용할 수 있는가? (팟캐스트 인터뷰, 그들이 활동하고 있는 단체에 가입하기, 콘퍼런스에서 이야기를 나누기 등.)

■ 일단 연결이 되었다면 어떤 방법으로 관계를 지속적으로 유지해 나갈 것인가?

■ 유명 인사들에게 어떤 가치를 제공할 수 있는가? 그들이 정말로 필요로 하는 것은 무엇인가? (출간을 앞두고 있는 책의 홍보, 다른 사고 리더나 기자들과의 인맥, 식당 추천, 잠재 고객들 소개, 조만간 떠날 여행에 대한 조언 등.)

■ 사람들과 관계를 형성하기 위해 여러분이 활용할 수 있는 새로운 채널이나 기반이 있는가? (호로비치가 구글 플러스 행아웃을 활용했던 것처럼) 신기술에 대한 사람들

의 호기심을 활용한다면 보다 수월하게 동의를 이끌어 낼 수 있다.

자신이 가입한 단체를 활용하자

코코런과 호로비치는 팟캐스트와 구글플러스 행아웃을 기반으로 인맥의 범위를 넓혀 나갔다. 하지만 이와는 다른 〈구식〉 전략들이 놀라운 힘을 발휘하기도 한다. 가장 좋은 방법은 자신이 속한 단체를 통해서 생각이 비슷한 사람들과 인맥을 형성하는 것이다. 여기서 우리는 함께 공유하고 있는 경험과 생각을 바탕으로 아주 빠른 속도로 신뢰 관계를 (그리고 탄탄한 관계를) 구축할 수 있다. 로버트 치알디니와의 인터뷰를 주제로 내가 썼던 유명 『포브스』 기사들 중 하나는 〈상대방이 자신을 순식간에 좋아하도록 하는 방법How to Get Someone to Like You Immediately〉이라는 제목의 기사였다. (사실 이를 계기로 치알디니와의 인연이 시작되었다.)[4] 그렇다면 그 비결은 뭘까? 치알디니는 가능한 빨리 공통점(어떤 것이라고 하더라도)을 발견해 내는 일이라고 말한다. 같은 지역에 살거나 달리기를 좋아한다는 것과 같은 간단한 사실이 그러한 공통점이 될 수 있다. 또한 어떤 동창을 함께 알고 있다는 사실도 강력한 연결 고

리로 작용할 수 있다. 이는 컨설턴트인 로비 켈먼 백스터 Robbie Kellman Baxter가 직접 몸으로 배웠던 지혜이기도 하다.

그녀는 자신의 컨설팅 비즈니스 절반이 스탠퍼드 경영 대학원 동문들을 통해 이루어지고 있다고 믿고 있다. 그것이 단지 행운만은 아니었다. 그녀는 졸업 이후로 거의 20년 가까이 스탠퍼드에서 자원봉사자로 활동을 하고 있다. 백스터는 봉사 활동을 통해 두 가지 이익을 얻고 있다. 첫째, 브랜딩이다. 미국 최고의 비즈니스 스쿨인 스탠퍼드 경영 대학원은 입학생들을 대단히 까다롭게 선별한다. 그녀가 그러한 학교에 합격하고 졸업했다는 사실은 그녀의 역량과 관련하여 분명한 메시지를 전달한다. 매슈 비드웰 Matthew Bidwell, 원신재Shinjae Won, 록사나 바뷸레스큐 Roxana Barbulescu, 에단 몰릭Ethan Mollick으로 이루어진 한 연구팀이 멋진 제목의 논문 「나는 골드만삭스에서 일했다!I Used to Work at Goldman Sachs!: How Organizational Status Creates Rents in the Market for Human Capital」를 통해 밝히고 있는 것처럼, 〈인지도가 높은 기업에서 일을 한 경험은 앞으로 더 좋은 일자리를 구할 수 있도록 도움을 주는 역량에 대한 가치 있는 신호를 그 직원들에게 제공한다〉[5]는 주장은 진실이다. 우리는 그 똑같은 이야기를 일류 대학원에 대한 개인의 관계에도 그대로 적용할 수 있다.

누군가 여러분의 경력이나 이력서를 확인하기 전에는 여러분이 어느 비즈니스 스쿨을 나왔는지 알 수 없을 것이다. (혹은 MBA를 나왔다는 사실조차도 알 수 없다.) 그런 상황에서 스탠퍼드와의 관계를 갑작스럽게 언급하는 것은 적절하지 못하거나 과도한 자기 홍보처럼 보일 수 있다. 그러나 그녀는 자원봉사 활동을 통해서 잠재 고객들을 포함하여 많은 이들에게 자신이 연설가와 기획자로 활동하는 것에 대해 말할 좋은 기회를 가질 수 있었고 이러한 기회를 통해 사람들에게 강한 인상을, 즉 자신이 〈성공을 거둔 전문가〉라는 메시지를 자연스럽게 전할 수 있었다.

둘째로 백스터는 동문회 활동을 통해 직접적으로 인맥을 구축했고 이를 통해 흥미로운 새로운 인물들과 쉽게 친분을 쌓을 수 있었다. 그녀는 말한다. 〈우리는 아주 자연스럽게 형성된 공동체이며 모두 공통된 경험을 갖고 있습니다. 각자의 비즈니스에 많은 도움이 되기 때문에 구성원들은 자신과 생각이 비슷한 사람들과 깊은 관계를 신속하게 맺을 수 있습니다. 그리고 이것이야말로 제가 생각하는 훌륭한 인맥입니다. 이곳에는 신뢰가 존재합니다. 상대방 역시 나와 똑같은 경험을 공유하고 있을 거라는 믿음이 있죠.〉

그녀의 스탠퍼드 자원봉사 활동은 아주 작은 일부터 시

작되었다. 우선 동문회 잡지를 통해 강의 노트 칼럼을 운영했다. 그리고 점차 활동 영역을 넓혀 가면서 모임을 주관하고 컨설턴트에 관심이 있는 동문들을 대상으로 강의를 하기도 했다. 그녀는 다른 대학의 동문회(하버드처럼)들이 해당 지역에서 활발하게 활동을 하고 있는 반면 실리콘 밸리 지역에서는 스탠퍼드 동문들을 위한 기본적인 프로그램들이 제대로 갖춰져 있지 않다는 사실을 깨닫게 되었다. 당시 스탠퍼드 동문들 대부분은 캠퍼스 안에서 열리는 행사만으로 충분하다고 생각하고 있었다. 백스터는 동문들이 원하는 바를 구체적으로 충족시킬 수 있는 다양한 행사를 마련할 수 있겠다는 생각이 들었다.

그래서 그녀는 〈스트래터지 브랙퍼스트 시리즈Strategy Breakfast Series〉 행사를 시작했다. 〈이는 분기마다 열리는 조찬 행사로 모든 동문들이 참석할 수 있죠. 우리는 캠퍼스 안이나 가까운 곳에서 모임을 갖고 비즈니스 전략을 주제로 이야기를 나눕니다. 처음 몇 년 동안은 제가 직접 모임을 주관해야만 했죠.〉 그녀는 당시 떠오르는 (가령 모바일 결제의 미래와 같은) 주제들을 선정해서 그 지역의 신생 기업가들을 끌어모았다. 그리고 이러한 노력을 통해 자신의 인지도를 크게 높일 수 있었다. 〈많은 사람들을 만나고, 연단에 서고, 동문회 전체를 통해 제 이름을 알릴 수 있

었죠. 제 인지도와 신뢰를 높일 수 있는 중요한 기회였습니다.〉

이러한 노력의 결과로 그녀는 인기 있는 연설자이자 자원봉사자로 인정을 받았고 결국 스탠퍼드의 권위 있는 자문 위원회인 여성 이니셔티브 네트워크Women's Initiative Network로부터 가입 요청을 받았다. 〈정말로 좋은 기회였죠. 그전에 스탠퍼드에서 그렇게 많은 일들을 하지 않았더라면 그들에게 초대를 받는 일은 없었을 겁니다.〉 현재 그녀는 거기서 연례 콘퍼런스를 주최하는 일을 하면서 영향력 있는 동문들과 관계를 쌓아 나가고 있다.

백스터의 설명에 따르면 자원봉사 활동을 통해 인맥을 구축하는 과정에서 성공을 거둘 수 있었던 핵심 요인들 중하나는 모교에 대한 자신의 뜨거운 열정이었다. 그녀는 말한다. 〈스탠퍼드와 같은 권위 있는 단체와 지속적으로 관계를 맺는 노력에는 특권이 따릅니다. 하지만 그러한 관계를 효과적으로 유지하기 위해서는 조직에 기여를 하겠다는 진정한 열망이 먼저 있어야 합니다. 마음으로부터 우러나오는 뜨거운 열정이죠. 저는 스스로에게 여러 번 물었습니다.《갑자기 엄청난 부자가 되어 더 이상 고객이 필요하지 않게 되었을 때에도 나는 스탠퍼드를 위해 똑같은 일을 할 것인가?》저는 분명히 그럴 겁니다.〉

백스터의 사례는 여러 가지 측면에서 의미가 있다. 첫째, 그녀는 자신이 정말로 관심을 갖고 있는 단체를 선택했다. 대학 시절의 경험이 별로 만족스럽지 못했거나 상사 때문에 가입을 했다면 관심은 언젠가 시들고 말았을 것이다. 참여를 위해서는 많은 에너지가 필요하고 때로는 힘든 일도 도맡아 해야만 한다. (자선 행사를 위해 아침 6시에 출근을 하거나 저녁 회의를 마치고 정리를 위해 야근까지 해야 한다.) 하지만 열정이 있다면 사명감으로 버틸 수 있다. 그러나 관심과 열정이 없다면 자신이 투자한 시간을 정당화하기 힘들 것이다. 그리고 이러한 의문이 머리를 떠나지 않을 것이다. 〈여가 시간을 희생할 만큼 내가 정말로 이 일을 좋아하는가?〉

　다음으로 일 자체를 즐기는 것 역시 중요하다. 동문회 조직은 많은 자원봉사자들의 도움을 바탕으로 기금 마련을 위한 만찬 행사를 주최하고 지역 조직들의 재정 상태를 점검한다. 하지만 백스터는 이러한 봉사 활동으로부터 따로 보상을 받지 않는다. 그녀는 자원자이기 때문에 스스로 활동 범위를 선택하고, (동창회 모임이나 강의 노트 칼럼을 통해) 동료들과 친분을 쌓고, (강연회나 일대일 커피 시간을 통해) 인맥을 형성하고, (강의와 웨비나를 통해) 자신의 전문성을 공유하는 등 스스로 좋아하는 일에만 집중할 수 있다.

그녀는 지금도 동문회 한 곳에만 집중하고 있다. 만일 다양한 단체에서 자원봉사 활동을 했더라면 더 많은 사람들을 만나고, 여러 행사에 참석하고, 다양한 부류의 사람들과 어울릴 수 있었을 것이다. 그러나 그녀는 스탠퍼드에 집중적으로 투자를 함으로써 리더로서 인정을 받고 동문들을 단지 일대일 관계로 만나지 않아도 될 만큼 높은 인지도를 쌓을 수 있었다. 그녀와 직접 이야기를 나누어 본 적이 없는 많은 동문들 역시 그녀가 누구인지 잘 알고 있다.

물론 동문회를 통해 인맥을 쌓는 것은 좋은 전략이기는 하지만 모든 사람들이 백스터처럼 일류 대학원을 나온 것은 아니다. 그러나 우리는 그녀가 그러했던 것처럼 특정한 단체나 조직에 깊숙이 참여하는 방법에 대해 생각해 볼 필요가 있다. 특별한 가입 자격을 요구하지 않는 많은 단체들을 통해서도 우리는 강력한 인맥의 힘을 창조해 낼 수 있다. 나 역시 오랫동안 다양한 네트워크 공동체에서 활동했다. 보스턴 외곽에 살았을 당시, 나는 지역 상공 회의소 회원으로 활동했고 그 단체에서 주관하는 사교 모임에 참석했다. 또한 개인 컨설턴트를 위한 온라인 게시판에서도 열심히 활동했고 뉴잉글랜드 출신들을 대상으로 정기 모임을 조직하기도 했다.

마찬가지로 현재 일하고 있는 회사의 동료들, 혹은 과거에 일을 한 적이 있는 기업 출신들, 콘퍼런스나 행사에서 만났던 사람들, 인구 통계적으로 공통적인 특성을 갖고 있는 사람들(흑인 전문가, 여성 변호인 등)로 이루어진 모임에 가입을 하거나, 아니면 새롭게 만들 수도 있을 것이다. 마지막으로 사람들이 종종 간과하는 인맥 쌓기의 또 다른 중요한 기회로 자신이 후원하고 있는 시민 단체 및 자선 단체가 있는데 이 주제는 다음 장에서 살펴보도록 하자. 이러한 모든 전략들의 목표는 다른 사람들이 우리를 그저 이방인이 아니라 한 사람의 동료로서 바라볼 수 있도록 하는 것이다. 지금 다니고 있는 회사 덕분에 많은 사람들로부터 관심을 받고 있다면 회사의 이미지를 통해 적극적으로 자신을 알리도록 하자. 혹은 열정적인 참여를 통해 개인의 인지도를 높이고 있다면 이를 적극적으로 활용함으로써 공동의 가치를 함께 나누고 있는 사람들과 친분을 쌓도록 하자.

생각해 볼 질문

■ 지금 활용할 수 있는 가장 강력한 브랜드는 무엇인가? 유명 기업에서 일을 한 경험이 있거나, 대형 출판사를

통해 책을 출간한 적이 있거나, 유명한 학교를 졸업했거나, 주요한 수상 경력이 있거나, 혹은 뛰어난 리더들과 관계를 맺고 있는가?

■ 자신의 링크드인 프로필을 마지막으로 업데이트한 적이 언제인가? 다른 사람들이 우리의 존재를 쉽게 발견하고 경력을 확인할 수 있도록 소속과 관련된 정보들을 자주 업데이트 하자.

■ 강력한 브랜드와 관계를 맺고 있지 않다면 여러분의 목표 목록은 무엇인가? 아이비리그에 진출하기에는 너무 늦은 나이일 수도 있겠지만 노력을 한다면 블로그에 글을 쓰고, 유명 신문사에 글을 기고하고, 혹은 널리 알려진 시민 단체에서 리더로 활동할 수 있을 것이다.

■ 관심을 갖고 있거나 참여를 희망하는 단체가 있는가? (비즈니스 사교 모임이나 지역 상공 회의소 등.)

■ 핵심적인 관계를 통해서 〈깊숙이 관여〉할 수 있는 방법은 무엇인가? 시간을 내서 자원봉사를 하거나 더욱 깊이 참여할 수 있는 방법이 있는가?

■ 자신의 관계에 잠재되어 있는 인맥 맺기의 가능성을 실현할 수 있는 방법은 무엇인가? 잘 드러나지 않는 곳에서 움직이기보다 위원회 활동에 자발적으로 참여할 수 있는가? (이를 통해 회원들에게 적극적으로 다가가 관계를

형성할 수 있다.)

자선 단체에서 활동하기

관심을 갖고 있는 단체가 있다면, 이를 자신의 업무적
삶으로 통합함으로써 공동체에 도움을 주고, 동시에 인맥
을 넓힐 수 있다. 자선 단체 위원회에서 활동하는 것도 인
맥을 쌓고 기술을 개발하기 위한 좋은 기회이기는 하지만
스스로 이런 질문을 던져 보는 노력이 더 큰 힘이 될 것이
다. 〈봉사의 열정을 어떻게 나의 일로 통합할 수 있을까?〉
비즈니스의 모든 측면에서 자신의 가치를 실현하기 위한
방법을 알고 있다면 이를 통해 구축한 관계는 가장 강력하
고 훌륭한 기반으로 남을 것이다. 그 이유는 자기 자신보
다 더 큰 존재 안에서 사람들과 함께 공유하는 열정에 기
반을 두고 있기 때문이다.

보스턴 외곽에 위치한 시민 단체인 이스트소머빌 메인
스트리트East Somerville Main Streets 위원회에서 활동을 하
고 있었을 당시, 나는 탈리아 트링고Thalia Tringo라고 하는
부동산 중개인을 알게 되었다. 트링고는 그곳 외에도 다양
한 단체에서 활동하고 있었다. 소머빌 노숙자 연합 위원회
에서 활발하게 활동하고 있었고, 부동산 거래를 한 건 성

사시킬 때마다 250달러씩 기부를 하고 있었다. 그녀는 말
한다. 〈비록 종교인은 아니지만 십일조를 기부하려고 노력
하고 있습니다. 부동산 중개인 입장에서는 힘든 일이라
(수입이 일정하지 않기 때문에) 매번 계약을 맺을 때마다
특정 금액을 기부하기 시작했고 앞으로도 계속해서 그렇
게 해나갈 생각입니다.〉

하지만 존 깁 밀스포의 경우처럼 트링고가 생각하는 목
표는 다른 사람들도 참여하도록 용기를 불어넣는 일이다.
그녀는 한 고객을 노숙자 연합 위원회로 끌어들였고, 다른
고객을 지역의 자원봉사자들이 건강한 요리법을 통해 노
숙자 보호소 사람들에게 음식을 제공하는 자선 단체인 커
뮤니티 쿡스Community Cooks에 참여하도록 했다. 그녀는
말한다. 〈어떤 고객은 두 딸과 함께 봉사 활동을 하고 있습
니다. 그들은 또 다른 가족의 어머니와 자녀들을 위해 그
일을 하고 있다는 사실을 잘 이해하고 있죠.〉 그녀는 거리
에서 주민들을 모집하여 암과 맞서 싸우고 있는 노숙자 이
웃들을 돕고 있으며 집을 사려고 하는 사람들 중에 지역
공동체의 삶에 참여하기를 원하는 이들을 찾아다님으로써
공동체 활동을 널리 알리고 있다.

그녀의 이러한 시민 정신은 자신의 브랜드, 그리고 고객
기반에서(나를 포함하여) 핵심을 차지하고 있으며 봉사

활동을 통해 만난 많은 사람들을 끌어당기고 있다. 그녀는 말한다. 〈오늘 저는 처음 만난 사람과 거래를 마쳤습니다. 노숙자 연합 위원회에서 함께 활동하고 있었다는 인연 덕분이었죠.〉트링고는 마케팅 전략 차원에서 의도적으로 자선 활동을 시작한 것은 아니었다. 그녀는 말한다. 〈훌륭한 마케팅 전략이기는 하지만 의도적으로 그렇게 한 것은 아니었어요.〉관심을 기울이고 있는 단체에서 활동을 시작할 때, 그리고 이를 중심으로 사람들과 관계를 맺을 때 우리는 강력한 네트워크, 그리고 개인의 한계를 뛰어넘은 전문가로서의 명성을 만들어 낼 수 있다.

생각해 볼 질문

■ 어떤 자선 단체에 가장 많은 관심을 갖고 있는가? 어느 곳에 참여할 수 있는가? 도움을 줄 수 있는 어떤 기술을 갖고 있는가? 다음 주에 따로 한 시간을 마련하여 자신이 어떤 비영리 단체에 가장 잘 어울릴 것인지 생각하고 결정을 내려 보자.

■ 여러분이 관심을 갖고 있는 자선 단체에서 활동하고 있는 지인이 있는가? 그렇다면 다음 달에 그와 약속을 잡고 그 단체의 활동에 관해 이야기를 나누어 보자.

■ 탈리아 트링고가 부동산 거래에 대해 250달러를 기부하고 있는 것처럼 자선 활동이나 기부를 자신의 업무와 통합할 수 있는가?

■ 고객이나 동료, 혹은 경쟁자들까지 자선 활동에 동참할 수 있도록 어떻게 격려할 수 있을까?

■ 다음 3개월 동안 여러분이 관심을 기울이고 있는 자선 단체에 어떻게 참여할 수 있을까?

7장

지지 세력 구축

지금까지 우리는 인맥을 구축했고 아이디어를 개선하고 공유하는 과정에서 도움을 줄 수 있는 능력 있는 인물들의 집단을 창조했다. 이제 그 집단의 규모를 확장할 시간이 왔다. 강력한 영향력을 발휘하기 위해서는 보다 거대한 지지 기반이 필요하다. 인터넷 기술 덕분에 그러한 노력이 지금처럼 쉬웠던 적은 없었다. 딜로이트 센터 포 에지Deloitte's Center for the Edge의 존 헤이글John Hagel이 내게 말했던 것처럼, 콘텐츠를 창조하고 온라인으로 교류하는 활동은 스스로 등대를 밝힘으로써 생각이 비슷한 많은 사람들이 자신을 쉽게 발견할 수 있도록 하는 일이다. 그는 말한다. 〈소셜 미디어의 위력을 활용함으로써 특히 지금 여러분이 하고 있는 일을 더 널리 알릴 수 있습니다. 당신의 열정은 무엇입니까? 무엇이 당신을 기쁘게 하나요?

지금 어떤 문제와 씨름하고 있습니까? 우리는 다른 사람들이 볼 수 있도록 불을 밝혀야 합니다. 바로 저기에 우리가 다가가야 할 사람들이 있습니다.〉[1] 블로그를 통해서든, 혹은 소셜 미디어를 통해서든 콘텐츠를 창조하고 교류하는 활동은 다른 사람들이 우리가 여기 존재하고 있으며 공유할 가치가 있는 아이디어를 갖고 있다는 사실을 인식하도록 해준다. 여기서 우리는 일대일 형태가 아니라 일대다 형태로 움직일 수 있다.

블로그의 위력

소셜 미디어를 기반으로 시작하고자 한다면 먼저 〈듣기〉에 집중하자. 페이스북, 트위터, 블로그 등 여러 다양한 플랫폼을 바탕으로 자신이 존경하는 사람들을 팔로우하고, 그들이 무슨 이야기를 하고 있는지, 그리고 어떻게 그들의 아이디어를 드러내고 있는지 살펴보자. 일상적인 주제들에 대해 친숙해지고 그들에 대한 자신의 생각을 형성하게 되면서 이제 우리는 자기 자신의 아이디어를 공유하는 단계로 넘어갈 수 있다. 그들은 무엇을 놓치고 있는가? 그런 부분을 발견했다면 적극적으로 알리자. 그들이 어떤 주제를 다루는 방식에 대해 동의하지 않는가? 그렇다면 이는 잘못된 것을 바로잡을 수 있는 좋은 기회가 될 것이다.

아이디어를 통해 유명해지기를 원한다면 우리는 어떻게든 아이디어를 다른 사람들과 공유해야 한다. 그게 전부다. 과거에 우리는 신문이나 잡지사 편집자들이 우리를 〈간택〉해 주길 마냥 기다려야 했다. 하지만 이제는 어떤 주제에 대해 관찰하고 직접 글을 쓸 수 있게 되었다. 상황이 좋지 않을 경우, 그러한 작업은 아주 더디게 이루어질 것이며 어쩌면 아무도 우리의 블로그를 방문하지 않을지도 모른다. 하지만 그렇다고 모든 게 끝난 것은 아니다. 중요한 점은 〈적절한〉 사람들이 우리의 글을 읽는 것이다. 그리고 언제든 이메일을 통해서 해당 링크를 적극적으로 퍼뜨릴 수 있다. (〈제이크, 온라인 마케팅을 주제로 한 이번 논의에 참여해 줬으면 합니다. 《인터넷 마케팅 기술을 발전시키기 위한 다섯 가지 방법》이라는 제목으로 제가 지난달에 게시했던 글에 관심이 있을 거라 생각합니다. 부디 당신께 도움이 되길 바랍니다!〉) 반대로 반응이 좋은 경우, 우리는 즉각 전문가로 인정받게 될 것이다. 많은 사람들은 우리가 다양한 정보를 확보하고 있다고 생각하게 될 것이다. 블로그, 혹은 가능하다면 영상 블로그 활동을 통해서 우리는 많은 사람들을 끌어들이고 아이디어를 중심으로 지지 기반을 만들어 낼 수 있다.

이는 내가 처음으로 책을 출간하고자 했을 때 깨닫게 되었던 교훈이기도 하다. 『리인벤팅 유*Reinventing You*』의 출간으로 이어지게 되었던 2010년의 운명적인 『하버드 비즈니스 리뷰』 블로그 게시글을 쓰기에 앞서, 나는 서로 다른 세 편의 기획서를 작성했다. 그리고 일단 에이전트 한 곳에 연락을 했다. 이미 책을 출간한 경험이 있는 동료들은 내게 그것이 가장 힘든 부분이라는 이야기를 들려주었다. 그러고는 답변이 돌아오기를 기다렸다. 어떤 출판사와 오랫동안 밀고 당기는 지루한 과정을 반복하는 등 입질이 아예 없지는 않았지만 어느 곳도 내게 확답을 주지 않았다. 나는 그럴 만큼 유명한 인물이 아니었던 것이다.

물론 그들은 꼭 그런 이유 때문이라고는 말하지 않았다. 그러나 2008년 금융 위기가 발발하면서 출판 산업도 불황으로 접어들었고 편집자들은 특히 책을 처음 쓰는 저자들에 대해 〈대단히〉 보수적인 입장을 취하게 되었다. 그전까지 나는 훌륭한 책을 써서 이를 통해 나의 인지도를 크게 높일 수 있을 것이라 상상해 왔다. 그러나 출판사들의 거절이 이어지면서 나는 먼저 나의 인지도를 높여야 한다는 사실을 깨닫게 되었다. (출판 시장은 〈플랫폼〉이라는 단어를 좋아한다.) 그래서 실질적으로 저자들이 자신의 브랜드 위력을 발휘하여 책을 1만 부, 혹은 그 이상으로 판매할 수 있도록 도움을 줌으로써 출판사들의 위험을 낮춰 주어야 했다. 이미 많은 청중을 확보하고 있는 저자가 출판사에 연락을 할 때 그들은 기꺼이 손을 잡으려 할 것이다. 한 편집자가 내 에이전트에게 이런 말을 했을 때 나는 초라한 마음이 들었다. 〈원고는 마음에 듭니다만 이와 비슷한 주제로 이반카 트럼프Ivanka Trump*의 책이 나올 예정입니다. 일단 그 책에 대한 반응을 확인해 보아야 할 것 같군요.〉

그렇다고 아버지를 다시 유명인으로 바꿀 수는 없는 노릇이기에(우리 아버지는 노스캐롤라이나의 한 작은 마을에서 정신과 의사로 일하고 계신다), 나는 일단 한 걸음 물러서야만 했다. 책을 출간하려면 더 오랜 시간을 기다려야 했다. 대신에 나는 〈기반 구축〉 작업에 착수하기로 했다. 그리고 그 전략의 핵심은 블로그 활동이었다. 이를 통해 사람들과 아이디어를 나누고 공동체를 직접 만들어 볼 생각이었다.

나는 우선 〈친절한 안내〉에 주목했다. 즉, 이미 유명 언론사에 블로그 기사를 쓰고 있는 동료들의 도움을 받고자 했다. 수개월 동안 인내심을 발휘하며 많은 동료들에게 나의 소개를 부탁했고 끈질기게 연락을 취했다. 결국 마이클 실버먼Michael Silberman이라는 친구로부터 『허핑턴포스

* 도널드 트럼프의 딸.

트』편집자를 소개받을 수 있었다. 분명 좋은 시작의 조짐이었지만 문제는 『허핑턴포스트』가 비즈니스보다는 정치적 주제로 더 잘 알려져 있다는 것이었다. 나는 내 자신의 〈포트폴리오〉를 완성하기 위해 또 다른 언론사를 찾아야 했다. 다양한 비즈니스 잡지의 편집자들에게 연락해서 친구들의 이름을 들먹일 수 있도록 허락을 구하거나, 혹은 편집자들을 직접 소개 시켜달라고 부탁했다. 하지만 이렇다 할 성과는 없었다. 때로 출판사의 웹 편집자들로부터 별 의미 없는 부탁을 받기는 했다. 그들은 내게 책의 목록을 알고 싶다고 했고 나는 밤을 새워 목록을 만들어서 이들에게 보냈다. 하지만 대부분 수개월 동안 아무런 반응이 없었다. 그래도 나는 멈추지 않았고 언젠가는 전직 기자에게 글을 (공짜로) 맡겨 보는 것도 그리 나쁜 아이디어는 아닐 것이라고 생각할 만큼 충분히 마음이 열린 편집자를 만나게 될 것이라 확신했다.

그렇게 1년이 넘는 세월이 훌쩍 지나갔다. 그 무렵 나는 자전거 한 대를 새로 구입하려고 했고 그러려면 먼저 기존에 타던 자전거를 팔아야 했다. 나는 자전거를 크레이그리스트Craigslist에 매물로 올렸고, (아주 적절한) 한 여성에게 판매를 하게 되었다. 그녀는 내가 적법한 판매자인지 확인하기 위해 구글에서 나를 검색했다. 내가 자전거를 넘겨줄 때 그녀는 내게 이렇게 말했다. 〈비즈니스 컨설팅 일을 하고 계시더군요. 전 『하버드 비즈니스 리뷰』에서 일을 하고 있습니다.〉 빙고! 거래를 마치자마자 나는 편안하게 질문을 던졌다. 〈거기에 블로그 기사를 쓰려면 어떻게 해야 할까요?〉

나는 여러 차례 계속해서 연락을 취했고 그녀는 결국 한 편집자에게 나를 소개시켜 주었다. 당시 나는 여러 가지 주제들을 구상하고 있었기 때문에(다른 출판사에서는 별로 관심을 보이지 않았다), 풍부한 아이디어와 몇몇 샘플 기사들을 갖춰 놓고 있었다. 그리고 거기에 게재했던 나의 두 번째 글은 결국 『리인벤팅 유』라는 책으로 나오게 되었고 그 이후로 내 삶도 달라졌다.

새로운 청중들과 아이디어를 나눌 수 있다는 것은 블로그 활동의 가장 매력적인 측면들 중 하나다. 마케팅에서 브랜딩, 그리고 의미 있는 삶을 살아가는 방법에 이르기까지 폭넓은 주제로 글을 쓰고 있는 유명 작가인 세스 고딘 Seth Godin은 말한다. 〈저는 블로그에 그냥 글을 씁니다. 의무적으로 쓰는 글이 아니죠. 매일 글을 쓰고 수백만 명이 넘는 사람들이 그 글을 읽습니다. 제게 글을 쓴다는 것은 정말로 강력한 무기입니다. 단 다섯 사람만이 제 글을 읽는다고 하더라도 상관없습니다. 글을 쓴다는 행위 자체가

생각을 대단히 명료하게 정리하도록 해주니까요.〉

고딘은 훨씬 더 많은 사람들이 직접 실천을 해야 한다고 믿는다. 그는 내게 이렇게 말했다. 〈제가 하는 일이 별로 경쟁이 치열하지 않다는 것은 정말로 충격적인 사실입니다. 저는 세일즈맨과 마케터, 엔지니어, 그리고 CEO들에게 이렇게 말합니다.《자, 시작합시다. 여기 무료 플랫폼이 있습니다. 글로 쓸 만한 가치가 있는 이야기라면 사람들은 기꺼이 여러분의 글을 읽어 줄 겁니다. 도전해 보고 싶지 않으세요?》그러나 그들은 고개를 젓습니다. 대체 왜 그런 반응들을 보이는 걸까요? 말 그대로 저는 사람들이 140자 트위터에는 그렇게 글을 쓰고 싶어 하면서도, 영구적인 플랫폼을 기반으로 깊이 있고, 보편적이고, 쓸모 있는 지혜를 왜 함께 나누려고 하지는 않는지 이해할 수 없습니다.〉

고딘이 언급했던 것처럼 블로그가 아주 쉬운 플랫폼은 아니다. 트윗은 5초면 쓸 수 있다. 꼼꼼한 성격이라고 해도 30초면 가능하다. 하지만 블로그에 자신의 주장을 설득력 있게 500~800 단어로 남기려면 몇 시간은 족히 걸린다. (고딘이 매일 같이 올리는 글들은 대단히 짧고 200 단어가 되지 않을 때도 있다. 그럼에도 명쾌한 통찰력으로 널리 알려져 있다.) 많은 난관이 십 대와 성인들을 블로그 글쓰기에서 멀어지도록 방해하고 있다.[2] 어쩌면 당연한 일일 것이다. 하지만 그렇다고 해서 하나의 플랫폼으로서 블로그가 죽어 가고 있다거나 시대에 뒤떨어지고 있다는 의미는 아니다. 우선 블로그 활동에는 힘이 많이 든다. 그리고 사진이나 동영상을 찍어서 간편하게 올릴 수 있는 커뮤니케이션 플랫폼이 존재한다면 십 대들은 그것을 더 선호할 것이다. 그것은 신비로운 힘이 아니다. 일종의 경쟁력이다. 하지만 누구나 쉽게 먹을 수 있는 한입거리 음식들을 내놓고 있는 어지러운 시장에서 우리가 많은 정성을 들여 양질의 콘텐츠를 내놓을 수 있다면 스스로를 차별화할 수 있을 것이다. 여기서 우리는 실질적인 가치를 창조하고 있는 것이다. 많은 사람들은 콘텐츠를 직접 생산하기보다 이를 공유하는 데 주력하고 있다. 그렇기 때문에 우리의 글이 충분히 훌륭하다면 그 이야기는 널리 퍼지게 될 것이다.

특히 게으르고 참을성이 부족한 사람들의 경우, 블로그 활동의 또 다른 어려움은 결과가 즉각적으로 주어지지 않는다는 사실이다. 나는 『하버드 비즈니스 리뷰』 기사를 통해 일찍이 성공을 거두었지만 기업들로부터 강의 요청이 꾸준히 들어오기까지 수년 동안 수백 편의 기사를 써야만 했다. 고딘 역시 블로그 청중을 구축하기까지는, 그리고 전통적인 차원에서 〈보상〉을 얻기까지는 많은 시간이 필요하다고 인정하고 있다. 〈내게《나흘 만에 보상을 얻지 못한다면 그런 일을 절대 하지 않을 것이다》라고 말한다면 나는 왜 여러분이 블로그를 활용하지 않는지 이해할 수 있을 겁니다. 그리고 여러분에 대해서 많은 것을 알 수 있을 겁니다. 그렇죠? 여러분은 내게 선택받기를 원한다고 했습니다. 즉, 오프라나 HBO과 같은 곳들로부터 전화를 받기를 기다리고 있습니다. 그럼에도 즉각적인 보상이 주어지지 않는 일은 하지 않겠다고 말하고 있습니다.〉

그러나 시간을 들여서 자신을 널리 알리려는 노력은 장기적인 명성을 쌓기 위한 투자다. 고딘은 왕성하게 활동하고 있는 마케팅 및 디자인 블로거들의 사례를 인용하면서 이렇게 언급했다. 〈그 분야에서 활동하고 있는 미치 조엘Mitch Joel, 그리고 티나 아이젠벅스Tina Eisenbergs와 처음으로 만났을 때 전 사실 그전부터 그들이 어떤 사람들인지 잘 알고 있었습니다. 이미 수개월, 혹은 수년 전부터 제 귀에다가 속삭이고 있었으니까요. 실제로 그들은 대단히 폭넓은 방식으로 세상에 접근하고 있습니다. 우리는 이러한 사람들을 (블로그 활동을 전혀 하지 않는 사람들보다) 더 신뢰할 수 있지 않을까요?〉 비즈니스 인맥 구축에 관한 한 가지 원칙은 도움을 받기 전에 먼저 도움을 주어야 한다는 것이다. 하지만 많은 사람들은 꼭 개인적인 차원에서 도움을 줄 필요는 없다는 사실을 종종 잘 이해하지 못하고 있다. 끊임없이 다양한 통찰력을 전달해 주는 노력에 대해 조엘에게 (혹은 좋아하는 다른 블로거들에게) 고마움을 느끼고 있는 많은 사람들은 그의 책을 구입하거나, 아이튠 즈 팟캐스트에서 리뷰를 작성하거나, 혹은 그를 강사로 추천하거나, 그가 운영하는 디지털 마케팅 에이전시에 의뢰를 하는 등 업무적인 차원에서도 도움을 주기 위해 애쓰고 있다.

도움을 주고받으려는 욕구를 넘어서서(로버트 치알디니가 영향과 설득의 기반으로 정의했던 요인인 그 욕구), 사람들이 자신이 좋아하는 블로거에 대해 긍정적인 느낌을 갖고 있다는 사실은 사회 심리학자들에게 한 가지 현상으로서 널리 알려진 〈친숙성 원리〉, 혹은 〈단순 노출 효과〉라는 개념으로도 입증이 되고 있다. 많은 연구원들이 증명하고 있는 것처럼, 가장 유명한 사례로 미시건 및 스탠퍼드 대학의 로버트 자이언스Robert Zajonc는 반복된 노출을 통해서 사람들이 특정한 사람이나 사물에 대해 보다 긍정적인 느낌을 갖도록 할 수 있다고 설명하고 있다.[3] 만일 내가 매일 아침에 똑같은 통근 열차에서 만나게 되는 낯선 사람에게 호감을 느낄 수 있다면 분명하게도 나는 소중한 통찰력을 끊임없이 내게 전달해 주는 블로거에 대해 더욱 더 긍정적인 느낌을 가질 수 있을 것이다.

블로그 활동은 예전보다 훨씬 더 수월해졌다. 2014년에 링크드인은 단지 사람들이 영향력이 높은 유명인의 그룹을 선택하는 것이 아니라 회원들이 사이트상에서 직접 블로그를 만들 수 있도록 하는 신기능을 선보였다. 그 방법은 간단하다. 마이크로소프트 워드를 쓸 줄 아는 사람이라면 누구든지 쉽게 게시글을 작성할 수 있다. 그리고 그렇게 작성된 글은 자동적으로 자신의 프로필상에 노출된다. 이는 우리를 살펴보고 특정 분야에 대한 우리의 지식을 확인하고자 하는 잠재적인 고객이나 기업들에게 완벽한 증명서로 기능할 수 있다. 블로그 활동을 시작하는 또 다른 방법은 다른 사람의 블로그에 게스트 자격으로 글을 게시하는 것이다. 여러분이 지금 구독하고 있는 블로그 목록을 작성해 보고 그 사이트들을 검색하여 그들이 게스트의 글을 허용하고 있는지 확인해 보자. (확신이 서지 않는다면 웹 에디터에게 이메일을 보내 물어보면 된다.) 그들이 정해 놓은 형태에 맞게 글을 써보자. (300자로 분량을 정해 놓은 블로그에 500자 분량의 글을 게시할 수는 없을 것이며 그 반대도 마찬가지다). 그리고 그 글을 게시하도록 하자.

몇 편의 게스트 글로 시험을 해보고 난 뒤 블로그 활동이 자신에게 적합하다는 확신이 들었다면 이제부터는 보다 진지하게 접근할 필요가 있다. 이제 우리는 자신의 목표를 기반으로 블로그를 만들어 나가야 한다. 요즘 많은 사람들이 점차 워드프레스를 선택하고 있다. 자신의 블로그를 웹 사이트로 연결해 주는 소액의 서비스 비용을 제외하고(가령, 내 블로그 주소는 http://dorieclark.com/blog/이다) 이 연결 서비스는 많은 사람들이 여러분을 더 쉽게 발견하고 기억할 수 있도록 해준다는 점에서 추천할 만하다. 블로그에서 트래픽 규모를 높이고 싶다면 (혹은 광고 수익을 올리거나 사람들이 제품을 구매하도록 하고 싶다면), 독자들이 여러분의 블로그를 즐겨찾기에 추가하도록 해야 할 것이다.

또 다른 방법으로 이미 충분한 독자 기반을 확보하고 있는 다른 블로그에 자신의 글을 게재함으로써 활동 범위를 넓힐 수도 있다. 바로 이 전략을 바탕으로 나는 『포브스』, 『하버드 비즈니스 리뷰』, 『안트러프러너』와 같은 사이트에 정기적으로 글을 기고하고 있다. (지금도 내 자신의 블로그에 기사를 올리고 있지만 창고나 저장소로서의 역할이 더 강하다.) 어떤 전략이든 좋다. 선택은 여러분의 목표, 그리고 블로그를 구축하고자 하는 방식에 달렸다. 이에 관해서는 3부에서 좀 더 자세히 이야기를 나누어 보도록 하자. 혹시 블로그 활동으로부터 직접적으로 돈을 벌고자 한다면 독자층을 최대한 활용해야 할 것이다. 하지만 나처럼 강연이나 컨설팅을 통해 간접적인 방식으로 수익을 창출하고자 한다면 여러 다양한 사이트들을 통해서 자신의 전반적인 인지도를 높이는 전략이 더 현명한 선택일 것이다.

하지만 어떤 블로그 전략을 선택했든 간에 가장 중요한 사실은 시작을 해야 한다는 것이다. 아무에게도 알리지 못한다면 아이디어는 절대 힘을 얻을 수 없다. 블로그 활동은 사람들에게 다가가고 그들을 끌어들이는 통로다. 엄청난 지지 기반을 확보하고 있고 높은 강연료를 받고 있는 고딘의 경우, 보상에 대한 특별한 기대 없이 블로그 활동에 지속적으로 집중함으로써 비로소 진정한 보상을 받을 수 있었다. 그는 말한다. 〈특권이죠. 제가 블로그 활동을 하는 목적은 세상에 저의 아이디어를 불어넣음으로써 제가 관심을 기울이고 있는 사람들 사이에서 논의가 활발하게 이루어지도록 하는 것입니다.〉

생각해 볼 질문

■ 어떤 주제로 글을 쓰고 싶은가? 아직 블로그를 시작하지 않았다면 가능한 주제들의 목록을 작성해 보자. 시작을 하기 위해 먼저 열에서 스무 편의 글을 통해서 자신의 아이디어를 표현해 보자. 사람들이 여러분의 분야에 대해

서 공통적으로 가지고 있는 의문들, 그리고 많은 이들이 갖고 있는 오해, 여러분이 직접 확인할 수 있는 유행, 혹은 〈시스템 속으로 들어갈 수 있는〉 흥미진진한 지름길이나 방안에 대해 생각해 보자. 여러분이 성공을 위해 활용했던 방법은 무엇인가? 최근에 불거진 사건들은 여러분의 분야에 어떤 의미가 있는가?

■ 블로그 게시글을 쓰기 위해 다음 주에 90분 정도 시간을 미리 마련해 놓자. 그리고 그 글을 자신의 블로그(이미 만들어 놓았다면), 혹은 링크드인을 통해 공유하자. 어떤 반응들이 들려오는지 확인하자. 독자들은 어떤 아이디어에 특히 관심을 보이는가?

■ 여러분의 목표 청중들은 어떤 블로그들을 구독하고 있는가? 여러분이 글을 게시하고 싶은 사이트의 목록을 작성하고 온라인 검색을 통해서 웹 에디터들의 이메일 주소를 알아내자.

■ 친구들이나 링크드인을 통해 이렇게 물어보자. 〈이러한 방식으로 글을 쓰고 있는 사람들을 알고 있는가?〉 있다면 소개를 받을 수 있는지 알아 보자. 만일 없다면 웹 에디터에게 이메일로 여러분이 쓴 기사에 대한 링크를 보내자. (그래서 여러분이 글을 쓰고 있다는 사실을 알리도록 하자.) 다음으로 그들에게 적합한 기사와 관련하여 매력적인

제안을 보내자. 이러한 방식으로 다음 달에 적어도 두 명의 사람에게 접근해 보도록 하자.

사람들이 있는 곳으로 가자

블로그 활동은 자신의 아이디어에 관한 이야기를 끄집어낼 수 있는 대단히 중요한 도구다. 하지만 유일한 방법은 아니다. 로버트 스코블Robert Scoble은 처음에 블로거로서 명성을 얻었지만 최근에는(이미 청중 기반을 확보하고 있는 블로그를 찾아다니는 나의 전략과 비슷하게도) 소셜 미디어 쪽으로 초점을 옮기고 있다. 그는 말한다. 〈소셜 미디어 활동 중 일부는 청중들이 있는 곳에 주목하는 것이죠. 사람들이 어디에 모여 있는지 파악해야 합니다. 자신이 원하는 방향으로 사람들을 데리고 가는 것과는 다른 일입니다.〉 소셜 미디어는 실제로 사람들과 관계를 형성하는 과정에 큰 힘이 될 수 있다. 게다가 여러분이 이미 블로그 활동을 하고 있다면 보다 광범위한 노출을 통해 글의 영향력을 높일 수 있는 강력한 무기로 활용할 수 있다.

페이스북, 구글플러스와 같은 플랫폼이 규모가 거대해지고 인기가 점점 더 높아지고 있다는 사실을 확인했을 때 스코블은 이들 플랫폼에서 활동을 시작했다. 여기서 사람들과 교류하는 데 집중했다. 내가 『포브스』 블로그 기사를 쓰기 위해 2013년 초 가졌던 인터뷰에서 스코블은 이렇게 언급했다. 〈사람들은 멍청한 짓이라고 생각하더군요. 하지만 저는 소셜 네트워크가 앞으로 더 중요해질 것이라 확신했고 실제로 그렇게 되었죠. 1년 전에 (2012년) 저는 페이스북상에서 1만 5,000명의 팔로워들을 거느리게 되었고 지금은 4만 3,000명으로 늘어났습니다. 그리고 구글플러스에서는 0에서 출발하여 현재 290만 명에 이르렀습니다. 이러한 새로운 영역에 에너지를 집중하는 노력이 정말로 가치 있는 일이라 판단했습니다.〉[4] 모든 플랫폼에서 활동해야 하는 것은 아니지만 에너지를 집중할 곳을 한두 군데 선정하는 것은 분명 좋은 아이디어다.

스코블은 또한 새로운 플랫폼이 떠오르는 초기에 합류할 것을 적극 권한다. 그러면 더 많이 인용이 되고 유기적으로 입소문을 통해 팔로워들을 보다 쉽게 끌어모을 수 있다. 그는 말한다. 〈늦게 가입할 경우, 1,000명의 사람들과 네트워크를 형성하기 위해서 제가 했던 것보다 훨씬 더 많은 에너지를 투자해야 할 겁니다.〉 실제로 그는 아주 방대한 네트워크를 구축해 놓고 있다. 한번은 90일 동안에 구글플러스에서 73만 건의 댓글이 달리기도 했다.

여러분의 공동체 안에서 무슨 일이 벌어지고 있는지 주

목해 보자. 여러분의 목표 청중들은 무엇을 읽고 있는가? 그들은 어디서 시간을 보내고 있는가? 모두가 이야기를 나누는 새로운 앱이나 플랫폼이 있는가? 소셜 미디어 전략가들 중 누구도 주의를 기울이고 있지 않을 때 데비 호로비치가 구글플러스 행아웃을 기회로 선택했던 것처럼, 우리는 스스로 얼리 어답터가 됨으로써 자신을 차별화할 수 있다. 물론 이는 모두에게 적절한 전략은 아닐 것이다. 기술 분야에 익숙하지 않다면 별로 좋아하지 않는 것들을 새롭게 배우기 위해 시간을 투자하고 싶지는 않을 것이다. 하지만 만약 〈새로운 것들 중에서도 새로운 것〉을 탐구하는 일을 좋아한다면 이러한 시도는 성공을 향한 여정으로 이어질 것이다.

하지만 초기 진입에도 위험이 따른다는 사실에 주의하자. 특정 플랫폼이 주춤하거나 실패할 경우 그간의 모든 노력은 수포로 돌아갈 것이다. 유명 소셜 미디어 전문가인 크리스 브로건Chris Brogan과 가이 가와사키Guy Kawasaki 두 사람은 구글플러스가 등장하자마자 이를 사람들에게 널리 알리는 책을 펴냈다. 물론 로버트 스코블은 그 플랫폼으로 큰 성공을 거두기는 했지만(인구 통계적 관점에서 그 플랫폼의 인기는 남성 사용자 및 기술 애호가들에 기반을 두고 있다), 그들은 일반 대중들 사이에서 유행을 일으키는 데 성공하지 못했고, 내가 상상하기에 아마도 크게 낙담을 했을 것이다. 물론 이 글을 쓰는 시점에서 대부분의 사람들이 소셜 미디어를 사용하고 있다는 것은 지금에서야 할 수 있는 생각일 것이다.

그러나 인기가 시들하다고 하더라도 두 사람에게는 그다지 심각한 문제가 아니다. 그들은 다양한 곳에 판돈을 걸고, 수많은 글을 쓰고, 종종 책도 펴내기 때문이다. 그들에게 이는 일종의 전략적인 도박이다. 구글플러스가 대성공을 거둘 경우 그들은 모든 사람들이 배우기를 갈망하는 새로운 매체의 전문가로 인정받게 될 것이다. 반면 오랫동안 뚜렷한 성과를 드러내지 못할 경우 그들은 조그마한 영역에서 때때로 언급이 되는 전문가로 남아 있을 것이다. 벤처 자본가들의 경우처럼, 구글플러스에서 전문성을 개발하는 도전은 이들에게 모든 판돈을 거는 도박이 아니라 전체 포트폴리오 중 일부다. 그들은 꾸준히 다양한 아이디어들을 개발하고 플랫폼을 익히기 위해 투자했던 시간을 몇 배로 돌려줄 〈텐배거ten-bagger〉*를 끊임없이 추구하고 있다.

어떤 플랫폼을 선택했든 간에 우리는 흥미로운 콘텐츠

* 유명 투자자 피터 린치Peter Lynch가 썼던 용어로, 10배의 수익률을 올린 주식 종목을 의미하는 말.

를 생산함으로써 청중 기반을 확보하고, 사람들과 논의를 시작하고, 독자들과 교류하면서 자신만의 뚜렷한 영역을 확립해야 한다. 여러분은 무엇으로 유명해지고 싶은가? 소셜 미디어를 활용하여 자신이 창조한 콘텐츠를 가지고 논의를 시작하자. 관련된 분야에 대해 글을 쓰고 정보를 공유하는 많은 사람들과 관계를 맺자. 스코블은 말한다. 〈세상에서 제일 이상하고 낯선 것을 내놓는다고 하더라도, 적어도 50명의 사람들은 관심을 보일 겁니다. 클럽을 만들고, 사람들을 발견하고, 그들이 쉽게 찾아낼 수 있도록 구글에 블로글 게시글을 올리세요.〉

플랫폼 구축에 힘을 실어 줄 수 있는 한 가지 방법은 전통적인 언론과의 관계를 개발하는 것이다. 주류 언론을 통한 노출은 많은 도움이 된다. 단편적인 읽기 및 시청 습관의 시대에도 이 언론들은 여전히 대규모 청중 기반을 거느리고 있기 때문이다. 게다가 이들의 객관적인 인증은 사람들에게 강력한 신뢰를 부여한다. 우리가 『뉴욕 타임스』에 인용되었거나 투데이쇼에 출연했다면, 그것은 우리가 전문가임을 입증해 주는 공식적인 증명서다. (AP나 『포춘』으로부터 〈브랜딩 전문가〉로 언급이 되었다면 우리는 이를 즉각 자신의 이력서에 포함시킬 수 있다. 스스로를 전문가로 지칭하는 것은 자칫 건방지게 보일 위험이 있지만 언론이 그렇게 언급했다는 사실은 큰 힘이 될 수 있다. 이는 또한 로버트 치알디니, 스탠퍼드 경영 대학원 교수 제퍼리 페퍼Jeffrey Pfeffer의 연구를 통해 입증된 원리이기도 하다. 나는 이 원리를 『리인벤팅 유』에서 자세히 다루고 있다.)

하지만 미디어 통합의 시대는 우리가 기자들과 이러한 관계를 구축하기 위한 방식 자체를 바꾸어 놓고 있다. 10년 전만 하더라도, 이와 관련하여 나는 기자들과 커피를 마시며 그들과 친해지라고 사람들에게 조언했다. 편안하게 대화를 나누는 동안 우리는 상대가 어떤 종류의 기사들을 찾고 있는지 파악하고, 자신의 전문성을 전달하고, 특정한 아이디어나 이야기를 제안할 수 있다. 하지만 이제 더 이상 그런 방법은 통하지 않는다.

요즘 기자들 대부분은 너무도 바빠서 자신이 알지 못하는 사람들과 커피 한잔 나눌 시간조차 없다. 게다가 그러기 위해 억지로 노력을 하지도 않는다. 게으름 때문이 아니다. 다만 오늘날 그 업계의 현실일 따름이다. 이제 기자들은 하루에도 여러 건의 기사를 취재해야 하고 잠시도 컴퓨터 곁을 떠나지 못한다. 그렇기 때문에 우리는 소셜 미디어를 통해서 이들과 관계를 구축하는 방법에 집중할 필요가 있는 것이다. 우리가 그들의 기사를 리트윗하고 사람들이 그들의 노력에 더 많은 관심을 기울이게 해준다면 그들은 우리를 영원히 사랑하게 될 것이다. (점점 더 많은 기자들이 조회 수를 기준으로 평가와 보수를 받고 있다.)

그들의 움직임을 끈기 있게 추적한다면 그들이 어떤 행사에 참석하는지 파악할 수 있을 것이며 자연스럽게 만나서 자신을 소개할 기회가 생길 것이다. 그러나 도움을 주면서도 부담이 되지 않기 위해서 먼저 온라인상으로 관계를 구축하자. 그리고 점차 직접 대면하는 관계로 넘어가도록 하자. 일단 그렇게 친분이 이루어졌다면 그들은 특정 사건에 대한 의견이 필요할 때 먼저 연락을 취할 것이다. 그때 우리는 조금은 성가신 사람에서 큰 도움이 되는 존재로 넘어갈 수 있다.

블로그 활동을 통해 만들어 낸 콘텐츠는 우리의 전문성을 나타낸다. 그리고 로버트 스코블의 경우에서 살펴보았던 것처럼 소셜 미디어와 전통적인 미디어를 동시에 활용함으로써 파급력을 더 높일 수 있다. 여러분이 유행의 첨단을 달리고 있고 게시글을 통해 아이디어를 사람들과 공유하고 있다면 많은 독자들이 여러분의 글을 읽게 될 것이다. 사람들이 모여 있는 곳으로 달려가자. 거기서 자신을 대중들에게 알리고 더욱 거대한 지지 기반을 확보하도록 하자.

생각해 볼 질문

■ 여러분의 청중은 지금 어디에 있는가? 그들은 무엇을 읽고, 듣고, 보고 있는가?

■ 청중들이 소비하고 있는 것, 그리고 여러분의 개인적인 취향을 기준으로 판단하건대, 어떤 사회적 채널에 가장 주목해야 할까? (화면에 나오는 것을 싫어한다면 온라인 동영상에 억지로 출연하는 것은 좋은 선택이 아닐 것이다.)

■ 어떤 플랫폼들이 새롭게 떠오르고 있는가? 경쟁자들보다 한발 앞서 시작할 수 있는가?

■ 스코블이 이야기하는 것처럼 〈클럽을 구축〉하기 위해서는 어떤 형태의 콘텐츠를 만들어 내야 할까?

■ 여러분의 분야에서 주요한 기자들은 누구인가? 신문사, 산업 잡지사, 블로거, TV 및 라디오 방송국 등 여러분의 산업에 중대한 영향을 미치고 있는 언론들의 목록을 작성하자. 다음으로 온라인 검색을 통해 미디어별로 주요한 기자들을 확인하고 스프레드시트로 그들의 이메일 주소와 연락처를 정리하자.

■ 어떻게 그들과 관계를 맺을 수 있을까? 앞서 작성한 언론사 목록에 따라 트위터상에서 팔로우 신청을 하자. 계획을 세워서 그들의 기사를 리트윗하거나 관계 형성을 위

해 정기적으로 댓글을 달자.

영향력 확대하기

아이디어를 널리 알리는 방법에 대해 고민하는 과정에서 중요한 것은 규모다. 우리가 하루에 쓸 수 있는 시간은 24시간밖에 되지 않는다. 그동안 우리는 메시지에 대답을 하고, 콘텐츠를 만들고, 사람들을 만나야 한다. 그렇기 때문에 우선순위를 철저하게 지키고 시간을 할당하는 방식에 능해야 한다. 전통적인 업무의 경우 자기가 맡은 일을 효율적으로 처리하는 것만으로도 충분하다. (한 시간에 50개의 제품을 생산하는 것으로 월급을 받는다면 그것이 바로 우리가 해야 할 일이다.) 그러나 아이디어를 공유하기 위해서는 그것만으로 충분하지 않다. 우리는 스스로에게 끊임없이 물어야 한다. 〈어떻게 더 많은 사람들에게 다가갈 수 있을까?〉 가령, 어떤 사람이 로버트 스코블에게 이메일로 질문을 하고 스코블은 답변을 보낸다. 그러면 그는 고마워하면서 스코블이 똑똑하고 도움이 되는 사람이라 생각할 것이다. 하지만 그 사람이 블로거나 기자, 혹은 인맥이 아주 넓은 사람이 아닌 이상 스코블의 아이디어는 널리 퍼지지 못할 것이다. 공식적인 차원에서 전문가로 명성을 쌓고자 한다면 스코블의 조언에 따라 질문에 답변을 하거나, 모든 사람들이 볼 수 있도록 아이디어를 공유하는 것이 훨씬 더 나을 것이다.

페이스북과 구글플러스 같은 플랫폼이 힘을 얻어 가고 있다는 사실을 인식하고 두 사이트에서 활동을 곧장 시작했던 것과 더불어, 스코블은 질문과 답변을 위한 웹 사이트인 쿼라Quora(여기에 어떤 사람이 질문을 올리면 다른 사람들이 답변을 달거나 전문 지식을 공유한다)에도 많은 관심을 기울였다. 이러한 사이트들의 공통점은? 바로 그 규모에 있다. 그는 말한다. 〈이메일보다 쿼라를 통해서 질문에 답변을 하는 편입니다. 이메일로는 한 사람에게만 답변을 전달할 수 있지만 쿼라를 통해서는 다섯 사람에게 동시에 도움을 줄 수 있으니까요.〉

최근에 나는 한 친구의 남편으로부터 이메일을 받았다. 그는 전문 강연자로 경력을 시작하고 싶어 했다. 물론 나는 기꺼이 조언을 주고자 했지만 사실 그는 내게 그런 질문을 한 첫 번째 사람이 아니라는 생각이 문득 들었다. 아마도 그는 그 똑같은 질문을 내게 스무 번째, 혹은 오십 번째로 했을 것이다. 스코블의 이야기로부터 영감을 얻은 나는 며칠 후 그에게 블로그 글에 대한 링크를 담은 메일을 답변으로 보냈다.[5] 그 글은 그가 했던 질문에 대한 대답을 주제로 썼던 것으로, 이 글을 쓰는 시점을 기준으로 3,000회가 넘는 조회 수를 기록하고 있다.

다른 사고 리더들 역시 자신의 영향력을 확대하기 위해 다양한 방식으로 노력하고 있다. 로즈 슈만은 인도와 아프리카 사하라 남부 지방에 걸쳐 퀘스트션 박스를 광범위하게 설치함으로써 수천 명의 사람들이 인터넷을 이용할 수 있도록 도움을 주었다. 존 코코런과 데비 호로비치는 팟캐스트와 유튜브 동영상을 통해 전문가들과 대화를 나눔으로써 그들 자신과 인터뷰 참가자들의 인지도를 높였다.

마크 피델만은 100시간을 들여 블로그 게시글을 쓰면서 최대한 많은 사람들에게 그 글들이 전달되기를 원했다. 그래서 원래의 콘텐츠를 더욱 돋보이게 하기 위해 인포그래픽, 슬라이드쉐어, 전자책의 포맷을 활용했다. 아이디어를 널리 알리기 위해서는 끝까지 노력을 멈추지 말아야 한다. 또한 탁월한 아이디어만으로 충분하다고 생각해서도 안된다. 청중 기반을 확장하기 위해 끊임없이 고민해야 한다. 그래야만 자신의 아이디어가 정신없이 바쁜 세상 속으로 들어가기에 충분한 청중 기반을 확보할 수 있다.

그때 우리는 엄청난 보상을 얻을 수 있다. 세계화 시대에 우리의 아이디어는 전례 없는 수준으로 규모의 효과를 누릴 수 있다. 규모의 효과를 최대한 활용하고 이것이 더 많은 사람들에게 도움을 주겠다는 관용의 정신과 결합할 때 우리의 여정은 멈추지 않을 것이다.

생각해 볼 질문

■ 아이디어를 어떻게 더 많은 사람들에게 전달할 수 있을까?

■ 우리가 만든 콘텐츠를 어떻게 인포그래픽스, 팟캐스트, 슬라이드쉐어, 동영상, 트위터, 인스타그램 등 다양한 포맷으로 전환할 수 있을까?

■ 자기 자신에게 도전해 보자. 한 가지 콘텐츠를 정해서 이를 다섯, 혹은 열 곳의 서로 다른 채널들로 뿌려 보자. 예를 들어, 팟캐스트 인터뷰를 녹화하고, 그 대담을 바탕으로 블로그 게시글을 쓰고, 인터뷰에서 좋았던 부분을 트위터에 올리고, 논의의 핵심 개념을 설명하는 슬라이드쉐어를 만들고, 핵심적인 이야기를 1분짜리 온라인 동영상으로 편집해 볼 수 있을 것이다.

책을 쓰자

아이디어를 통해서 사람들의 인정을 받기 위한 고전적

인 방법들 중 하나는 책을 쓰는 것이다. 유명하고 유서 깊은 출판사를 통해 펴낼 수 있다면 더욱 이상적일 것이다. 대형 출판사와 함께할 때 언론에 더 쉽게 노출되고 서점에서 더 많이 판매가 될 것이다. 그리고 우리가 익숙하지 않은 분야(유통과 마케팅, 디자인 등)에서 풍부한 지원을 받을 수 있고 출판사의 브랜드 또한 든든한 힘이 되어 줄 것이다. 하지만 반드시 그래야만 하는 것은 아니다.

모든 출판사들로부터 거절을 당한 저자들의 황량한 세상이었던 자가 출판이 점차 보편적인 방식으로 떠오르고 있다. 특히 대단히 구체적인 주제를 다루고 있다면(출판사들이 보기에 독자층이 결코『그레이의 50가지 그림자*Fifty Shades of Grey*』정도에 미치지 못할 것 같다면), 자가 출판은 메시지를 전달하기 위한 효과적인 방법이 될 수 있다. 이는 도시 설계자 마이크 라이던Mike Lydon이 선택한 방법이기도 했다. 그는 자신의 책『전술적 도시 계획*Tactical Urbanism:Short Term Action, Long Term Change*』을 무료 전자책으로 출간했다.

금융 위기가 지속되던 2009년에 라이던은 스트리트 플랜 컬래버레이티브Street Plans Collaborative라고 하는 도시 설계 회사를 설립했다. 그는 시 정부들이 대규모 도시 개발 프로젝트에 예산을 투자하지는 않을 것이라고 생각했다. 한편, 그는 타임스퀘어와 같은 지역을 중심으로 서서히 이루어지고 있었던 저비용 실험 사례들에 주목하고 있었다. 이러한 사례들 속에서, 과거에 교통 체증으로 몸살을 앓고 있던 지역들이 보행자와 자전거를 타는 사람들을 위한 공간으로 새롭게 태어나고 있었다.

그는 당시 각광을 받고 있었던 DIY 정신에 매력을 느꼈다. 사례로는 주민들이 공터를 정원으로 가꾸거나 자전거 전용선을 도로에 그리는 등 주민들이 직접 그들의 손으로 거리를 가꾸는 활동이 있다. 라이던은 바로 그러한 움직임을 면밀히 관찰하고 있었다. 당시만 하더라도 이러한 사업을 부르는 공식적인 이름도 없었고, 사람들 대부분은 이러한 노력들을 하나의 운동이라기보다 흥미로운 일회성 행사 정도로 보고 있었다. 하지만 라이던은 새로운 경제적 여건 속에서 또 다른 흐름이 시작되고 있다고 보았다. 정부의 긴축 재정은 대단히 높은 수준의 창조성을 격려, 혹은 강요하고 있었다. 사람들은 10년짜리 프로젝트를 세우기보다 이런 질문을 던졌다. 6주 안에 우리가 할 수 있는 일은 무엇인가? 라이던은 당시를 이렇게 떠올리고 있다. 〈이런 식으로 생각을 했죠.《일단 해놓고 사람들이 마음에 들어 하면 그것은 좋은 일이다. 하지만 반응이 별로 좋지 않다면 다시 하면 된다. 단지 페인트를 칠하는 일이고 얼

마든지 원래대로 되돌릴 수 있다.》》

　어느 날 라이던은 브라이언 데이비스Brian Davis라는 조경사의 블로그를 읽다가 그가 뉴욕 시가 시행한 개발 프로젝트를 〈전술적〉이라고 묘사한 부분에 강한 인상을 받았다. 라이던은 이렇게 떠올리고 있다. 〈번득이는 생각이 떠올랐습니다. 정확하게 모든 것을 의미하는 말이었죠!〉 라이던은 데이비스의 허락을 구하여 〈전술적 도시 계획〉이라는 용어를 만들어 냈다. 그리고 지금은 그 아이디어에 담긴 의미를 실현하기 위해 노력하고 있다. 그는 전 세계를 대상으로 지역 프로젝트에 관한 연구 사례들을 수집했다. 한 가지 목표는 이야기를 널리 퍼뜨리는 것이었다. 또 다른 목표는 〈이들 프로젝트들 가운데 좋은 성과와 나쁜 성과를 기록으로 남기는 것〉이었다. 도시를 사랑하는 사람으로서 라이던은 개발 프로젝트에 대한 잘못된 인식이 이러한 움직임을 가로막지 않기를 원했다. 라이던은 말한다. 〈우리는 개념을 정의하고 발전을 향한 뚜렷한 방향을 결정하는 과정에서 도움을 주고자 했습니다.〉

　한 가지 좋은 사례로 〈파크렛parklet〉 운동을 꼽을 수 있다. 이는 지난 10년 동안 온타리오 주 해밀턴에서 시작해서 샌프란시스코(현재 40군데가 넘는 곳에서 이루어지고 있다)를 넘어 여러 지역으로 확산된 도시 조경 프로젝트다.

프로젝트의 아이디어는 화단이나 테이블, 의자와 같이 값
싸고 쉽게 구할 수 있는 재료들을 활용하여 주차장을 공원
으로 꾸미는 것이다. 라이던은 말한다. 〈쉽고 빠르게 진행
되고 있으며 실질적인 효과를 드러내고 있습니다. 샌프란
시스코 지역의 많은 공간들이 새롭게 태어나고 있습니다.〉

라이던은 관련 사례 연구들을 모아서 전자책으로 만들
었고 이는 스트리트 플랜 컬래버레이티브 웹 사이트에서
무료로 내려받을 수 있다. 그의 책에 대한 반응은 즉각적
으로 나타났다. 불과 몇 달 만에 1만 건의 조회 및 다운로
드가 이루어졌다. 이는 조그마한 도시 계획 공동체라는 점
을 감안할 때 엄청난 성과다. 라이던은 말한다. 〈이러한 아
이디어들이야말로 새로운 세대가 찾고 있었던 것이라는
사실을 깨닫게 되었습니다. 게다가 단지 젊은 세대뿐만 아
니라 이 나라에서 도시의 가능한 형태에 대해 다양한 생각
을 가지고 있는 모든 사람들까지 말이죠.〉 라이던의 책은
널리 알려졌고 그는 파트너와 함께 『전술적 도시 계획 2』
를 통해 더 많은 사례 연구들을 보여 주었다. 그리고 남아
메리카의 파트너와 함께 라틴 아메리카 지역의 사례들을
담은 세 번째 판을 펴내기도 했다. 전체적으로 그의 소책
자들은 16만 건 이상의 조회 및 다운로드 횟수를 기록했고
그 과정에서 라이던은 도시 계획 운동과 관련하여 세계적

대표 전문가로 인정을 받게 되었다.

라이던이 전자책을 발간했을 때 그의 회사는 아직 신생 기업이었고 비즈니스를 키워 나가기 위해 애쓰고 있었다. 그때 전자책 출간으로 그에게 많은 강의 의뢰가 들어왔고 이를 통해 그는 회사의 인지도를 높일 수 있었다. 그는 말한다. 〈그러한 노력 덕분에 회사의 이름을 널리 알릴 수 있었습니다. 스스로를 차별화하고 기회를 잡을 수 있었죠.〉 전술적 도시 계획에 대한 사람들의 관심이 높아지면서 라이던은 전문성을 갖춘 기업들의 역할이 필요한 제안 요청서를 많은 공동체들로부터 받았다. 그는 말한다. 〈많은 곳들이 우리에게 의뢰를 했고 전술적 도시 계획에 필요한 하나의 요소로서 우리 기업을 바라보았습니다. 관계를 구축해 나가는 동안 고객들은 우리가 그 밖에 여러 다양한 기술들도 확보하고 있다는 사실을 이해하게 되었습니다.〉

전술적 도시 계획이라고 하는 새로운 용어를 만들어 내고 사례 연구들을 치밀하게 수집함으로써 점점 더 많은 관심을 받고 있는 그 개념을 정의하는 과정에서 라이던은 자신이 설립했던 신생 기업의 뚜렷한 브랜드 정체성을 구축했다. 이를 통해 당시 힘든 경제 상황에서도 성과를 이어 나갔고 대형 프로젝트를 감당하기에 다소 규모가 작고 아직 검증이 끝나지 않은 기업과 협력하기를 주저했을 고객들과 관계를 형성할 수 있었다. 지금까지도 이들과 신뢰 관계를 이어 가고 있다.

라이던에게 책은 최고의 명함이자 자신의 전문성을 드러내고 잠재 고객들에게 아이디어를 제안할 수 있는 소중한 기회였다. 물론 책을 쓰기 위해서는 상당한 시간을 투자해야 한다. 블로그 게시글은 한두 시간 만에 쓸 수 있지만 한 권의 책을 쓰기 위해서는 적어도 수개월이 걸리고 그 과정에서 많은 사람들이 끈기를 잃어버리고 만다. 그래서 어떤 사람들은 글쓰기 모임에 가입함으로써 지속적으로 동기를 부여받고, 또 다른 사람들은 글을 쓰는 시간을 업무 일정 속에 신성한 영역으로 따로 마련해 놓고서 마치 고객이 의뢰한 프로젝트인 것처럼 추진해 나간다. (나의 경우 4시간 단위로 글을 쓴다. 그보다 더 짧으면 글쓰기 리듬을 유지하기 어렵고 더 길어지면 집중력이 흔들리기 시작한다.)

다행스럽게도 자가 출판의 과정은 점점 더 간편해지고 있다. 이제 우리는 아마존의 크리에이트스페이스Create-Space처럼 플러그 앤드 플레이 방식으로 작업을 할 수 있는 간단한 자가 출판 플랫폼을 활용할 수도 있고 라이던의 사례처럼 PDF 문서로 만들어서 이를 자신의 웹 사이트에 올릴 수도 있다. 구글플러스에 관한 가와사키의 책 이후에 출간된 보다 성공적인 실험 사례로 꼽을 수 있는 가이 가와사키와 숀 웰치Shawn Welch의 『APE: Author, Publisher, Entrepreneur — How to Publish a Book』은 자가 출판 과정에 관한 개괄적인 설명을 들려주고 있다.

당연하게도 라이던과 같은 기업가들은 자신의 책을 통해 그들만의 전문성을 드러내고 싶어 한다. 그러나 놀랍게도 자가 출판은 또한 일자리를 찾고 있는 일반적인 전문가들에게도 많은 도움이 된다. 누군가를 고용한다는 것은 결국 큰 위험을 떠안는 일이다. 기업은 그들을 교육시키고 조직의 일원으로 잘 적응할 수 있도록 해야 한다. 그러나 그 조합이 맞지 않을 때 기업은 몇 달의 시간과 수만 달러의 비용을 날려 버리게 된다. 반면, 널리 알려져 있는 인물을 고용할 수 있다면 위험은 크게 줄어든다. 조직이 신뢰하는 사람은 처음부터 업무를 잘 처리해 낼 것이다. 예전에 그 사람과 함께 일을 한 적이 있다면, 혹은 잘 아는 사람이 그를 강력하게 추천한다면 더 안심이 될 것이다. 하지만 개인적으로 알지 못한다고 하더라도 그가 쓴 책이 있다면 우리는 그 사람에 대해 더 많은 것을 알고 그들의 역량에 대해 더 잘 이해할 수 있을 것이다.

미란다 아이슬링 하인스Miranda Aisling Hynes는 항상 글쓰기를 좋아했다. 커뮤니티 아트 분야에서 석사 과정을 밟고 논문을 준비하고 있었을 때 그녀는 책을 쓰기로 결심했다. 그녀는 자신의 책을 통해 현직 예술가들 및 학계 사람들뿐만 아니라 일반인들에게도 영감을 불어넣고자 했다. 하지만 그녀가 생각하기에 〈아트〉라고 하는 용어 속에는 다분히 심각한 느낌이 담겨 있었다. 그 용어는 마음껏 상상력을 펼칠 수 있도록 대부분의 사람들을 자극하기에는 지나치게 난해한 가치를 상징하고 있었다. 하인스는 말한다. 〈우리 모두는 창조적인 존재입니다. 그러나 사람들이 창조성을 실제로 활용하는 것은 또 다른 문제입니다. 창조성은 호기심처럼 대단히 자연스러운 인간의 본능이며 이러한 창조성은 아주 다양한 형태로 모습을 드러낼 수 있습니다. 사람들 대부분은 창조적인 존재가 되고 싶어 하지만 언젠가부터 이를 억누르고 살아가고 있습니다.〉

그녀는 결국 자가 출판 방식으로 『예술이 아닌 다른 뭔가를 만들어라 *Don't Make Art, Just Make Something*』라는 책을 내놓았다. (〈미란다 아이슬링〉이라는 이름으로 출간했다.) 그녀는 책을 써서 부자나 유명인이 될 수 있을 것이라고는 기대하지 않았다. 그녀는 말한다. 〈출판을 통해 얻을 수 있는 것에 대해 현실적으로 바라볼 필요가 있습니다. 이 책은 (다른 사람들에게) 제 아이디어를 소개하기 위한 것입니다. 사실 돈을 벌지는 못했어요. 간신히 손해는 안 볼 정도였죠.〉 하지만 하인스는 이 책을 통해 자신의 목표를 달성할 수 있었다. 그녀는 지역 예술 센터에서 근무하고 있는 한 친구에게 자신의 책을 건넸고 그 친구는 책을 다 읽고 나서 이를 소장에게 권했다. 그리고 나중에 하인스는 그 예술 센터의 채용 공고를 보고 지원을 했고 소장은 대단히 기뻐했다. 면접을 하는 동안 소장은 그녀에게 칭찬의 말을 건넸고 그녀가 두 번째로 센터를 찾았을 때 소장은 전 직원들 앞에서 그녀를 또다시 추켜세워 주었다. 그녀는 말한다. 〈분명하게도 그 책은 제게 기회의 문을 열어 주었습니다.〉 결국 그녀는 그 예술 센터에서 일할 수 있게 되었다.

또 하나의 장기적인 꿈으로 하인스는 방문객들과 지역 예술가들을 연결해 주는 〈커뮤니티 아트 호텔〉을 열겠다는 포부를 갖고 있었다. 그녀는 말한다. 〈블로그, 웹 사이트, 책 등 더욱 다양한 콘텐츠를 만들어 낼수록 자신의 열정과 목표에 더 구체적으로 다가갈 수 있습니다. 그리고 그 과정에서 더 많은 사람들이 여러분의 메시지를 중심으로 모여들게 될 것입니다.〉 이를 통해 우리는 많은 사람들을 끌어들이고 그들과 관계를 유지할 수 있는 다양한 접점을 만들어 낼 수 있다. 하인스의 웹 사이트를 방문한 사람들은 그녀의 책을 구매하고, 뉴스 레터를 구독하고, 그녀가 주최하는 정기 예술 및 음악 행사에 참석할 것이다. 〈아트 센터를 세워 놓고 사람들이 몰려들기를 기다리는 게 아니라 먼저 사람들을 모아 놓고 그들이 예술 센터를 구축하는 과정에 도움을 줄 수 있기를 기대하고 있는 겁니다.〉

하인스는 바로 그러한 전략을 활용했다. 4장에서 에릭 리스가 보여 주었던 것처럼, 첨단 기술에 기반을 둔 신생 기업이든 커뮤니티 아트 호텔이든 간에 완벽한 비전을 창조할 수만 있다면 많은 사람들이 이를 발견하고 모여들 것이라 쉽게 기대한다. 하지만 이러한 기대는 종종 재앙적인 결말로 끝나고 만다. 그 대신 우리는 아이디어로부터 시작해서 이를 시험하고 개선하고 그 아이디어를 중심으로 지지 세력을 끌어모으는 접근 방식을 선택해야 한다. 앞으로 계속해서 규모를 크게 확장하고자 한다면 우리는 이러한 접근 방식을 바탕으로 자신의 이야기를 널리 퍼뜨리고 혼자의 힘으로만 성취할 수 있는 단계를 훌쩍 넘어서서 자신의 아이디어를 실현하는 과정에 실질적인 도움을 줄 수 있는 핵심적인 지지 기반을 구축할 수 있을 것이다.

우리는 특정한 주제에 대해 보고 듣고 배움으로써 점차 자신의 관점을 형성해 나아가게 된다. 그러면 블로그나 소셜 미디어를 통해 자신의 아이디어들을 공유할 수 있다. 그리고 마침내 자신의 아이디어에 관심이 높고 더 많은 것을 알기를 원하는 지지 세력을 형성하게 되면 자신의 철학과 세계관을 압축해 놓은 책을 널리 퍼뜨릴 수 있으며, 그렇게 퍼뜨려진 책은 자신과 생각이 비슷한 사람들을 끌어모으고 그 생각을 더욱 널리 전파할 수 있는 명함이 되어줄 것이다.

생각해 볼 질문

■ 책이 명함으로서의 역할을 할 수 있다면 여러분은 어떤 메시지를 전하고 싶은가? 세상은 여러분에게서 어떤 이야기를 듣고 싶어 하는가?

■ 책을 쓰는 일은 메시지를 확산하는 것 이외에 여러분의 비즈니스 목표에 어떤 도움을 줄 수 있는가? 책을 통해 라이던은 고객들을 끌어모았고 하인스는 일자리를 잡을 수 있었다. 여러분은 경우는?

■ 책을 쓸 시간을 어떻게 마련할 것인가? 출간을 진지하게 고려하고 있다면 일정표를 만들고 다양한 글쓰기 전략들을 시험해 보자. (하루에 몇 시간, 혹은 한 시간에 몇 장.) 그리고 어떤 방법이 자신에게 잘 맞는지 판단해 보자.

■ 여러분의 관점은 무엇인가? 자신의 분야에서 특정한 주제에 집중함으로써(라이던이 전술적인 도시 계획에 주목했던 것처럼), 혹은 자신의 세계관을 표출함으로써(하

인스가 〈예술이 아닌 다른 뭔가를 만들어라〉라고 말했던 것처럼) 관점의 범위를 구체적으로 좁혀 나가야 할 것이다. 제프 허먼Jeff Herman과 데보라 러빈 허먼Deborah Levine Herman의 『완벽한 출판 기획서 작성법Write the Perfect Book Proposal: 10 That Sold and Why, 2nd edition』과 같은 책들을 읽어 보고 설득력 있는 제안서를 작성하기 위해 무엇이 필요한지 생각해 보자. 반면, 기성 출판사에 기획서를 제출하는 방식이 아니라 자가 출판을 계획하고 있다면 질문에 대답을 하는 방법으로부터 많은 도움을 얻을 수 있을 것이다. 두세 가지 주제에 대해서 글을 써서 이를 가지고 친구나 동료들과 함께 이야기를 나누어 봄으로써 검증을 하자. 사람들은 어떤 이야기에 가장 뚜렷한 반응을 보이는가? 논의에서 어떤 요소들이 빠져 있는가?

8장

공동체 조직

처음에 우리는 영감을 던져 주고 성공을 향한 여정에 도움을 줄 수 있는 주변의 친한 동료들과 네트워크를 구축하는 일로 시작했다. 그러고 나서 청중 기반을 구축하는 단계로 넘어갔다. 우리의 메시지를 통해 관계를 맺고 우리가 하는 일을 좋아하는 진정한 지지자들로 이뤄진 기반 말이다. 이제 그 마지막 과제는 산발적으로 흩어져 있는 인맥들을 하나의 공동체로 만드는 일이다. 최고의 아이디어들은 그 창조자의 손을 떠나서도 얼마든지 힘을 발휘할 수 있다. 많은 사람들이 그러한 아이디어들을 자신의 것처럼 받아들이기 때문에 드넓은 세상에서 성과를 만들어 내는 것이다. 마이크 라이던은 도시 계획을 주제로 다양한 사례 연구들을 수집하여 전자책으로 내놓았다. 그러나 그의 아이디어들은 자유롭게 돌아다니면서 전 세계 다양한 지역의 활동가들에게 공동체를 더욱 활기차게 해줄 실험에 도전하도록 영감을 불어넣고 있다. 마찬가지로 여러분의 아이디어 역시 일단 임계점을 넘어서게 되면 하나의 흐름으로 전환될 것이다. 이 장에서는 창조적인 전문가들에게 힘을 주는 일이든, 사회 정의 공동체를 구축하는 일이든, 혹은 전문가들이 각자의 자리에서 더욱 강력한 영향력을 발휘하도록 도움을 주는 일이든 간에 아이디어를 향한 열정을 직접적으로, 혹은 온라인으로 함께 공유하고 있는 사람들을 끌어모으는 방법에 대해 이야기를 나누고자 한다.

사고 리더십이라고 하는 개념에 부정적인 사람들은 그것이 단지 자아의 확장에 불과하다고 생각한다. 완전히 틀린 말은 아니지만 진정한 사고 리더들은 세상과 공유하고 싶은, 그리고 많은 사람들에게 전파해야 할 중요한 아이디어를 품고 있다. 물론 훌륭한 아이디어를 개발하고 이를 널리 퍼뜨리는 일은 그 자체로 하나의 성취다. 돈과 보상이 따라오기도 한다. 하지만 아이디어의 가치를 평가할 수 있는 궁극적인 기준은 얼마나 많은 다른 사람들이 그 아이디어를 받아들이고 자발적으로 널리 퍼뜨리려고 하는가이다. 훌륭한 아이디어는 우리 자신보다 훨씬 더 거대한 존재다. 우리는 연결 고리의 역할을 함으로써, 혹은 공동체 형성을 가능하게 하는 기반을 구축함으로써 하나의 흐름을 만들어 낼 수 있다. 자신과 생각이 비슷한 많은 사람들의 스승이 될 수 있으며 아이디어를 중심으로 많은 이들이 모여들도록 할 수 있다. 〈공동체 구축〉과 관련된 심각함의 이미지를 제거하고 사라져 버린 흥미 요소를 살려 냄으로써 사람들의 관심을 되돌릴 수 있다. 그 전략이 무엇이든 간에 목표는 똑같다. 그것은 사람들을 연결하고 서로 도움을 주고받을 수 있는 새로운 방법을 찾아내는 일이다.

연결 고리로서의 역할

우리가 사람들에게 줄 수 있는 최고의 선물들 중 하나는 네트워크를 통해 서로 도움을 주고받을 수 있도록 연결시켜 주는 일이다. 이미 광범위한 인맥을 이루고 있다면 서로 만나고 싶어 하는 사람들을 알고 있을 것이다. 시간을 들여 그들을 서로 연결시켜 줌으로써 우리는 연결 고리로서 자신의 명성을 쌓을 수 있을 뿐만 아니라 놀라운 일들이 벌어지게 할 수 있다. 다시 말해, 우리의 노력이 없었더라면 불가능했을 대화와 거래, 그리고 혁신을 만들어 낼 수 있다. 동료들을 서로 소개시켜 주거나 (모든 형태의) 〈구매자〉와 〈판매자〉를 연결시켜 줄 때 우리는 자신을 둘러싼 강력한 공동체, 자신으로부터 시작되었지만 자신의 경계를 훌쩍 뛰어넘은 공동체를 구축할 수 있다.

피터 쉥크만Peter Shankman이 10년의 세월에 걸쳐 자신의 홍보 회사를 이끌어 가는 동안 기자들은 그에게 끊임없이 질문을 던졌다. 〈제게 전화를 걸어 이렇게 묻습니다. 《어떤 기사를 쓰고 있는데 관련된 사람들을 알고 있습니까?》〉 기자들은 아이들의 이유식에 관심이 많은 엄마들, 아직 일자리를 구하지 못한 졸업생, 혹은 통화 정책 전문가 등 다양한 사람들을 찾기 위해 그에게 부탁을 했다. 그들이 어떤 인물들을 찾고 있든 쉥크만은 항상 어떻게든 도움을 주기 위해 애를 썼다. 이를 통해 그는 뿌듯한 마음과 더불어 자신들을 후원하는 고객들을 다루어야 하는 기자들과 함께 서로 다양한 도움을 주고받는 선의 은행favor bank을 구축하게 되었다.

그런데 어느 순간부터 기자들의 부탁이 갑자기 늘어나기 시작했다. 그래서 2007년에 그는 기자들의 요청에 부합하는 사람들에게 널리 알리기 위해 페이스북 그룹을 만들었다. 그리고 얼마 뒤에는 관심을 다시 이메일 목록으로 돌렸고 여기서 그는 처음으로 하로(HARO, Help a Reporter Out)라는 명칭을 사용했다. 그는 당시를 이렇게 떠올리고 있다. 2010년에 하로는 〈30만 명의 사람들이 제가 보낸 이메일들을 하루에 세 번 읽는 규모〉로 성장했습니다. 〈사람

들이 제 이메일을 열어 보는 비율은 79퍼센트에 달했고 이는 말도 안 되는 수치였죠.〉

대부분의 이메일 뉴스 레터의 경우, 운이 좋아도 그 비율은 30퍼센트 정도에 불과하다. 누구나 무료로 구독할 수 있는 하로는 많은 이들에게 가치 있는 서비스를 제공하고 있다. 그것은 힘들여 기사를 쓰고 정보 원천을 갈망하고 있는 기자들에게 적절한 사람들을 연결시켜 주는 일이다. 먼저 기자들은 쉥크만에게 이메일로 요청을 보낸다. (가령, 〈XYZ 잡지사에서 어떤 기사를 쓰기 위해 특정 분야의 전문가를 찾고 있습니다. 마감 시한은 월요일 오후 5시입니다.〉) 그러면 쉥크만은 그 요청을 특정 카테고리로 분류하고(〈비즈니스〉) 다른 요청들과 함께 하나의 목록으로 정리한다.

다음으로 이 목록은 홍보 기업 및 중소기업 사장, 기업가, 그리고 언론 노출을 원하는 직장인 등 다양한 이들에게 전달이 된다. 그러면 그들은 적절한 경우에 그 기회를 활용할 수 있다. 그들은 그들 자신과 (또는 그들의 고객들과) 적합하다고 생각되는 이야기의 링크를 클릭해서 왜 자신이 그 기자와 인터뷰를 나누고 싶은지를 설명하는 답변을 써서 보낸다. 그러면 기자는 모든 답변들을 살펴보고 그중에서 적당한 인물을 선택해 연락을 취한다. 그 과정에서 쉥크만은 서로 연결되기를 희망하는 쌍방을 이어 주는 완벽한 연결 고리로서 기능한다.

물론 그의 이러한 서비스는 자신의 경쟁자들, 즉 다른 홍보 기업들에게도 많은 도움을 주게 된다. 쉥크만이 이 일을 시작했을 때 그는 무료로 서비스를 제공했다. 하지만 곧 큰 인기를 끌게 되었고 기업들로부터 많은 광고 제안들이 들어왔다. 두 달 만에 쉥크만은 6개월치의 광고 지면을 모두 팔아 치웠다.

그는 스스로 하나의 흐름을 창조해 냈다는 사실을 깨달았다. 광고로 수입이 생기면서 그는 계속해서 늘어나는 업무를 관리하기 위해 자신의 아파트를 사무실로 쓰면서 2명의 직원을 채용했다. 그 과정에서 쉥크만의 브랜드 가치는 크게 높아졌다. 그는 말한다. 〈사람들은 그들의 메일함에서 제 이름을 하루에 세 번씩 보게 되죠. 그래서 제가 누군지 다들 알고 있죠. 그것은 브랜드에 대한 직접적인 인식입니다. 기자들은 이메일을 통해 많은 도움을 얻고 있습니다. 그리고 (홍보가 필요한) 고객이 있는 경우, 기자들은 제 말에 귀를 기울입니다. 저를 신뢰하기 때문이죠.〉

2010년 쉥크만은 추가적인 프로젝트를 통해 100만 달러에 달하는 연 매출을 기록했다.[1] 그리고 그해 자신의 기업을 한 홍보 소프트웨어 업체(현재 아웃마켓OutMarket으로 알려져 있는)에 공개적으로 밝혀지지 않은 조건으로 매각했다. 그는 하로에 기반을 둔 자신의 홍보 비즈니스를 그만두었고 이후로 전업 작가이자 강연자, 컨설턴트로 새로운 삶을 살아가고 있다. 간단한 아이디어를 무료로 제공함으로써 그는 수많은 기자들과 마케팅 전문가들에게 많은 도움을 주었다. 그 과정에서 강력하고 신뢰 있는 지지 기반을 구축했고 이를 통해 새로운 삶의 단계로 넘어갈 수 있었다.

홍보 전문가였던 쉥크만은 기사를 쓰기 위해 인터뷰를 나누어야 할 적절한 사람들을 찾는 데 따른 기자들의 고충, 그리고 자신의 이야기를 알리고 싶지만 관심을 갖는 기자들을 발견하지 못하는 기업이나 개인들의 어려움을 누구보다 잘 알고 있었다. 그래서 그는 이메일 목록을 만들었다. 비용은 거의 들지 않았지만 이는 시장에서 드러나는 비효율성을 줄이고 가치 있는 서비스를 제공하는 놀랍도록 간단한 도구인 것으로 입증되었다. 간격은 거의 모든 산업에 존재한다. 저자들은 주목 받기를 바라고 성공을 갈망하는 사람들에 둘러싸인 에이전트들은 보석을 발굴하기를 원한다. 주택을 구매하려는 사람들은 먼저 기존의 집을 팔아야 하고 잠재 소유주들은 면밀히 조사를 해서 자신에게 가장 적합한 집을 찾고자 한다. 기업가는 벤처 자본가를 찾고 벤처 자본가는 투자금의 10배, 혹은 100배를 돌려줄 환상적인 투자처를 찾는다. 여기서 우리가 쌍방을 서로 연결하고 그들이 보다 쉽게 관계를 맺을 수 있도록 특별하고 효과적인 방안을 제시할 수 있다면 강력한 공동체를 만들어 낼 수 있을 것이다.

우리가 집단적으로, 혹은 개인적으로 연결을 만들어 낼 수 있는 사람들에 대해, 그리고 그들에게 줄 수 있을 도움에 대해 생각해 보자. 저자 제임스 알투처James Altucher는 〈허락 네트워킹permission networking〉이라는 개념을 주제로 글을 썼다. 허락 네트워킹이란 두 사람 (때로는 더 많은) 사이에서 쌍방의 승인하에 구체적인 사안을 중심으로 신중하게 관계를 형성하는 것을 말한다. 예를 들어, 존은 신생 IT 기업에 관하여 잡지 기사를 쓰고 있고 메리는 획기적인 벤처 회사를 설립했다면 내가 이들을 연결시켜 주는 것은 서로에게 득이 될 수 있다. 하지만 그것도 두 사람 모두 동의를 할 경우에만 가능하다. (존이 다음 6개월 동안 기삿거리를 모두 확보해 놓아서 더 이상 다른 사람들을 만날 필요가 없거나 메리가 합병 제안을 고려 중이라 언론 노출을 꺼리고 있을 수 있다.) 그러므로 두 당사자에게 각각 따로 접근해서 관계 형성을 위한 의도를 분명하게 밝히고 그들의 동의 여부를 분명하게 확인하는 노력이 필요하다. 그리고 모두에게서 긍정적인 답변을 얻었을 때 쌍방을 연결하기 위한 작업에 들어갈 수 있다. 이와 같은 신중한 소개와 연결은 사람들에게 많은 도움을 줄 수 있고 그러한 노력에 대해 당사자들은 고마움을 느낄 것이다.

생각해 볼 질문

■ 어떠한 사람들, 혹은 어떠한 유형의 사람들을 연결시켜 줌으로써 도움을 줄 수 있는가?

■ 그들은 어떤 도전 과제에 직면하고 있는가? 어떤 질문에 대한 대답이 필요한가?

■ 자신이 소속된 공동체에 어떻게 도움을 줄 수 있을까? 어떤 도움이 가장 많은 혜택을 가져다줄 수 있을까?

■ 어떻게 사람들이 서로, 혹은 여러분과 관계를 맺을 수 있도록 할 수 있을까? 사람들을 연결하기 위한 가장 좋은 방법은 무엇인가? (온라인, 개인적인 만남, 스카이프, 혹은 이들의 조합.)

공동체 구축을 위한 기반 마련하기

피터 쉥크만은 하로를 기반으로 서로 관계 맺기를 희망

하는 쌍방(기자와 정보 원천)을 직접 연결해 주었다. 그런데 인터넷의 힘을 활용하여 보다 광범위하게 관계를 맺을 수 있는 활동적인 공동체를 창조할 수 있다면 어떨까? 그러면 많은 사람들이 이 공간에서 서로 관계를 맺고, 최고의 사례들을 나누고, 아이디어를 공유하고, 새로운 고객들을 끌어들이고, 소중한 기회를 만들어 낼 수 있을 것이다.

대학 시절에 디자인 수업을 즐겨 듣고, 재능 있는 예술적인 친구들과 자주 어울려 다녔던 스콧 벨스키Scott Belsky는 자신이 원하는 것이 창조적 공동체를 구축하기 위한 기반이라는 사실을 깨달았다. 그는 자신의 비전을 대단히 중요하게 생각했지만 그 비전을 현실로 실현하는 과정에서 자주 실패를 경험하면서 많은 아픔과 좌절을 겪었다. 그는 말한다. 〈아이디어의 훌륭함과 그 실현 가능성 사이에 아무런 상관관계가 없을 수도 있다는 사실을 깨달았습니다. 그렇다면 뭐가 중요한 것일까요?〉

그는 문제가 사람들이 조직을 이루고, 유지하고, 조직의 발전을 위해 자발적으로 책임을 떠안게 하는 일이 어렵기 때문이 아닐까 생각했다. 물론 그것은 예술 분야에만 해당되는 것은 아니다. 대학을 졸업하고 골드만삭스에 입사했을 때에도 벨스키는 동일한 문제점을 발견할 수 있었다. 게다가 많은 경영자들 역시 똑같은 문제로 씨름하고 있다.

하지만 그들은 경영 자문부터 교육 프로그램에 이르기까지 이러한 문제를 해결하기 위해 도움을 받을 수 있는 충분한 자원을 확보하고 있다. 만일 예술가를 비롯한 창조적인 분야의 많은 전문가들에게도 이와 똑같은 도움을 줄 수 있다면 그들은 얼마나 더 높은 성취를 이룩할 수 있을까?

벨스키는 창조적인 분야를 조직화하겠다는 꿈을 안고 비즈니스 스쿨에 지원을 했다. 그는 말한다. 〈자기 소개서에 이렇게 썼습니다.《그곳은 지구상에서 가장 조직화되지 않은 공동체이며 저는 이 문제를 해결하는 과정에 기여하고 싶습니다.》그는 자신이 박차고 나온, 하버드 비즈니스 스쿨 학생들 대부분이 들어가기를 희망하는 골드만삭스에서 충족감을 느끼지 못했다. 그는 당시를 이렇게 떠올리고 있다. 〈종종 오해를 받았죠. 채용 서비스 업체들은 제가 (컨설팅 업체나 투자 은행의 채용 공고에) 지원하지 않은 것을 이상하게 생각하더군요. (그가 대학원에 있었던) 2007년과 2008년에는 벤처 창업이 그리 많지 않았으니까요.〉

벨스키는 첫 번째 상품으로 서류 정리함을 내놓았고 이는 그의 동료들을 어리둥절하게 했다. 〈사람들이 다음과 같이 생각할 거라고 느꼈죠.《서류 정리함을 만들어서 팔 생각인가? 그런 일을 하자고 비즈니스 스쿨에 들어온 건가?》그래도 벨스키는 아랑곳하지 않고 창조성 전문가인

테리사 애머빌Teresa Amabile 교수와 함께 연구를 계속해 나가면서 아이디어 탐구에 집중했다. 그는 말한다. 〈비즈 니스 스쿨에 있는 동안 저는 누구에게도 아무런 변명을 할 필요 없이 다양한 아이디어를 가지고 마음껏 연구를 할 수 있었습니다. 투자자도 없었고 제 자신에 대해 해명할 이유 도 없었습니다. 1년 6개월 뒤에 아무런 성과가 없다고 하 더라도 제게 트집을 잡을 수 있는 사람은 없었죠. 이런 점 에서 비즈니스 스쿨은 아이디어 탐구에 따른 위험을 낮춰 주는 역할을 했던 겁니다.〉

그는 대부분의 업무를 직접 처리했고 보스턴과 2명의 직원이 일하고 있었던 자신의 사무실이 있는 뉴욕을 매주 오갔다. 조직화 도구를 개발하는 일 이외에도, 비핸스 Behance라는 이름으로 알려진 자신의 기업을 통해서 창조 성이 얼마나 효율적이고 생산적인 기여를 하는지를 주제 로 연재물을 출간했다. 그리고 아이디어가 넘치는 강연자 들과 함께 연례 콘퍼런스를 주최하고 많은 창조적인 전문 가들을 괴롭히는 중요한 질문, 즉 〈무엇을 바꾸어야 할 것 인지 어떻게 알 수 있을까? 언제 고객을 흥분시킬 수 있을 까? 실질적인 기여를 할 수 있는 인재들을 어떻게 채용할 수 있을까?〉를 주제로 블로그 콘텐츠를 만들어 냈다. 책, 콘퍼런스, 그리고 서류 정리함의 조합은 일반적인 것으로 보이지 않지만 벨스키는 이들의 공통분모를 분명하게 인식하고 있었다. 〈우리의 목표는 창조적인 사람들을 조직화하고 그들에게 힘을 실어 주는 것입니다. 이를 달성하기 위해 가능한 모든 방법들을 활용하고 있습니다.〉

특히 한 가지 특성이 그 진가를 발휘했다. 예술가들은 그들의 포트폴리오를 온라인 사이트에 올려놓고 다른 이들의 피드백과 노출의 기회를 얻는다. 벨스키는 말한다. 〈비핸스가 나오기 전에 모두들 개인 웹 사이트를 운영하고 있었지만 기껏해야 10명 정도에게만 노출되어 있었죠. 특정 예술가의 이름을 검색어로 입력하기 전에는 그들의 웹사이트 중 어느 것도 구글에서 확인할 수 없었죠. 그것들(개인의 웹 사이트들)은 그들이 알고 있는 소수의 사람들에게만 이야기를 들려주고 있었던 겁니다.〉 많은 사람들에게 처음으로 널리 알려진 포트폴리오 사이트인 비핸스는 예술가들에게 최고의 노출 기회가 되어 주었고 이는 사람들 사이의 관계와 교류로 이어졌다.

벨스키의 설명에 따르면 비즈니스란 결국 공동체를 추구하는 일이다. 2012년에 그의 사이트에 가입한 회원 수는 100만 명을 넘어섰다. 그리고 그해 말에 어도비Adobe 사가 그의 회사를 1억 5,000만 달러에 달하는 현금 및 주식으로 매입했을 때 벨스키의 하버드 비즈니스 스쿨 동료들은 그가 어떤 가치를 만들어 냈던 것인지 분명히 인식할 수 있었다.[2] 이후 벨스키는 일러스트레이터와 포토샵 프로그램으로 창조적인 전문가들에게 널리 알려진 어도비 사에서 커뮤니티 부사장을 맡았다. 그는 이렇게 밝히고 있다. 〈처음부터 비핸스의 사명은《창조적인 세상에서 중심을 차지하고 있는 우리의 유리한 지위를 활용하는 것》이었습니다. 사실 그 사명을 세웠을 당시, 우리는《절대》창조적인 세상의 중심에 서 있지 않았습니다. 다만 우리는 그렇게 되기를 열망했고 그 길을 선택했죠.〉

많은 사람들이 그들이 해결하고자 하는 문제, 혹은 도움을 주고자 하는 사람들을 기반으로 새로운 일을 시작하고 있다. 벨스키의 경우, 그의 문제는 이러한 것이었다. 〈어떻게 예술가, 혹은 창조적인 전문가들이 그들의 비전을 효과적으로 실현할 수 있도록 도움을 줄 수 있을까?〉 먼저 자신이 해결하기를 원하는 문제를 확인하고, 사람들을 끌어모아서 서로 관계를 맺고, 또한 배움을 나눌 수 있게 하는 방안에 대해 고민해 보자. 이러한 시도는 온라인상에서, 혹은 실제 현실 속에서 모두 이루어질 수 있다. 한 가지 흥미로운 전략은 서로 관계를 맺을 필요가 있다고 생각되는 사람들을 함께 저녁 만찬에 초대하는 것이다. (브런치 모임이나 칵테일파티도 괜찮다.) 예를 들어, 나는 뉴욕 시에서 활동하고 있는 비즈니스 분야의 저자들을 준정기적으로 만찬에 초대하고 있다. 이 모임에서 사람들은 서로 친분을 쌓는다. 다른 도시로 출장을 떠날 경우, 나는 내가 좋아하는 콘퍼런스인 르네상스 위크엔드Renaissance Weekend와 같은 행사에 참석한 지역 인사들과 함께 시간을 보낼 수 있는 자리를 종종 마련한다. 비즈니스와 정치 등 다양한 분야에서 온 전문가들로 이루어졌다는 점이 이 모임의 특징이다. 우리는 모든 분야에서 이와 똑같은 일을 벌일 수 있다. 가령, 예전에 일했던 기업의 〈출신들〉, 팟캐스트를 직접 운영하고 있는 동료들, 혹은 금융 산업에서 일하고 있는 친구들을 서로 연결시켜 줄 수 있다. 웹 사이트나 리스트서브listserv*, 혹은 브런치 모임 등 다양한 기반을 통해서 우리는 사람들이 서로 관계를 형성하고 조직에 참여할 수 있도록 함으로써 획기적인 아이디어들이 퍼져 나가는 속도를 크게 높일 수 있다.

생각해 볼 질문

■ 여러분의 동료 집단, 혹은 공동체의 욕망과 관심은 무엇인가? 그들에게 어떻게 도움을 줄 수 있을까? (인지

* 특정 집단의 모든 구성원들에게 이메일을 발송할 수 있는 시스템.

도를 높이고, 새로운 고객들을 끌어들이고, 법률 문제에 대응할 수 있도록 도와주는 방법은 무엇인가?) 그들의 삶에 어떻게 가치를 더할 수 있을까?

■ 공동체 구성원들이 서로 관계를 맺을 수 있도록 온라인 및 오프라인에서 어떤 기회를 마련할 수 있을까? 그들이 서로 교류하고 함께 논의를 시작할 수 있도록 어떻게 격려할 수 있을까?

■ 모든 구성원들이 각자의 목표를 달성할 수 있도록 도움을 주기 위해 어떤 도구를 개발해야 할까? 벨스키의 경우, 포트폴리오를 업로드할 수 있는 첨단 웹 사이트에서 아주 평범한 제품(서류 정리함)에 이르기까지 다양한 기술을 선보였다.

부족을 창조하기

이제 우리는 아이디어를 중심으로 지지 기반을 마련했고 이를 통해 아이디어를 널리 알려 나가고 있다. 그리고 생각이 비슷한 사람들로 이루어진 공동체는 성장을 시작했고 우리의 노력 덕분에 구성원들끼리 서로 교류가 이루어지고 있다. 그렇다면 다음 단계는 무엇인가? 5장에서 우리는 에이브러햄 매슬로와 그의 욕구 단계설에 대해 살펴보았다. 그 단계의 맨 꼭대기에는 자아실현, 즉 개인의 진정한 잠재력의 실현이 놓여 있다. 이후에 매슬로는 또 다른 상위 개념인 자기 초월*self-transcendence*, 즉 개인적인 경험을 넘어선 단계를 새롭게 추가했다. 자기 초월은 영적인 개념으로 이해할 수 있지만 사고 리더십의 핵심을 드러내는 개념으로 바라볼 수도 있다. 일단 자기 자신의 목표를 달성했다면 궁극적인 충족감을 주는 그다음의 단계는 다른 사람들이 그들의 목표를 달성하도록 돕는 일이다. 이러한 노력은 끊임없이 경쟁하는 수많은 전문가들의 세상에서는 좀처럼 찾아보기 힘든 모습이다. 그러나 세스 고딘역시 이 개념의 가치를 인정하고 있다. 많은 유명 비즈니스 저자들이 자신의 시간을 할애하는 것에 대해 높은 보수를 요구하고 있지만(고든 역시 기업들을 대상으로 한 연설에서는 그렇게 하고 있다), 일상적인 팬 기반에 대해서는다른 정책을 취하고 있다.

고딘은 정기적으로 인턴십 프로그램을 운영하는 최고의비즈니스 사고가들 중에서 단연 독보적인 존재다. 2009년6개월 기간의 〈대체 MBA〉 과정의 경우, 전 세계에서 많은사람들이 뉴욕으로 몰려들어 인턴 자격으로 고딘과 함께일을 했다. 그는 말한다. 〈사실 저는 그들보다 더 많은 것을 얻었습니다. 오랜 기간 많은 사람들과 함께 얼굴을 마주하는 일은 실제로 우리 모두에게 강력한 경험이 되어 주었습니다.〉사람들은 일반적으로 고딘을 만나기 위해 많은 돈을 지불해야 하지만 고딘은 관용의 정신을 발휘하여 오히려 인턴들에게 급여를 지급했다. 총 350명의 사람들이 고딘의 인턴 프로그램에 지원했지만 합격률은 2.5퍼센트에 불과했다. 2015년 하버드 비즈니스 스쿨의 합격률은 12퍼센트였다.[3]

몇 년 후 고딘은 다시 새로운 인턴 수강생들을 모집했다. 그는 이렇게 쓰고 있다. 〈언제나 그렇지만 확실한 것은 하나도 없었다. 잘 굴러갈 것인지, 시작조차 할 수 있을 것인지 나는 장담할 수 없었다. 다만 약속할 수 있었던 것은 그게 흥미로운 작업이 될 것이라는 사실뿐이었다.〉[4] 서른다섯 살의 캐나다인 팀 워커Tim Walker에게는 그 약속 하나만으로 충분했다. 그는 온타리오에서 열린 여름 캠프에 참가했다. 고딘의 열렬한 팬이었기에 그는 온타리오가 고딘이 예전에 일을 했던 곳에서 북쪽으로 1시간 거리에 있는 지역이라는 사실을 잘 알고 있었다. 워커는 말한다. 〈삶은 모험의 연속입니다. 자신의 영웅과 함께할 수 있는 기회가 찾아왔다면 당연히 잡아야죠.〉

혹자는 왜 서른다섯 살이나 된 사람이 여름 인턴십 프로그램에 참가했는지 궁금해했을 것이다. 대학생들이나 참여하는 행사 아닌가? 그러나 공동 설립했던 디지털 에이 전시를 그 당시에 매각했던 워커는 새로운 기회를 모색하고 있었다. 그는 말한다. 〈그것은 아마도 세대 차이일 겁니다. 모든 것을 다 배우고 나서 비즈니스를 시작해야 한다는 것은 지극히 전통적인 사고방식에 불과합니다. 이제 우리는 아주 다양한 일들을 수행하고 자주 방향을 전환하게 될 것입니다. 그렇기 때문에 오늘날 생존에 필요한 새로운 태도를 갖추어야 합니다. 즉, 끊임없이 배워야 합니다.〉

워커는 경쟁이 치열할 것이라 예상하고 있었다. 실제로 2013년 인턴십 프로그램에는 3500명이 넘는 신청자들이 몰려들었다. 그는 어떻게든 자신의 존재를 드러내고 주목을 받아야 했다. 그는 말한다. 〈그는 제 아이디어에 많은 영향을 미쳤습니다. 제 머리를 번득이게 하는 것들과 가까이 있으면서 각각의 점들이 서로 연결될 것이라 기대하는 것. 그것은 훌륭한 배움의 방법입니다.〉

워커는 도전할 준비가 되어 있었다. 그는 말한다. 〈사람들은 입사 지원을 하기 전에 기업을 철저하게 조사하고, 조직에 대해 잘 이해하고, 웹 사이트를 포함하여 모든 관련 자료들을 살펴보아야 한다고 말합니다. 글쎄요, 저는 (고딘과의) 기회가 오기 전까지 15년 동안이나 그러한 노력을 해왔습니다. 저는 세스와 관련된 모든 정보는 물론,

그가 무엇을 좋아하고, 무엇을 중요하게 생각하는지 훤히 꿰뚫고 있었습니다. 그래서 지금까지의 노력을 보상받고, 그와 함께 나눌 수 있는 것들에 대해 생각해 보는 시간과 같았습니다.〉 워커는 이번 캠프에서 함께 공유하는 열정에 대해 강조했다.〈그는 혼자서 노를 저을 수 있을 정도로 거대한 존재였습니다. 저는 이렇게 말했죠.《여름 캠프에서 사람들은 특정한 태도를 배우게 됩니다. 그것은 성장과 학습의 기회이며 이를 통해 최고의 자아에 도달할 힘을 얻을 수 있습니다.》저는 그가 이 점을 잘 이해하고 있다고 생각했고 그래서 이렇게 언급했습니다.《저는 당신의 프로젝트에 이러한 측면을 가지고 올 수 있습니다.》〉

워커는 우정을 돈독하게 하기 위한 도구를 제공하는 사업에 초점을 맞추면서 자신의 파트너인 앨리아 맥키Alia McKee와 함께 설립했던 자원봉사 단체인 프로젝트 라이프보트Project Lifeboat에 관한 이야기도 함께 썼다. 그리고 고딘이 특정한 비즈니스 기술을 보유한 인턴들을 찾고 있었기에 워커는 예전에 매각했던 디지털 에이전시 비로Biro를 설립하고 운영하는 과정에서 자신이 했던 역할을 강조했다. 마침내 합격 통지서를 받았을 때 워커는 너무나 기뻤다. 2주일 후 그는 고딘이 살고 일하고 있는 뉴욕 시 북부의 작은 마을에 위치한 호텔로 넘어왔다. 그러나 워커는 예외적인 경우에 해당하는 유일한 인턴은 아니었다. 그는 말한다. 〈그 모임은 제가 함께 어울려 지냈던 가장 다양한 형태의 집단이었습니다. 우리의 유일한 공통점은 세스를 알고 있다는 것뿐이었죠. 워싱턴 D.C.에서 온 마흔다섯 살의 아프리카계 미국인도 있었습니다. 기업가 정신을 주제로 강의를 하는 파나마 출신의 여성도 있었죠. 그리고 브루클린 지역에서 루비온레일스Ruby on Rails 프로그래머로 활동하고 있는 20대 젊은이도 2명 있었습니다. 어떤 직업이든 이름만 대면 거기에 모두 있었습니다.〉

홀륭한 캠프 카운슬러로서 고딘은 분위기를 조성한다. 워커는 당시를 이렇게 떠올리고 있다. 〈말하자면 그는 이런 식입니다. 《자, 제 아이디어는 이런 것입니다. 한번 시도해 봅시다.》뭔가를 해야만 하는 원칙 같은 것은 없습니다. 마치 몬테소리 스쿨 같죠.〉 그가 말하길, 그때의 경험들 중 좋았던 것은 고딘의 리더십 스타일을 가까이서 지켜볼 수 있었던 것이었다. 〈경이로운 조합이었습니다. 《처리해야 할 일들이 있고 우린 그것을 할 겁니다. 아마도 아주 편안하다는 느낌은 들지 않을 겁니다. 자신의 한계를 넘어서도록 압박을 받을 것이기 때문이죠. 그리고 저는 여러분에게 책임을 물을 것이며 그러니 꾸물거릴 여유는 없을 겁니다.》그러고 나서 이렇게 덧붙입니다. 《그리고 저는 매일 여러분들이 먹을 음식을 요리할 겁니다. 그리고 영감을 불어넣을 멋진 이야기를 들려주고 지금 상황에서 여러분이 어떻게 느끼든 간에 다 괜찮은 것이라는 사실을 보여 줄 겁니다.》

워커는 고딘이 인턴들에게 많은 관심을 가지고 있다고 말한다. 〈한번은 파나마에서 온 여성이 담벼락이 중산층의 상징이 되었다는 이야기를 들려주었습니다. 그들은 빈곤층에서 벗어나자마자 울타리를 세운다고 하더군요. 그때 갑자기 고딘이 끼어들어 이렇게 말했습니다.《좀 더 자세한 이야기를 들려주세요.》그녀는 우리에게 더 많은 설명을 해주었고 고딘의 반응은 이랬습니다.《저는 이야기를 수집하는 사람입니다. 제가 하는 게 바로 그런 일이죠. 어디를 가든 저는 무언가를 배울 수 있고 새로운 방식으로 사람들에게 깨달음을 전할 수 있는 이야깃거리들을 찾고 있어요.》저는 그때 고딘의 눈이 반짝이는 것을 확인할 수 있었습니다. 그는 이렇게 말했죠.《잠시 만요. 파나마에서 지금 무슨 일이 벌어지고 있는 것인지 설명해 주세요.》

워커는 크립튼Krypton이라는 이름의 프로젝트를 동료들과 함께했다. 여기서 그들은 사람들이 (두려움을 극복하는 방법과 같은) 아이디어를 연구하고 이에 대해 함께 논의하도록 하는 교육 과정을 개발했다. 그 전체 과정은 책에서 발췌한 부분이나 블로그 게시글을 읽고, 테드 강연을 보고, 위키피디아 내용을 확인하는 등의 활동들로 이루어져 있었다. 그러나 그 프로젝트에 대한 고딘의 생각은 단지 북클럽 활동 이상의 것이었다. 워커는 이렇게 떠올리고 있다. 〈우리는 이런 식으로 이야기를 나누었죠.《교육 시스템을 획기적으로 개선해야 합니다. 새로운 학습 방법을 개발해야 합니다.》〉

인턴들은 열 가지 과정의 개요를 짰고 거기에는 그레천 루빈Gretchen Rubin의 〈행복 프로젝트The Happiness Project〉, 그리고 재클린 노보그라츠Jacqueline Novogratz의 〈블루 스웨터The Blue Sweater〉(전 세계의 빈곤과 맞서 싸우는 노력에 관한 기록)에 기반을 두고 있는 과정들도 포함되어 있었다. 워커는 말한다. 〈정말로 훌륭한 과정이었습니다.〉 하지만 그 프로젝트의 기술적인 측면, 즉 사람들이 스스로 크립튼 과정을 조직하도록 하는 기반을 구축하는 일은 계획대로 진행되지 못했다. 그는 말한다. 〈완전히 엉망이었죠. 모든 일들이 동시에 벌어지고 있었고 우리는 기술 인력들의 개발 속도에 맞춰 (프로젝트를) 기획해야 했으니까요.〉

그러나 프로젝트를 향한 워커의 열정은 기술적 문제에도 지칠 줄 몰랐다. 〈자신의 영웅과 함께하고 있음에도 상황이 여의치 않을 때 이런 생각이 들 수 있습니다.《내가 생각했던 그런 사람이 아냐.》 하지만 고딘은 처음부터 달랐다. 〈그는 스스로 완벽한 사람이라 자처하지 않았습니다. 그런 태도는 문제가 발생했을 때 도움이 되죠. 그는 놀라운 리더십을 보여 주었습니다.《실패해도 괜찮습니다. 우리의 도전은 하나의 경험이 되고 우리는 최선을 다했으니까요.》

그렇다고 해서 우리가 직접 인턴십 프로그램을 시작해야 하는 것은 아니다. 여러분이 다른 사람들의 스승이 되고 그들이 여러분뿐만 아니라 특정한 아이디어, 그리고 다른 이들과 관계를 형성하도록 도움을 줄 수 있는 방법이 있을까? (고딘이 자신의 유명한 책『Tribes: We Need You to Lead Us』에서 제시했던 〈부족〉이라는 정의에 어울리도록.) 다른 사람들의 스승이 됨으로써 우리는 아이디어들을 체계적으로 정리하고, 사람들에게 도움을 주고, 새로운 기술을 배우고, 그리고 자신의 아이디어를 지지하는 세계적인 기반을 구축할 수 있다.

여러분의 가장 이상적인 제자들은 누구일까? 어떤 사람들에게 가장 많은 도움을 줄 수 있을까? 그리고 어떤 사람들과 함께 일하고 싶은가? 소프트웨어 기업에서 일하고 있거나 사교적인 기술이 뛰어나다면 젊은 엔지니어들을 조직으로 데려올 수 있을 것이며, 그들이 효과적으로 의사소통을 하도록 도움을 줄 수 있을 것이다. 또한 자신의 기업에서 일하고 있는 여성이나 유색 인종 직원들에게 도움을 주어야 한다는 책임감을 느낄 수도 있을 것이며, 혹은 직장을 잃었거나 다시 일자리를 구하기 위해 애쓰고 있는 동료 전문가들에게 조언을 줄 수도 있을 것이다.

혹시 잠재적인 제자들이 몰려들 것이라 예상하고 있는가? 가령, 법률 회사에서 선임 파트너로 있다면 여러분 밑에서 배우기 위해 기꺼이 시간을 투자하고자 하는 많은 젊은이들이 줄을 서 있을 것이다. 그리고 소중한 기회가 생겼을 때 그들은 적극적으로 달려올 것이다. 지역 상공 회의소나 전문성 개발 모임을 통해서, 혹은 친구나 동료들을 통해서 자신의 의도를 널리 알릴 수 있을 것이다. 또한 여러분이 생각하는 이상적인 스승-제자의 관계가 어떠한 것인지 미리 고민해 보는 노력도 필요할 것이다. 이런 고민을 통해 보다 신속하게 관계를 시작할 수 있을 것이다. 여러분은 어쩌면 짧고 밀도 있는 과정을 선호할 수도 있다. 고딘의 최근 인턴십 프로그램이 바로 그랬다. 아니면 가벼운 영향력을 지속적으로 전달하는 방식을 선호할 수도 있을 것이다. (가령, 1년 동안 한 달에 한 번씩 조찬 모임을 갖는 것처럼.)

마지막으로 그러한 관계로부터 무엇을 얻고 싶은지에 대해 고민해 보는 것도 가치 있는 일이 될 것이다. 그 관계는 스승이 제자에게 도움을 베푸는 일방통행이 되어서는 안 될 것이다. 그들에게서 무엇을 배우고 싶은지, Y세대*들의 생각을 알아볼 수 있을 것인지, 새로운 기술 흐름을 살펴볼 수 있는지, 혹은 다양한 출신의 사람들과 함께 일을 하면서 다문화적인 업무 환경을 경험할 수 있을 것인지 생각해 보자. 여러분 스스로 배우고 성장할 수 있다면 그 관계는 보다 즐거운 일이 될 것이며, 제자들 역시 자신이 도움이 되고 있다는 생각에 더 편안한 마음으로 임할 수 있을 것이다.

그 과정에서 고딘은 인재들을 발굴했다. 그와 함께 일했던 인턴들 중에는 래미트 세시, 그리고 2012 오바마 재선 캠프와 유명한 온라인 신생 기업인 스레드리스Threadless에서 CTO를 지냈던 하퍼 리드Harper Reed가 있다. 고딘의 가르침의 정신은 독자들, 그리고 그와 가까이서 일했던 많은 사람들에게 강한 영향을 미치고 있다. 팀 워커는 여전히 가슴속에 남아 있는 교훈으로 아이디어가 있다면 〈아낌없이 내놓아라〉라는 말을 꼽고 있다.

---

* 미국의 베이비붐 세대가 낳은 자녀들 세대를 일컫는 말.

생각해 볼 질문

■ 다음 세대의 인재들에게 도움과 용기를 주기 위해 우리는 무엇을 할 수 있을까?

■ 인턴, 혹은 인턴 그룹과 함께 프로젝트를 진행하는 과정에서 그들에게 도움을 줄 수 있을까? 그렇다면 어떤 형태의 프로그램이 필요할까? 그들과 여러분 자신을 위해 어떻게 효과적인 학습 경험을 만들어 낼 수 있을까?

■ 인턴으로 일을 하는 것, 혹은 다른 사람들에게 인턴 기회를 제공하는 것 중에서 어디에 더 관심이 많은가? 이를 통해 무엇을 배울 수 있는가?

■ 이상적인 스승이라고 생각하는 인물이 있는가? 어떻게 그 사람에게 자신의 존재를 드러내고 함께 친분을 쌓을 수 있을까? 그리고 어떻게 가치를 되돌려 줄 수 있을까?

즐겨라

마지막으로 자신의 일을 통해서 영향력을 행사하는 일에 대해 생각하면서 스스로 이런 질문을 던져 보자. 어떻게 사람들이 자발적으로 참여하도록 유도할 수 있을까? 오늘날 우리는 너무도 바쁘게 살아가고 있다. 아주 많은 모임에 참석하고 여러 가지 역할을 떠안고 있다. 늦게까지 사무실에 남아 일을 하고 가족이나 친구와 함께할 시간은 부족하다. 이러한 세상에서 사람들이 가장 싫어하는 것은 지루한 전화 회의다. 우리는 종종 비즈니스가 얼마든지 즐거울 수 있으며, 또한 그래야만 한다는 사실을 잊고 살아간다. 지루한 느낌은 그 일이 진지하고 중요하다는 신호가 아니다. 오히려 무언가 심각하게 잘못되어 가고 있다는 사실을 의미한다. 아이디어를 나누고, 관계를 맺고, 지지 기반을 구축하면서, 동시에 우리는 즐거운 시간을 보낼 수 있다. 신생 IT 기업들 중 특별한 복리 후생으로 유명한 곳들이 있다. 가령, 직원들에게 무료로 맛있는 식사를 제공하거나 업무 시간에 마사지 서비스를 제공하기도 한다. 이러한 환경 속에서 직원들은 더 즐겁게 일을 할 수 있다. 『플레이 잇 어웨이*Play It Away*』의 저자 찰리 호엔Charlie Hoehn은 비즈니스 모임에 커피를 함께 나누는 시간뿐만 아니라 캐치볼과 같은 활동들을 포함시킴으로써 훨씬 더 즐거운 시간을 만들 수 있다는 이야기를 들려주고 있다. 이와 마찬가지로 무언가 색다르고 신나는 일정을 집어넣을 수 있다면 직원들은 더 즐거운 마음으로 회의에 참석하고 여러분이 주도하는 행사에 동참하려 들 것이다. 우리는 이러한 방식을 통해 자신의 아이디어를 더욱 널리 알릴 수 있다. 사람들은 긍정적인 경험에 대해 더 많이 이야기를 나누려 한다. 비영리 단체 모금가 로비 새뮤얼스Robbie Samuels 역시 이러한 깨달음을 통해 성공을 거둘 수 있었다.

오랫동안 새뮤얼스는 보스턴 지역의 사회 정의 공동체에서 활동을 하면서 많은 혼란을 느꼈다. 왜 환경주의자들은 보건 분야의 활동가들과 이야기를 나누지 않는 걸까? 혹은 왜 성적 소수자 단체의 활동가들은 인종 차별 철폐를 주장하는 단체의 사람들과 교류하지 않는 걸까? 분명하게도 그들은 서로 많은 도움을 주고받을 수 있을 터였다. 새뮤얼스는 이렇게 떠올리고 있다. 〈저는 다양한 분야의 활동가들이 만날 수 있기를, 그리고 서로 알고 도움을 주고받을 수 있기를 원했습니다. 바퀴를 또다시 개발하는 수고를 덜고, 최고의 사례들을 공유하고, 우리의 사업에 다시 활력을 불어넣고 싶었습니다.〉 사람들은 모두 그의 아이디어를 마음에 들어 했지만 다들 너무 바빠서 참여할 시간이 없다고 했다. 그는 말한다. 〈우리에게 필요한 것은 모임을 갖고, 콘퍼런스를 열고, 사업을 벌이는 것이 아니라, 지치지 않도록 서로에게 힘을 주는 것이라는 사실을 깨달았습니다.〉

그는 새로운 모임을 조직하기로 결심을 하고 그 이름을 소저스트SoJust(Socializing for Justice, 정의를 위한 사교 활동)라고 붙였다. 여기서 비영리 단체 활동가들 및 그 동료들은 정의를 위한 볼링, 정의를 위한 칵테일, 혹은 정의를 위한 뜨개질 등의 활동을 중심으로 한 달에 두 번 순수한 사교 모임을 갖는다. 모임 참석자 수는 6주 만에 150명으로 늘어났다. 여기서 새뮤얼스와 공동 설립자인 힐러리 앨런Hilary Allen은 독특한 분위기를 만들어 냈다. 참석자들은 모두 〈저는 ○○○를 찾고 있습니다〉, 혹은 〈제게 ○○○에 관해 물어보세요〉라고 적힌 태그를 달아야 하고, 이를 통해 사람들은 쉽게 대화를 시작할 수 있었다. 그는 말한다. 〈지금 우리의 목적은 모임을 가질 수 있는 기회를 만들어 내고 이를 통해 많은 사람들을 끌어들이는 것입니다. 사람들이 적극적으로 참여하고 서로 관계를 맺도록 하기 위해 어떻게 해야 할까요?〉

새뮤얼스는 〈사람들을 단지 초대하는 것과 따뜻하게 맞이하는 것 사이의 차이〉에 대해 설명하고 있다. 다양한 행사들이 사람들을 초대하고 있지만 참석율이 저조하거나 한 번 모임에 나오고 나서 다시는 오지 않을 때 낙담한다. 그는 말한다. 〈우리는 모임을 주최하면서 사람들을 초대하고 누가 오지 않았는지 이야기를 나눕니다. 그리고 참석자들이 어디서 정보를 얻었는지 살펴봅니다. 즉, 보스턴 지역의 모임에서는 유색 인종들이 많이 참여하는 것처럼, 우리는 참석자들의 유형을 미리 파악하고 그들의 웹 사이트나 뉴스 레터를 통해서 초대의 글을 올립니다. 하지만 정작 사람들은 모임에 참석해서 그냥 회의실에 앉아 있다가 아무 이야기도 나누지 않은 채 자리를 뜨고는 합니다. 그렇기 때문에 자주 참석하는 구성원들 모두가 호의적인 태도로 서로를 대하도록 하는 일에 집중해야 합니다. 그리고 이는 우리가 소저스트를 위해 받아들인 문화적 변화입니다.〉

상대적으로 짧은 기간 동안에 세 가지 활동에 참석한 사람들의 경우, 새뮤얼스는 그들을 따로 만나 이야기를 나눈다. 〈그들에게 우리 문화에 대해, 그리고 모든 사람들이 얼마나 우호적인지 다시 한 번 상기를 시켜 줍니다.〉 그 이후로 이들은 주최 측의 일부로 활동하면서 다른 이들을 따뜻하게 맞이하는 역할을 하게 된다. 〈여기서 마술적인 부분은 그들이 다른 사람들을 따뜻하게 맞아들일 때 그러한 도움이 꼭 필요한 사람들을 자연스럽게 끌어들이게 된다는 것입니다. 인구 통계적 차원에서의 외부인들, 다시 말해 대부분 젊은 사람들로 이루어진 모임에서 나이가 지긋한 사람들을, 혹은 대부분이 백인인 모임에서 유색 인종들을 끌어들이게 된다는 말이죠.〉

새뮤얼스는 소저스트의 활동과 관련하여 원칙을 마련했다. 그 이름도 흥미로운 〈베이글 대 크루아상〉이라고 하는 것이다. 대부분의 행사에서는 참여자들이 (마치 베이글처럼) 그들끼리 단단한 집단을 이루어 외부인들이 대화에 끼어들기 힘들게 하지만 소저스트 사람들은 (크루아상처럼) 느슨한 형태로 모임을 형성하여 외부인들도 쉽게 참여할 수 있도록 하고 있다. 그리고 행사를 통해 조합과 다양성을 높이려고 하고 있다. 활동 초기에 사람들은 전통적으로 흑인들이 많이 모여 사는 록스베리 지역에서 고소득 젊은층들이 밀집해 있는 자메이카 플레인 지역에 이르기까지 의도적으로 도시 전 지역에 걸쳐서 모임을 가졌다. 〈우리는 구분을 원치 않습니다. 게이 그룹, 자유 집단, 환경 단체, 혹은 백인 모임으로 나누어지는 것을 바라지 않습니다. 그리고 이를 위해 의식적으로 노력을 기울이고 있습니다.〉

지난 8년 동안 소저스트 회원 수는 2,400명 이상으로 늘어났다. 사람들은 인맥을 통해서 일자리와 봉사 활동의 기회를 찾고 정기적인 〈기술 공유〉 행사를 통해 전문 기술을 개발하고 있다. 이 행사에서는 다양한 전문가들이 저렴한 비용으로 워크숍을 이끈다. 새뮤얼스는 이러한 네트워킹이 비영리 공동체를 전반적으로 강화해 줄 것으로 확신하고 있으며 동시에 스스로를 최대 수혜자로 여기고 있다.

그는 소저스트를 통해서 워크숍을 제안하고 있다. 워크숍 과정에는 포괄적인 방식으로 인맥을 형성하는 방법에 관한 그의 철학이라 할 수 있는〈잡담의 기술The Art of the Schmooze〉도 들어 있다. 현재 교육 과정은 널리 알려졌고 대학이나 다양한 비영리 단체들을 대상으로 부업 차원에서 강의도 나가고 있다. 그는 말한다.〈제 생각에 상당한 보수를 받으면서 정기적으로 여러 교육 프로그램들을 이끌고 있으며 훌륭한 조직들과 함께 일하고 있죠. 물론 저는 가르치고 훈련하는 일을 좋아하기는 하지만 (소저스트라고 하는) 기반이 없었더라면 어디서부터 시작해야 할지 알 수 없었을 겁니다. 소저스트 덕분에 전문가로 쉽게 인정을 받을 수 있었습니다. 사람들은 소저스트를 성공적인 것으로, 그리고 그 중심에 제가 있다고 생각했기 때문이죠.〉

그는 또한 다른 방식으로도 도움을 얻었다. 새뮤얼스는 파트너 조직에서 주관하는〈연애하는 페미니스트Dating While Feminist〉라는 모임에서 소규모 그룹 토론을 이끌게 되었다. 그리고 거기서 제스라는 여인을 만나게 되었고 다음 소저스트 모임에 그녀를 초대했다.〈당시 행사 제목은 정의를 위한 보드게임이었고 제스는 스크래블*Scrabble*에 꽤 소질이 있었죠. 함께 게임을 즐길 사람들을 항상 물색하고 있더라고요.〉 제스는 지금 새뮤얼스의 아내다. 그는 말한다. 소저스트가 없었더라면〈우린 이 대도시에서 서로

* 알파벳 조각들로 단어를 맞추는 보드게임.

마주칠 일이 없었을 겁니다. 절대 만나지 못했겠죠).

새뮤얼스는 사람들을 한데 끌어모으고 사교 활동을 통해 적극적으로 참여하도록 유도함으로써 성공을 거두었다. 널리 알려진 개념인 〈관심 경제attention economy〉에서는 사람들의 참여가 무엇보다 중요하다. 이를 위해 먼저 새로운 가치를 창조하고 사람들이 받아들이도록 해야 한다. 새뮤얼스가 과중한 업무에 지친 비영리 단체 활동가들이 서로 마음이 맞는 동료들과 어울리고, 휴식을 취하고, 친구를 사귀고, 즐거운 시간을 보낼 수 있도록 자리를 마련했을 때 그들은 이를 거부할 수 없었다.

우리도 이것과 동일한 아이디어를 활용할 수 있을까? 그의 목표 청중들이 더욱 필요로 했던 것은 아마도 업무 능력 개발 프로그램이었을 것이다. 하지만 그것은 그들이 좋아했던 일이 아니었다. 그래서 새뮤얼스는 정의를 위한 칵테일 모임에 사람들을 초대했고, 활동을 보다 활발하게 이끌어 갔으며, 이는 업무적 발전 및 도시 내부의 인맥 형성을 위한 대표적인 공간으로 성장했다. 사실 우리는 종종 사회적 변화와 비즈니스 성공을 대단히 심각한 일이라고 생각한다. 하지만 우리가 하는 모든 활동에 지금보다 더 많은 즐거움의 요소를 불어넣을 수 있을지 스스로에게 물어야 할 것이다.

자신이 순수하게 좋아서 하는 일들을 떠올려 보자. 전통적인 사례로, 기존, 혹은 잠재 고객과 함께 골프를 치면서 화창한 날씨와 깊은 대화를 오랫동안 나누는 활동을 꼽을 수 있겠다. 하지만 나처럼 골프를 치지 않은 사람들에게는 다행스럽게도 골프 말고도 다양한 방법들이 있다. 요리를 좋아한다면 이를 사람들과의 관계 형성에 활용하는 방법에 대해 생각해 보자. (때로 나는 스파게티와 집에서 만든 마리나라 소스를 준비해 놓고 비즈니스 지인들을 초대하고는 한다.) 전시회 오프닝을 서로 관심을 공유하고 있는 전문가들의 만남 기회로 삼을 수 있을까? 사람들을 초대하여 저자와 함께 이야기를 나누고 저녁 만찬을 즐기는 것은 어떨까? 혹은 조직이 규모가 크고 유명하다면 저자나 비즈니스 리더들을 초빙하여 강연을 듣는 일도 가능할 것이다. 업무적인 삶과 개인적인 삶의 구분이 점차 흐려지고 있는 세상에서 우리는 인맥 형성과 좋아하는 일을 하나로 연결함으로써 더 즐겁게 일할 수 있을 것이다.

생각해 볼 질문

■ 바쁜 사람들이 행사에 참석하고 여러분과 함께 목표를 공유하도록 어떻게 동기를 부여할 수 있을까?

■ 모임의 구성원들이 어떻게 더욱 개방적이고 모두를 따뜻하게 대하도록 할 수 있을까? 어떻게 사람들이 아이디어와 문제에 대해 주인 의식을 갖고 적극적으로 참여하도록 할 수 있을까?

■ 자신의 아이디어를 어떻게 더 즐거운 활동으로 만들 수 있을까? 타이머를 설정해 놓고 15분 동안 브레인스토밍 시간을 가져 보도록 하자.

실행하라

이제 우리는 획기적인 아이디어를 개발하고, 이를 중심으로 지지 세력과 공동체를 구축했다. 세상은 우리를 주목하기 시작한다. 하지만 그 아이디어가 뿌리를 내리기 위해 우리는 먼저 이를 유지 가능하게 해줄 시스템을 마련해야 한다. 3부에서는 아이디어를 발견하고 이것을 다른 사람들과 공유하기 위해 필요한 시간과 정신적 여유를 마련하는 방법에 대해 논의할 것이다. 그리고 돈을 버는 일에 관한 이야기, 즉 어떻게 먹고살 것인지, 어떻게 높은 투자 수익률을 올릴 것인지에 대한 이야기를 함께 나누어 볼 것이다. 책을 쓰거나, 블로그 활동을 하거나, 강연을 하거나, 혹은 제품을 판매하든 간에 사고 리더들은 다양한 전략들을 활용하고 사람들이 고려할 수 있는 선택권을 제시해야 한다. 마지막으로 우리 모두는 성공을 위해 열심히 노력해야 한다고 믿고 있다. 그런데 열심히 일한다는 말은 정확하게 무슨 뜻일까? 단순한 말을 넘어서, 밝게 빛나며 떠오르는 별들이 혁신을 이룩하기 위해 어떻게 노력했는지 우리는 들여다보고 현실을 이해해 나갈 것이다. 쉬운 일은 없다. 하지만 그들이 노력을 통해 성공을 일구어 냈다면 우리도 얼마든지 할 수 있다.

9장

사고 리더십 실천

이 책에서 우리는 자신의 분야에서 최고의 자리에 이른 다양한 전문가들의 사례들을 살펴보았다. 그들은 모두 다양한 배경을 가지고 있었고 여러 가지 접근 방식들을 활용했다. 에릭 샤트는 수학에 관한 자신의 지식을 활용함으로써 생물학 분야의 새로운 문을 열었고, 로비 새뮤얼스는 비영리 단체 활동가들이 모일 수 있는 공간을 만들었다. 캄보디아 유산에서 영감을 얻었던 소팔 에아르는 그 나라의 지정학적 사안을 주요한 논의의 주제로 올려 놓았고 조류 독감부터 해외 원조 정책에 이르기까지 다양한 사안들과 관련하여 최고의 권위자로 떠올랐다. 다른 한편으로 케어 앤더슨은 20년 넘게 업무적인 차원에서 서로 도움을 주고받으면서 성공과 번영을 이룩했던 공동체를 두 곳이나 만들었다.

이러한 리더들 모두 재능이 뛰어나고 기발한 아이디어를 갖고 있었다. 그러나 아이디어가 아무리 훌륭하다고 하더라도 현실적으로 실현하는 과정에서 문제가 발생할 수 있다. 지금까지 소개했던 모든 사고 리더들은 아이디어를 현실로 구현했다. 여러 다양한 압박 속에서도 이들은 많은 시간을 투자하여 아이디어를 발견하고 개발했으며 그들에게 필요한 사람들과 관계를 형성했다. 또한 아이디어 실현을 지원할 수 있는 방법을 스스로 발견했다. 아이디어의 창조자가 열정을 잃어버릴 때 그 아이디어도 함께 멈추어버리고 만다. 결국 이들 모두는 열심히 일했고 때로 다른 사람들이 상상조차 하지 못했던 특별한 노력을 기울였다. 하지만 그렇다고 해서 그들이 어떤 초인적인 능력을 발휘한 것은 아니었다. 그들이 보여 준 모든 꾸준한 노력들은 스스로를 희생할 의지가 있는 모든 사람들에게 열려 있는 길이다.

숙고를 위한 시간

빠르게 변화하는 사회에서 기술의 유혹을 뿌리치기란 여간 힘든 일이 아니다. 메일함은 어서 빨리 열어 보라고 끊임없이 손짓한다. 결국 우리는 이렇게 굴복하고 만다.

〈잠깐만요. 메시지 좀 확인할게요!〉 마감 시간은 점점 다가온다. 이메일은 쌓여 간다. 연설문을 완성해야 한다. 몇몇 사고 리더들은 언제나 온라인에 접속되어 있는 상태를 경쟁력으로 받아들인다. 그러나 그것은 착각에 불과하다. 고요한 생각의 시간을 따로 마련하는 것이(아주 가끔이라고 하더라도) 아이디어의 품질을 높이는 데 긍정적인 기여를 할 수 있다는 사실이 드러나고 있다.

얼마 전 내가 기술 콘퍼런스 행사에서 토론을 주재하면서 소셜 미디어 과잉 문제를 언급했을 때, 로버트 스코블은 스마트폰 배터리를 들어 보이면서 전원이 끊기는 일이 없도록 항상 여분을 들고 다닌다고 했다. 계속해서 들여다보아야 하는 상황에서 벗어날 수 있는 탈출구는 보이지 않는다. 스코블은 그러니 익숙해지는 수밖에 없다고 했다. 물론 그는 기술의 과잉 상태를 인정하는 유일한 인물은 아니다. 하버드 비즈니스 스쿨의 테리사 애머빌 교수의 발견에 따르면 많은 연구들이 전문가들은 시간적으로 압박을 받는 상황에서 스스로를 보다 창조적으로 느낀다는 사실을 보여 주고 있다.[1] (애머빌은 비핸스의 스콧 벨스키가 스승으로 여기는 인물이기도 하다.)

그러나 대부분의 경우, 그러한 느낌은 착각인 것으로 드러나고 있다. 애머빌은 이렇게 설명한다. 〈장기적인 차원에서 창조성을 높이고자 한다면 강력한 수준의 시간 압박을 피해야 합니다.〉 극단적인 스트레스는 창조적인 통찰력에 필요한 긍정적이고 연상적인 사고 과정을 방해하기 때문이다. (그리고 장기적으로 피로하게 한다.)[2] 이와 마찬가지로 네덜란드 심리학자 아프 데익스테르후이스Ap Dijksterhuis는 일시적으로 산만함을 보이는 〈무의식적인 사고가들〉이 특정 문제에 강력한 집중을 보이는 〈의식적인 사고가들〉보다 종종 더 나은 의사 결정을 내린다는 사실을 보여 주었다.[3] 결정적인 순간의 긴장감은 산만함을 없애고 처리해야 할 일에 곧바로 집중하게 한다. 하지만 성과는 오히려 더 떨어질 수 있다. 이러한 상황에서 우리의 두뇌는 심사숙고를 위한 여유 공간을 마련하지 못하기 때문에 어떤 생각들을 간과하고 있는지 알지 못한다.

창조적 통찰력을 위한 최고의 기회들 중 하나는 샤워 시간이다. 샤워를 하는 동안 우리의 두뇌는 무념무상의 상태로 마음껏 돌아다니며 새로운 아이디어의 불꽃을 일으킨다. 세스 고딘이 경력 초반에 자신의 인터넷 마케팅 이론을 설명해 줄 적절한 용어를 찾고 있었던 어느 날, 그는 팀원들에게 〈한 시간 동안 샤워를 하는 한이 있더라도〉 마땅한 이름이 떠오를 때까지 내일 출근을 하지 않을 것이라고 선언했다. 그 전략은 효과가 있었고 그때 그는 지금은 유명해진 〈허용 마케팅*permission marketing*〉이라는 용어를 만들어 내게 되었다. 그리고 이 용어는 1999년에 발간된 그의 유명한 저서의 제목이 되었다. 그는 이렇게 말한다. 〈일단 개념이 만들어졌다면 6주 만에 책을 씁니다.〉

로즈 슈만 역시 명상적인 상태에서 퀘스트션 박스의 아이디어를 떠올렸다. 그녀는 공중전화 박스의 이미지를 생각하며 이렇게 물었다. 〈이와 같은 시스템을 통해 사람들이 인터넷에 접속할 수 있도록 도움을 줄 수 있다면 어떨까?〉 그녀는 자신을 둘러싼 환경에 충분히 개방적이었고 그래서 주변 사물들로부터 영감을 얻을 수 있었다. 그리고 손에 공책을 들고서 4시간 동안 그녀가 말하는 〈사색의 시간〉을 가졌다. 『감성지능 EQ*Emotional Intelligence*』로 명성을 얻은 대니얼 골먼 역시 신문을 읽다가 아이디어를 떠올리게 되었다. 끊임없는 마감으로 바빠 돌아가는 오늘날의 세상에서 신문 읽기는 일종의 여가 활동이 되었다. 당시 인터넷은 보편적으로 사용되고 있지 않았고 그래서 골먼은 최신 기사나 웃긴 동영상을 보기 위해 마우스를 클릭하지 않았다. 그 대신 진지하게 생각하며 새로운 아이디어를 모색했다.

일상 속에서 숙고의 시간을 마련하기란 생각만큼 쉽지 않다. 많은 이들이 아침 묵상 습관에 도전하고(그리고 실패하고), 또는 아이디어를 자극하는 잡지들을 구독하지만 책상에 가득 쌓여만 있거나 탁자 위에 무더기로 널브러져 있다. 조용하게 생각하고 스스로를 돌아보는 시간을 가지려는 노력은 비생산적인 것처럼 보일 수 있지만 스스로 생각할 기회를 갖기가 점점 더 어려워지는 오늘날의 세상에서 우리의 가장 큰 경쟁력이 될 수 있다. 모든 사람들이 자극에 반사적으로 반응할 때 우리는 깊이 있고 진지하게 판단을 내릴 수 있다. 모두가 최신 유행을 좇을 때 큰 그림을 바라보며 미래가 어떻게 흘러갈 것인지 예측할 수 있다.

생각과 명상을 위해 여러분은 어떤 방법을 활용하고 있는가? 매일 점심 식사 후에 15분 동안 산책을 하는 것도 좋은 방법이다. 매주 1~2시간 동안 다른 일은 전혀 하지 않고 큰 그림만을 구상해 보는 시간을 갖는 것도 좋을 것이다. 그리고 한 달에 한 번 자신의 전략가들을 만나 아침 시간을 함께 보낼 수도 있을 것이다. 혹은 일 년에 한 번씩 〈독서 휴가〉를 떠나는 방법도 있다. 이는 빌 게이츠에 의해 널리 알려진 것으로 그는 책을 잔뜩 쌓아 놓고 하루 종일 읽는 경험을 통해 영감을 얻는다고 한다. 어떤 방법을 선호하든 간에 획기적인 아이디어를 떠올리기 위해 (혹은 더욱 발전시키기 위해) 필요한 시간을 스스로에게 선사할 수 있는 방법을 찾아보자.

생각해 볼 질문

■ 어떤 활동들로부터 활력이 넘치고 창조성이 높아지는 느낌을 얻을 수 있는가? (운동, 명상, 잡지를 가지고 하는 브레인스토밍 등.)

■ 오로지 생각을 위한 시간을 어떻게 자신의 일정 속으로 집어넣을 수 있을까? 달력을 꺼내어 다음 주에 이를 위한 한 시간을 잡아 보자.

■ 무의식적 사고의 힘을 활용하기 위해 어떤 전략을 활용할 것인가? 책상 앞에 앉아 어떤 문제를 골똘히 생각하기보다 헬스클럽에 가거나 샤워를 하자.

■ 여러분은 지금 무엇을 놓치고 있는가? 적어도 하루에 한 번은 집이나 사무실을 벗어나 주변 환경을 둘러보도록 하자. 무엇이 보이는가? 어떤 대상이나 생각들이 머릿속에 떠오르는가?

■ 무엇을 읽어야 할까? 주기적으로 읽고 싶은 신문이나 잡지, 혹은 학술지들로 목록을 만들어 보자. 구독 신청을 하고 따로 독서 시간을 정하자. 실내용 자전거를 타면서 읽든, 점심을 먹으면서 읽든, 아니면 잠자리에 들기 전에 읽든 자신과의 시간 약속을 꼭 지키자.

■ 디지털 장비들을 잠시나마 꺼둘 수 있는 시간이 있는

가? 저녁에 잠시 스마트폰을 꺼두는 간단한 시도만으로 지금 이 순간에 더욱 잘 집중할 수 있다.

행운을 불러들이는 시간 만들기

최고의 사고가들이 일상 속에서 시간을 만드는 데에는 뭔가 특별한 것이 있다. 그것은 행운이라고 하는 요소다. 행운을 만들어 낼 수 있다고 한다면 좀 이상한 말처럼 들릴 것이다. 하지만 한번 생각해 보자. 바쁜 일정에 쫓겨 살아가는 많은 사람들은 그들의 삶에서 행운을 몰아내고 있다. 이제 그것을 바로잡아야 할 시간이다. 딜로이트 센터 포 엣지의 존 헤이글은 말한다. 〈달력을 한번 봅시다. 얼마나 빡빡하게 일정이 잡혀 있나요? 아침에도 회의, 낮에도 회의, 그리고 밤늦게까지 회의가 잡혀 있지는 않습니까? 그렇다면 화재경보기가 울려서 밖으로 뛰쳐나가지 않는 이상 행운을 맞이할 기회는 없을 겁니다. 우리는 주변을 돌아다니면서 새로운 사람들을 만날 수 있는 기회를 만들어 내야 합니다.〉[4]

삶에서 행운을 위한 시간을 마련한다는 것은 과연 무슨 의미일까? 『가슴과 머리, 용기, 그리고 행운 *Heart, Smarts, Guts, and Luck: What It Takes to Be an Entrepreneur and Build a Great*

Business』의 공저자 앤서니 찬Anthony Tjan은 내게 이렇게 말했다. 〈행운이라는 말은 비즈니스 세상에서 오해를 받고 있습니다.〉[5] 어떤 사람이 단지 운이 좋은 것이 아니라, 그들은 다른 사람들에게 많은 관심을 기울이며 옆에 더 좋아 보이는 것이 있다고 해서 무작정 달려들지 않는다. 찬은 이렇게 지적하고 있다. 〈운이 좋은 사람들은 다른 사람들을 받아들이기 위한 열린 마음과 진정성, 그리고 관용을 지니고 있습니다. 그들은《뭘 얻을 수 있을까?》라고 고민하지 않습니다. 다만 이렇게 생각합니다.《흥미로운 사람이군.》》 그 대상은 레스토랑 종업원일 수도 있고 자신과는 무관한 분야에서 활동하는 사람이나 택시 기사일 수도 있다. 10년의 세월이 흘러 그들이 유명한 인물이 되었을 때 사람들은 그저 이렇게 말하죠. 〈아주 운이 좋았어. 대학에서 우연히 누군가를 만났거나, 아니면 그들과 같은 배를 타고 있었던 거지.〉

인맥을 형성하기 위해 많은 관심과 노력을 집중할 때 시야는 점점 더 좁아질 수 있다. 찬은 말한다. 〈우리는 많은 시간을 들여 콘퍼런스나 칵테일파티에 참석합니다. 그리고 어디가 (인맥을 맺기에) 적절한 곳인지 고민합니다. 사람들은 재빨리 가치를 검토하고 평가하려 듭니다. 그리고 그 희생양으로 전락하고 말죠.〉 이 말의 의미는 안타깝게도 우리가 훌륭한 리더, 혹은 각광을 받고 있는 전문가들의 범주에서 벗어난 사람들을 못 보고 그냥 지나치고 있다는 뜻이다. 가령, 구석에 숨어 있는 수줍음 많은 기업가, 혹은 영향력 있는 블로거로 밝혀진 초라한 행색의 젊은이를 못 보고 지나치고 있다.

스스로 〈운이 좋다〉고 평가하는 사람들, 그래서 다양한 기회에 여유롭고 개방적인 태도를 보이는 이들은 〈파티장에서 파트너를 찾지 못한 상대를 발견한 사람들이며, 나중에 그러한 관계로부터 엄청난 이익을 얻게 될 것〉이라고 찬은 말한다. 열심히 일하고 스스로 기회를 발굴해 내려는 노력도 중요하지만 삶에서 벌어지는 모든 상황들을 통제할 필요는 없다는 이해로부터 우리는 많은 도움을 얻을 수 있다. 전혀 기대하지 않았던 사람들이 자신의 일상 속으로 들어올 수 있도록 여지를 남겨 두도록 하자. 가령, 어떤 동료가 흥미로운 아이디어를 들고 자신의 사무실에 불쑥 찾아올 수도 있고 오랫동안 안부도 전하지 못했던 옛 친구로부터 갑자기 전화가 걸려 올 수도 있다. 여러분이 전형적인 A형 행동 양식(쉽게 긴장하고 조급해하며 경쟁하려는 특성을 보이는 유형)이라 어떻게 시작해야 할지 갈피를 잡지 못하고 있다면, 심리학자 리처드 와이즈먼Richard Wiseman과의 인터뷰에서 스스로를 〈행운아〉라고 칭한 한 인물의 사례에 한번 주목해 보자. 그는 대화를 나누는 사람들의 유형을 다양화하기 위해 행사에 참석해서 특정한 색깔의 옷을 입은 사람들에게만 접근한다고 밝히고 있다. 여러분의 인맥이 마케터, 30대의 기술 전문가, 혹은 주부 기업가들로만 이루어져 있다면, 다양한 분야의 사람들을 만날 수 있는 모임에 참석해 보자. 그리고 그처럼 〈옷 색상〉 전략을 활용해서 비슷한 사람들끼리만 모이는 행동 패턴에서 벗어나 보도록 하자.

이러한 노력의 일환으로 눈을 크게 뜨고 주변 환경을 주의 깊게 살피자. 얼마 전 나는 매사추세츠 주 케임브리지에 있는 한 레스토랑에서 혼자 저녁을 먹고 있었다. 그때 나는 신문에 푹 빠져 있었기에 누가 내 이름을 불렀을 때에도 알아차리지 못했다. 나는 내 이름을 부른 상대방을 금방 알아보지는 못했다. 그도 그럴 것이, 코리라는 이름의 그 사람은 6개월 전에 미국 대륙을 가로질러 참석했던, 나파 밸리에서 열린 콘퍼런스에서 만났던 인물이었기 때문이었다. 그는 워싱턴 D.C.에 살고 있었고 며칠간의 일정으로 보스턴에 머무르고 있던 중이라고 했다.

그렇게 우연히 그를 만나고 그가 내 얼굴을 기억하고 있었다는 것이 놀라웠다. 하지만 그는 전혀 놀란 표정이 아니었다. 코리는 내게 말했다. 〈전 작은 마을에서 자랐거든요. 그래서 어딜 가든 아는 사람들을 만날 수 있었죠.〉 반대로 나는 오랫동안 보스턴에서 살았고 그래서 이방인들에게 둘러싸여 있는 상황에 익숙했다. 그래서 혹시 같은 공간에 아는 사람이 있는지 굳이 살펴보려 하지 않았다. 그러나 코리는 어릴 적 습관 그대로 세상을 돌아다녔다. 그는 언제나 아는 사람들을 만날 것이라 기대하며 주변을 살폈고, 또한 실제로 그랬기 때문에 그런 일이 얼마든지 일어날 수 있다는 확신을 갖게 되었다. 그가 그럴 수 있었던 것은 운이 좋아서가 아니라, 세상을, 그리고 삶을 바라보는 그의 태도 때문이었다.

생각해 볼 질문

■ 어떻게 우리의 삶 속으로 행운을 불러들일 수 있을까? 일정을 줄이고 예기치 못한 사건에 대비하여 여유 시간을 남겨 두도록 하자. 적어도 하루에 1시간은 긴급한 상황이나 행운의 순간을 위해 남겨 두자.

■ 일상 속에서 보기 힘든 사람들을 어떻게 만날 수 있을까? 다음에 콘퍼런스에 참석하게 되면 그날 녹색 (혹은 빨강이나 보라) 옷을 입고 있는 사람들에게 다가가서 이야기를 나누어 보도록 하자.

■ 가치 교환에 대해 너무 많이 고민하고 있는 것은 아닌가? 그들에게서 어떤 도움을 얻을 수 있을지, 혹은 그들과의 대화가 〈시간 효율적인지〉 따져 보기 전에 한 걸음 물러서서 그들이 어떤 사람인지 살펴보자.

돈을 벌기

전문적인 콘텐츠를 개발하고 공동체를 구축하는 일을 〈본업〉으로 삼고, 거기서 나오는 수입으로 생계를 꾸려 가는 운 좋은 사람들이 있다. 다른 한편으로, 리더로서의 업무를 추가적이고 만족감을 주는 취미 활동으로 삼고 있는 사람들도 있다. 마이클 왁센버그 역시 오랫동안 그렇게 일을 해왔다. 처음에 아무런 보수를 받지 않고 부동산과 관련된 리뷰를 작성하는 일을 부업의 차원으로 시작했다. 그리고 나중에서야 시간제 공인 중개사로 활동하기 시작했다. 그는 IT 분야에서의 전일제 근무로 일을 하면서 가족들을 먹여 살려야 했다.

사람들에게 영감을 던져 주는 많은 사고 리더들이 자신의 일을 통해 생계를 꾸려 나가고자 하는 경우, 무료로 온라인 기사를 쓰고, 다른 사람들에게 도움을 주고, 오랜 시간을 들여 자신의 인지도를 높이는 일부터 시작할 수 있을 것이다. 그러나 안타깝게도 상황이 계속해서 그렇게 이어지다가는 굶어 죽고 말 것이다. 관용의 정신을 발휘해야 한다고 해서 사명을 달성하기 위해 순교자가 되어야 한다거나, 혹은 스스로에게 가혹해야 한다는 말은 아니다. 오늘날 많은 예술가들이 영화나 앨범 제작을 위해 킥스타터 Kickstarter와 같은 크라우드 펀딩 사이트를 통해 팬들로부터 후원을 받고 있는 것처럼, 다양한 분야의 전문가들 역시 스스로 가치 있는 사업을 추진하는 과정에서 공동체의 후원을 요청할 수 있다. 물론 일부 전문가들은 강의와 자문, 혹은 온라인 비즈니스를 통해 돈을 벌고 있지만 그 밖에 많은 사람들은 자신이 설립했던 기업을 매각하거나 다시 전일제 직장으로 되돌아가고 있다. 자신의 분야에서 전문가로 인정받기 위한 공식은 없다. 이 책에서 소개했던 수많은 사고가들은 저마다 다양한 접근 방식을 취하고 있으며, 또한 여러 가지 방법으로 돈을 벌고 있다. 마찬가지로 우리는 자신의 개성과 관심사를 기준으로 적합한 전략을 선택해야 한다.

아무런 대가 없이 블로그에 글을 올리고 자비를 들여 인턴십 프로그램을 열었던 세스 고딘 역시 정당한 상황에서는 당당하게 돈을 요구했다. 〈제가 생각하기에 세상에는 두 가지 종류의 일이 있습니다.〉 그는 말한다. 첫째, 〈누군가의 요청으로 강연을 하는 일과 같은 경우로, 그럴 때 저는 높은 보수를 요구합니다.〉 하지만 높은 강의료 덕분에, 그는 두 번째 종류의 일, 즉 자선적인 열정을 실행에 옮김으로써 보답을 되돌려 주는 사치를 마음껏 누리고 있다.

앨런 바이스Alan Weiss 또한 전문 연설가로 돈을 벌고 있지만 최근 그의 비즈니스에서 핵심 요소는 30년 넘게 개인 컨설턴트로 일을 하면서 배웠던 기술을 사람들에게 나누어 주는 일이다. 처음에 바이스는 대기업 고객들과 함께 비즈니스를 시작했다. 그러나 수백만 달러 규모의 컨설팅 거래를 성사시키는 방법에 대해 자세하게 설명하고 있는, 1992년 베스트셀러 『밀리언 달러 컨설팅*Million Dollar Consulting*』을 출간한 이후로 큰 꿈을 품고 있는 많은 사람들이 그에게 접근해 왔다. 그들은 어떻게 바이스와 함께 커피를 나누며 이야기를 할 수 있었을까? 혹은 그로부터 조언을 얻기 위해 어떻게 약속을 잡을 수 있었을까? 바이스는 말한다. 〈처음에는 뿌듯한 마음이 들었어요. 하지만 어느 순간부터 고객들보다 그들에게 조언을 주기 위해 더 많은 시간을 쓰고 있더라고요. 그래서 저의 서비스에 요금을 부과하기로 결정했습니다. 하지만 많은 사람들이 반발할 것으로 예상했고 그게 (그들에게 공짜로 조언을 주지 않아도 될) 적당한 핑계가 될 것이라고 생각했죠. 제 아내

조차 이렇게 말하더군요. 《굳이 돈을 내고 당신의 조언을 들을 사람은 아마 없을 거예요.》

1996년 바이스는 개인을 위한 컨설팅 서비스의 가격을 의도적으로 높게 잡았다. 사람들은 그의 〈멘토 프로그램〉을 6개월 동안 이용하기 위해 3500달러를 지불해야 했다. (인플레이션을 감안할 때 2014년을 기준으로 그 금액은 5300달러 정도가 될 것이다.) 그는 자신의 프로그램을 이렇게 설명하고 있다. 〈기업을 위한 자문과 다를 바 없습니다. 음향판 역할을 하고, 피드백을 제공하고, 특정 문제에 대한 조언을 제시하죠. 시나리오를 실험하고, 제안을 평가하고, 혹은 현재 상황을 정리해 줍니다.〉 그 금액은 페라리를 한 달간 빌리는 비용이기 때문에 당연히 객관적인 성과를 내놓아야 한다. 그는 만일 12명의 사람들이 요청한다면 아예 페라리 1대를 살 수 있는 돈이 생길 거라고 생각했다. 놀랍게도 그보다 훨씬 더 많은 사람들이 그의 멘토 프로그램에 신청했다.[6]

바이스는 15년 가까이 그 프로그램을 이끌었고 그다음으로 두 가지 형태의 또 다른 프로그램을 시작했다. 그 두 가지는 비용이 1만 7,000달러에 달하는 9개월짜리 집중 코칭 프로그램, 그리고 〈마스터 멘토Master Mentor〉라고 하는 프로그램이다. 그중 마스터 멘토 프로그램에서는 기존의 멘토 프로그램 회원들 스스로 멘티를 받을 수 있도록 자격을 부여한다. (비용은 1만 달러.) 그들은 바이스에게 연락을 하고 조언을 구할 수 있다. 그리고 바이스는 최초 가입자의 과정 중 일부를 맡게 된다. (멘티가 재가입을 할 경우, 이후로 발생하는 모든 수익은 마스터 멘토의 몫이다.) 바이스는 또한 5만 5,000달러짜리 〈앨런 카드Alan Card〉까지 선보였다. 이는 일종의 우대권과 같은 것으로, 이를 구매한 회원들은 워크숍 참가비를 30퍼센트 할인받고, 바이스와 함께 화상 및 전화 회의에 참여하고, 두 번의 반일 프로그램과 그와의 저녁 만찬에도 참여할 수 있다.[7]

바이스의 멘토 프로그램과 마스터 멘토 프로그램이 진행되고 있던 2013년 말에, 그는 약 2,000명의 사람들과 함께 일을 하고 있었다. 야심 찬 컨설턴트들은 바이스의 강력한 브랜드와 검증된 전문성을 감안할 때(그는 실제로 다작의 저자이자 블로거다), 그와 교류할 수 있는 기회를 대단히 중요하게 여겼다. 사실 그는 컨설턴트들을 대상으로 하는 최고 전문가 개발 프로그램에 훨씬 더 높은 회비를 책정해 두고 있으며 이를 기반으로 자신이 가치 있게 생각하는 일을 할 수 있었다. 『포브스』 블로그 기사를 쓰기 위한 인터뷰에서 로버트 치알디니는 내게 이런 말을 했었다. 〈품질을 평가할 수 있는 객관적인 기준이 없는 시장에서 사람들은 가격을 그 대안으로 활용합니다.)[8] 시리얼이나 종이 타월의 경우처럼 컨설팅 서비스는 일대일로 비교하기 어렵다. 이러한 점에서 바이스가 자신의 프로그램에 대해 요구하는 높은 가격은 최고의 서비스 제공자로서 그의 브랜드를 강화하는 기능을 하고 있다.

이처럼 바이스는 아주 멋진 방식으로 돈을 벌고 있다. 그러나 많은 이들에게, 특히 무료로 콘텐츠를 제공하는 방식으로 비즈니스를 시작하는 사람들에게 이는 절대 쉽지 않은 일이다. 일부 전문가들은 자신이 구축한 공동체를 통해서 돈을 버는 것이 바람직하지 못하고, 비도덕적이고, 혹은 〈상술〉에 불과한 것이라고, 적어도 다른 사람들 눈에는 그렇게 보일 것이라고 걱정하고 있다. 래미트 세시의 경우가 바로 그랬다. 그는 자신의 웹 사이트를 통해서 온라인 제품들을 판매하기 시작했을 때를 이렇게 떠올리고 있다. 〈처음으로 돈을 받기 시작했을 때 감정적으로 대단히 힘들었습니다. 솔직하게 말해서 제가 했던 비즈니스 중에서 제일 두려운 일이었습니다. 전 2004년부터 글을 쓰기 시작했습니다. 그리고 3년 동안 일주일에 몇 차례 아무런 돈을 받지 않고 글을 올렸죠.〉 그때까지 그는 아무런 보수를 요구하지 않았고 웹 사이트에 광고도 싣지 않았다.

2006년 12월 그는 이런 생각이 들었다. 내가 판매를 한다면 사람들이 사줄 것인가? 그는 자신의 글을 엮어서 제작한 전자책을 4.95달러에 판매하기 시작했다. 그는 당시로서는 〈아주 놀라운 가격〉이었다고 설명했다. 그는 말한다. 〈그때만큼 신경이 쓰였던 적은 없었습니다.〉 실제로 사람들의 저항은 만만치 않았다. 〈이런 말들이 나오더군요. 《이 사이트는 이제 도를 넘어 섰군》, 《당신은 배신자야》, 혹은 《결국 이 사이트는 래미트가 부자 되는 법을 알려 주는 곳이었군》. 솔직히 말해서 너무도 가슴이 아팠습니다. 저는 제가 만든 소중한 자료들을 사람들에게 나누어 주었고 수년 동안 한 푼도 요구하지 않았습니다. 많은 이들에게 도움을 주었습니다. 아무런 대가 없이 사람들의 이메일에 답장을 했어요.〉

그는 50에서 100건에 이르는 항의를 받았다. 물론 매월 그의 블로그를 읽는 독자들의 규모가 5만에서 7만 5,000명 정도라는 점을 감안한다면 그리 많은 비중은 아니었다. 하지만 그에게는 결코 적지 않은 수였다. 그래도 세시는 자신의 일로 돈을 벌겠다는 생각을 포기하지 않았다. 〈그렇게 3년의 세월이 지나고 나서 저는 당시의 상황이 절대 돈을 내기를 원치 않는 몇몇 사람들의 시끄러운 소동에 불과한 것이었다는 사실을 깨닫게 되었습니다.〉 이후로 세시는 도전을 계속했고 더욱 높은 가격으로 다양한 제품들을 출시하면서 어떤 제품이 누구에게 어울리고 누구에게는 어울리지 않는지에 대해 사람들과 이야기를 나누는 방법을 배워 나갔다.

어떤 사람들은 우리의 노력에 아주 낮은 가치만을 지불하려 한다. 혹은 전혀 비용을 들이려 하지 않는다. 그 이후로 5년의 세월이 흘러 세시는 1만 2,000달러짜리 교육 프로그램을 내놓았다. 당시 그 광고를 보았던 100만 명이 넘는 사람들 중에서 항의를 한 사람은 단 10명에 불과했다. 그는 말한다. 〈저는 가치에 대해서 사람들과 이야기를 나누는 방법을 터득했습니다. 가치를 인정하는 사람들은 소수에 불과합니다. 세상 모두를 설득할 수는 없습니다. 그렇기 때문에 우리는 그 소수의 사람들에게 집중해야 하는 겁니다. 이러한 깨달음으로 제 삶은 바뀔 수 있었습니다.〉

경제적 성공은 하룻밤 사이에 이루어지지 않는다. 사고 리더십으로 즉각 돈을 벌 수 있는 경우는 지극히 드물다. 세시의 사례처럼, 지지 기반을 구축하고 팬들이 자신의 비즈니스를 자연스럽게 받아들이게끔 하기까지 수년의 세월이 걸린다. 하지만 장기적인 목표 달성에 필요한 자금을 마련하기 위해 신중한 전략을 세운다면 문제는 없을 것이다. 블로그를 처음 시작했을 때 나는 동영상 자료를 저장하고 내 이름을 알리기 위해 짧은 글들을 무료로 썼다. 그러고 나서 『하버드 비즈니스 리뷰』와 『허핑턴포스트』 같이 널리 알려진 매체들을 중심으로 역시 무료로 글을 쓰기 시작했다.

이제 내가 정기적으로 글을 게재하기 시작한 지 4년의 세월이 흘렀고 지금 내가 하고 있는 블로그 활동의 대부분은 돈을 받고 글을 쓰는 것이다. 이를 통해 나는 15년 전 신입 기자 시절과 거의 맞먹는 돈을 벌고 있다. 그다지 인상적인 경우라고는 할 수 없지만 중요한 사실은 그 돈은 내가 지금 벌어들이고 있는 전체 수입의 아주 작은 일부라는 것이다. 현재 나는 강연, 컨설팅, 자문, 그리고 최고의 비즈니스 스쿨에서 경영자들을 대상으로 하는 강의를 통해 매년 수십만 달러를 벌어들이고 있다. 그리고 이 모든 일은 내가 글쓰기 활동을 통해 구축했던 인맥과 브랜드 가치 때문에 가능했다.

또한 탄력적인 태도도 중요하다. 결국 여러분이 돈을 벌게 되는 방식은 아마도 처음에 구상했던 방식과는 많이 다를 것이다. 이브 브리드버그Eve Bridburg의 경우가 바로 그랬다. 순수 예술 프로그램으로 석사 학위를 받았을 무렵 그녀는 잔뜩 위축되어 있었다. 브리드버그는 당시를 이렇게 떠올리고 있다. 〈대단히 혹독한 과정이었고 사람들의 비평은 마치 저를 조롱하는 듯 들렸습니다. 누군가 최고의 글을 쓰도록 도움을 주고 싶다면 그가 정말로 편안하게 느끼고, 기꺼이 위험을 감수하고, 솔직하고, 있는 그대로 드러낼 수 있도록 격려해야 합니다. 다른 사람들로부터 조롱을 받거나, 혹은 동료 학생들과 서로 도움을 주고받는 것이 아니라 치열하게 경쟁을 해야만 하는 상황은 절대 도움이 되지 않습니다.〉

창조적 글쓰기에 점수를 매겨야 한다는 생각 역시 그녀를 힘들게 했다. 하지만 대학원생 조교로서 어쨌든 그녀는 학생들의 과제를 평가해야만 했다. 그녀는 이렇게 회상한다. 〈하지만 뭔가 이상하고 잘못되었다는 느낌을 지울 수 없었습니다. 학생들이 어떤 주제를 정하고 깊이 파고들어 갈 때, 그리고 그들 자신의 이야기를 풀어 나갈 때 저는 점수를 매겨야 합니다. 하지만 창조적인 작품에 점수를 매기는 방식이 특별히 도움이 된다거나 긍정적인 영향을 줄 것이라고는 생각이 들지 않더군요.〉

그래서 브리드버그는 줄리 롤드Julie Rold라는 친구와 함께 새로운 비전을 꿈꾸기 시작했다. 그녀는 이렇게 털어놓았다. 〈그 일부는 숭고한 것이었고 다른 일부는 완전히 이기적인 것이었죠.〉 자신이 바라보는 관점에서 글쓰기 프로그램을 개발한다면 어떨까? 그녀는 1997년 봄에 그럽스트리트GrubStreet를 시작했다. 이는 〈대학의 엄격함을 공동체

속으로 그대로 가지고 오면서도 점수는 매기지 않는 방식이었죠. 우리는 전단지를 만들어서 붙였고 두 강의를 개설했습니다. 그리고 8명의 학생들이 우리와 함께하게 되었죠.〉

브리드버그의 비즈니스는 보스턴에 기반을 두고 있었지만 그 이름은 문인들의 고향으로 널리 알려진 런던의 그럽스트리트에서 따왔다. 그녀는 말한다. 〈글 쓰는 사람들은 그리 좋은 대접을 받지 못하고 있었죠.〉 대학을 떠나 글쓰기 강의를 하는 동안 그녀는 그러한 현실을 이해하게 되었다. 그럼에도 사람들의 반응은 긍정적이었고 등록 수도 빠르게 증가했다. 〈성공의 일부는 엄격함과 친절함 사이의 미묘한 차이를 잘 이해하는 교사들을 고용했던 것이었습니다. 지금까지 그 철학을 지켜 오고 있습니다. 즉, 엄격하면서도 도움을 베푸는 것이죠. 우리는 그 개념을 통해 진정한 공감을 이끌어 낼 수 있었습니다.〉

그럽스트리트는 처음부터 영리를 추구하는 비즈니스로 시작했지만 돈을 버는 것은 결코 쉬운 일이 아니었다. 브리드버그는 강사들에게 공정한 보수를 지급하고자 했고 급여 문제로 인해 열정 있는 작가들을 놓치고 싶지 않았다. 그러다 보니 비즈니스 수익성은 그리 좋지 못했다. 그녀는 이렇게 떠올리고 있다. 〈머지않아 제가 성장 가능한 비즈니스가 아니라 하나의 공동체를 구축하고 있다는 사실을 깨닫게 되었죠.〉어린 자녀가 하나 있는 상황에서 2001년 다시 임신을 하게 되었을 때 브리드버그는 이제 그만 일선에서 물러나야 할 때라고 느꼈다. 그러나 그럽스트리트의 핵심 강사들은 20명에 이르렀고, 수강생들은 500명이나 되었다. 어느 누구도 현상 유지에 급급한 비즈니스를 맡으려고 선뜻 나서지 않았다. 유일한 해답은 비즈니스를 접는 것이었다. 하지만 그것은 정말로 가슴 아픈 일이었다.

결국 브리드버그는 그럽스트리트의 미래를 위한 결정을 내렸고 그것은 이를 비영리 단체로 전환하는 것이었다. 그녀는 1년 정도에 걸쳐 전환 작업을 부드럽게 마무리할 수 있을 것으로 예상했다. 이를 위해 많은 시간을 투자했다. 실제로 그 작업은 4년의 세월이 걸렸지만 그래도 탄탄하고 성장 가능한 조직을 구축할 수 있었다. 2005년에 브리드버그는 그럽스트리트를 떠나 저작권 에이전트로 활동을 시작했고 그 과정에서 출판 산업의 또 다른 측면을 배우게 되었다. 그녀는 말한다. 〈제가 설립자의 자리에서 물러나기로 한 것은 다른 사람들이 나서서 사업을 이끌어 가도록 할 수 있다는 점에서 우리 조직을 위한 결정이었습니다. 그리고 정말로 그렇게 이루어졌습니다.〉2010년에 브리드버그는 이사의 자격으로 조직에 다시 복귀했다. 잠시

떠난 동안 그녀는 재충전의 기회를 가질 수 있었고 이후로 지금까지 계속해서 그럽스트리트를 이끌어 가고 있다. 2012년을 기준으로 2,500명이 넘는 학생들이 매년 이곳을 거쳐 가고 있다.

브리드버그는 자신이 원했던 방식의 글쓰기 프로그램을 개발함으로써 비즈니스를 시작했다. 그리고 그 과정에서 수천 명에 이르는 보스턴 지역의 작가들을 위한 글쓰기 생태계를 구축하고 그들에게 취업과 인맥 형성, 기술 향상, 그리고 그 기술로 생계를 유지할 수 있는 기회를 가져다주었다. 하지만 그녀와 다른 사람들이 이보다 더 가치 있게 여기는 것은 공동체에 대한 인식이다. 그녀는 이렇게 언급했다. 〈이는 점차적으로 분화되어 가고 있는 출판 산업의 지평에서 소중한 자산입니다.〉 학생과 강사들은 종종 서로의 책을 사고 독서 모임을 갖는다. 동시에 이 공동체는 노력의 가치를 제대로 인정받지 못하고 있는 세상에서 오아시스와 같은 공간이기도 하다. 〈세상은 이렇게 말하는 사람들로 가득합니다.《도대체 왜 글을 쓰는 거죠?》〉 이에 대해 그녀는 이렇게 말했다. 〈어쩌면 자아도취나 시간 낭비처럼 보일 수 있습니다. 하지만 그럽스트리트 사람들은 함께 모여서 그 일의 가치를 인식하고, 서로 힘을 주고, 모두가 목표를 달성할 수 있도록 도움을 나누고 있습니다.〉

때로 우리는 바로 이러한 장기적인 비전을 세운다. 그녀는 그 도시 안에서 무엇이 빠져 있는지 알았고 그것을 어떻게 만들어 낼 수 있을지 이해했다. 하지만 그 구체적인 시나리오는 그녀가 상상했던 것과는 사뭇 달랐다. 브리드버그는 애초에 비영리 단체 설립을 전혀 고려하지 않았지만 그것이 그럽스트리트를 유지하기 위한 최선의 방법이라고 결정을 내렸을 때 그녀는 변화를 시작했고 유지 가능한 형태로 조직을 구축했다. (그 과정에서 그녀는 『보스턴 매거진』이 선정한 〈가장 영향력 높은 여성 50인〉으로 이름을 알리게 되었다.) 비록 그녀가 돈을 벌기 위해 생각했던 방식은 아니었지만 융통성을 발휘함으로써 20년 동안 자신이 좋아하는 일을 하고 다른 사람들이 성공할 수 있도록 도움을 주고 있다.

시간을 갖고 여러분이 존경하는 사고 리더들이 어떻게 돈을 벌고 있는지 살펴보자. 대부분 제품과 서비스의 조합을 제공하고 있다. 우리는 그들이 제안하고 있는 것들을 영감을 던져 주는 일종의 샘플 메뉴로 바라볼 필요가 있다. 어떤 제안들이 가장 흥미롭게, 혹은 자신에게 가장 자연스럽게 느껴지는가? 2006년 내가 비즈니스를 시작했을 때 나의 모든 수입은 〈컨설팅 서비스〉로부터 오고 있었다. 나는 기업 및 비영리 단체들과 함께 손을 잡고 그들이 마케팅 및 소셜 미디어 전략을 개발하는 과정에 도움을 주었다. 그리고 2010년에는 〈경영자 교육 강의〉를 시작했다. 처음에는 한 가지 과정으로 시작해서 나중에는 전 세계 여섯 개의 비즈니스 스쿨에서 강의를 하게 되었다. 그 이듬해부터는 마침내 〈글쓰기〉로 돈을 벌기 시작했다. 처음에는 돈을 받고 블로그에 기사를 게시했고 다음으로 책을 썼다. 내 첫 번째 책 『리인벤팅 유』가 출간되었던 2013년에 기업과 단체들로부터 유료로 〈강연〉을 의뢰받을 정도의 인지도를 쌓을 수 있었다. 마지막으로 2014년에는 내 책이 많은 관심을 끌면서 〈경영 코칭〉 서비스를 원하는 전문가들의 요청이 이어졌다. 나는 처음으로 사람들의 요청을 거절했지만 결국 몇몇 고객 기업들을 대상으로 그러한 서비스를 제공하기로 결정을 내렸다. 당시 그 과정은 서로 다른 다섯 가지 비즈니스 모형으로 이루어져 있었고 각각의 모형에서 비즈니스 사고가들은 서로 다른 조합을 구성하고 있었다.

또한 우리는 〈제품 개발〉을 고려해 볼 수 있다. (워크북이나 프로그램을 개발해서 온라인으로 판매할 수 있는가?) 한 번, 혹은 여러 번의 강의로 이루어진 〈교육 과정〉을 직접 개발할 수 있다. (특정 분야를 배우고 싶어 하는 수강생들을 온라인, 혹은 오프라인으로 끌어모을 수 있는가?) 기존에 확보하고 있는 청중의 규모가 충분히 크다면 〈후원〉을 받을 수도 있을 것이다. (강연 프로그램이나 웹 사이트를 다른 기업에게 판매하거나, 혹은 기업의 대변인 으로 활동할 수 있는가?) 교수, 컨설팅 기업의 파트너, 혹 은 기업의 〈홍보 대사〉 등 우리는 자신의 사고 리더십 목표 와 완벽하게 조화를 이루는 〈본업〉을 발견할 수도 있다.

사고 리더십으로 돈을 벌 수 있는 방법은 무궁무진하다. 하지만 어떠한 형태든 간에 성장 가능한 비즈니스 모형을 개발해야 한다. 만일 신탁 자금을 관리하고 있거나 자선 단체를 무기한으로 운영할 여유가 있다면 그것은 대단한 축복이다. 하지만 대부분의 사람들은 스스로 돈을 벌어야 하고 그렇기 때문에 재정적인 문제를 지속적으로 등한시 한다면(가령, 콘텐츠를 계속해서 무료로 제공하는 것) 대 출을 갚거나 수업료를 내야 하는 등 현실적인 문제가 발생 할 때 포기할 수밖에 없을 것이다. 물론 돈이 전부는 아니 지만 근본적인 차원에서 비전을 현실로 구현하는 원동력 이다. 그러한 노력의 중요성을 인식하고 필요한 자금을 벌 어들일 수 있는 방안에 대해 전략적으로 접근함으로써 우 리는 아이디어를 장기적으로 유지 가능하게 할 수 있다.

생각해 볼 질문

■ 우리가 하고 있는 일의 가치에 대해 어떻게 효과적으로 설명할 수 있을까? 그 메시지를 누가 가장 적극적으로 받아들일까?

■ 궁극적으로 수익을 올리기 위해 지금 당장 무료로 시작할 수 있는 일은 무엇인가? 그러한 기회를 장기적인 차원에서 유료로 전환할 전략은 무엇인가?

■ 나중에 수익을 올릴 수 있을 것으로 확신하고 있는가? 자신에게 그러한 자격이 없다고, 혹은 다른 사람들을 배신하는 것이라고 걱정을 한다면 그러한 고민은 다른 사람들에게 그대로 전달될 것이며 결국 성공에 방해가 될 것이다. 현실적으로 판단을 내리기 위해 성공을 거둔 신뢰할 만한 동료에게 자문을 구하자. 그러한 걱정이 정말로 타당한 것인가? 아니면 스스로 자신의 발목을 잡고 있는 것인가?

■ 우리가 하고 있는 일들 중에서 일부는 비싼 것으로, 그리고 다른 일부는 싸거나 무료인 것으로 구분할 수 있을까? (다양한 의도를 가진 사람들이 우리의 아이디어를 평가하도록 하고 미래의 청중 기반을 확장하기 위해.)

■ 자신의 일에 충분한 보상을 요구하고 있는가? 많은

경우에 가격이 품질에 대한 기준을 의미한다는 사실을 상기하자.

노력하기

우리 모두는 노력이 성공의 필요조건이라는 사실을 잘 알고 있다. 그러나 그 말이 정말로 무엇을 의미하는지 이해하기 힘들 때가 있다. 그래서 여러분께 한 가지 힌트를 줄까 한다. 최고의 성과자들은 실제로 다른 사람들보다 엄청나게 많은 일을 한다. 『포브스』블로그 기사를 위한 인터뷰 과정에서 저자이자 소셜 미디어 컨설턴트인 게리 바이너척은 내게 이렇게 말했다. 〈사업가들, 혹은 중소기업 경영자들이 하루 일과를 마치고 7시에 퇴근한다는 말을 들으면 웃음밖에 나오지 않습니다.〉[9] 당시 인터뷰를 나눌 무렵 트위터는 바인Vine이라고 하는 6초짜리 동영상 어플리케이션을 선보였고 바이너척은 그 잠재적인 마케팅 가치에 대해 많은 관심을 보이고 있었다. 그는 내게 지난 일주일 동안 밤늦게까지 바인을 익히느라 새벽 3~4시가 되어서야 잠자리에 들었다고 했다.

우리는 그 똑같은 이야기를 대니얼 핑크의 사례 속에서도 확인할 수 있다. 그는 많은 사람들(별로 유명하지 않은)

이 결국 성공을 거두지 못했던 분야에 엄청난 〈마케팅〉 시간을 투자했다. 그는 이렇게 털어놓았다. 〈전략적인 차원에서 보자면 말도 안 되는 짓이었죠. 그래도 저는 독자들로부터 온 모든 이메일에 일일이 답장을 썼습니다. 책 표지나 웹 사이트에도 모두 제 이메일 주소를 삽입했죠. 게다가 이메일을 보내 달라는 문구까지 집어넣었습니다. 언제나 모든 이메일에 일일이 답장을 쓰고 있습니다. 누군가 제가 만들어 낸 것에 25달러를 지불하고 5~6시간을 투자했다면 저는 그들의 이메일에 답장을 쓰기 위해 기꺼이 5분의 시간을 투자할 용의가 있습니다.〉 이러한 개인적인 관심으로 핑크는 열정적인 팬 기반을 구축할 수 있었고 그러한 기반 덕분에 그의 책들은 매번 출간이 되자마자 베스트셀러 목록에 오르곤 한다.

톰 피터스 또한 많은 노력으로 자신의 브랜드를 구축한 인물이다. 『초우량 기업의 조건』을 출간한 지 몇 년의 세월이 흐르고 나서 그는 이렇게 떠올리고 있다. 〈잠도 제대로 자지 못했어요. 닥치는 대로 기사를 썼죠. 순전히 체력으로 버틴 겁니다. 1년에 125회나 강연을 나갔어요.〉 대단히 힘든 삶처럼 보인다. 실제로도 그랬다. 하지만 이를 통해 그는 에너지를 마음껏 발산할 수 있었다. 사람들 대부분은 최고의 자리에 이르기 위해 반드시 필요한 희생을 치르려

하지 않는다. 그들은 단지 기다리고만 있다. 세스 고딘이 언급했던 것처럼 사람들은 오프라가 자신을 지목하기만을 고대하고 있다. 그러나 성공이 우리의 경험으로부터 결정되는 것이라면, 그리고 천재나 특별한 사람으로 태어나지 않았다면 아마도 어려울 것이다. 그러나 다행스럽게도 다른 사람들보다 더 많은 노력을 기울인 사람들은 분명히 성공을 거두고 있다. 반드시 천재일 필요는 없다. 그리고 큰 행운이 따라야 하는 것도 아니다. (물론 앞서 행운을 맞이하기 위해 일정 속에 더 많은 시간을 만들어 내는 방법에 대해 이야기를 나누기는 했지만.) 우리는 성공을 충분히 뜨겁게 갈망하기만 하면 된다.

마케팅 컨설턴트이자 경력 코치인 앤절라 러시어Angela Lussier 역시 순수한 체력으로 훌륭한 경력을 쌓았던 대표적인 사례다. 2009년 그녀는 인력 채용 기업에서 근무하고 있었고 점점 더 회의감을 느끼고 있었다. 그녀가 이야기를 나누어 보았던 지원자들은 종종 그들의 이력서상에서 자신의 단점을 부각시키는 반면, 장점은 제대로 살리지 못하고 있었다. 그래서 그녀는 그들에게 조언을 주기 시작했다. 하지만 러시어의 상사는 그녀가 전화 상담에 너무 많은 시간을 허비한다며 화를 냈다. 물론 러시어는 사람들에게 경력에 관한 조언을 제공한다고 해서 돈을 받지는 않았다.

그러나 머지않아 그녀는 그게 바로 자신이 원하는 일이라는 사실을 깨닫게 되었다. 2009년 4월에 그녀는 회사를 그만두고 스스로 비즈니스를 시작했다. 그게 올바른 방향이라고 확신하고는 있었지만 당시 그녀의 경제 상황은 위태로웠다. 은행 잔고에는 2,000달러밖에 남아있지 않았다. 그녀는 말한다. 〈그 일을 하기 위해서는 빨리 움직이는 수밖에 없었죠.〉

그녀는 지역의 모든 대학 내 취업 센터에 연락을 해서 무료 워크숍을 열겠다는 제안을 했다. 러시아는 대학 취업 센터들이 졸업반 학생들을 위해 경력에 관한 팁을 알려 주고자 하는 전직 채용 전문가의 강의에 많은 관심을 보이지 않을까 내심 기대하고 있었다. 하지만 대부분은 아무런 답변조차 주지 않았다. 다음으로 지역 도서관들을 대상으로 자신의 워크숍 프로그램을 소개했다. 〈어떤 사람은 이렇게 묻더군요.《얼마나 오랫동안 이 사업을 하셨나요?》전 대답했죠.《월요일부터요.》당연하게도 그는 아무런 관심을 보이지 않았다.

그러나 다양한 요금 고지서를 납부하려면 다른 선택권이 없었다. 그녀는 계속해서 전화를 걸었다. 자신이 살고 있던 지역에서 30곳에 달하는 도서관으로 전화를 걸어 모두 거절을 당하고 난 뒤 마침내 1곳으로부터 긍정적인 답변을 들을 수 있었다. 그들은 러시어에게 워크숍을 몇 차례에 걸쳐 진행할 수 있는지 물었고 그 순간 그녀는 여러 번의 강의 형태로 워크숍을 추진할 수 있겠다는 생각이 들었다. 당시 아무런 프로그램도 만들어 놓지 못했지만 그녀는 총 8회로 진행을 하겠다고 대답했다. 도서관 측에서는 이렇게 물었다. 〈실직자들을 위해 오후 시간에 프로그램을 진행할 수 있을까요?〉 러시어는 아무런 망설임 없이 그러겠다고 했다. 그녀는 그때를 이렇게 떠올리고 있다. 그 도서관 담당자는 〈제게 유일한 기회였습니다〉. 이것을 계기로 그녀는 다른 도서관들에 다시 연락을 취했다. 〈노샘프턴Northampton에서 지금 이 과정을 진행하고 있습니다. 혹시 의향이 있으신지요?〉 그녀는 그렇게 두 도서관에서 워크숍을 시작하게 되었고 일주일 만에 2개월에 해당하는 32건의 강연 일정을 잡았다.

그녀는 흥분과 동시에 놀라움을 느꼈다. 처음부터 엄청난 양의 콘텐츠를 만들어 냈다. 워크숍 참가자들을 위해 강의 주제와 관련된 자료들도 개발해야 했다. 러시어는 이러한 마케팅 노력으로 자신이 원하는 결과를 얻을 수 있었다. 〈이런 제안들이 들어오기 시작하더군요. 《당신을 채용하고 싶습니다.》 전화벨도 울려 댔습니다. 《여기서 워크숍을 진행할 수 있겠습니까?》〉 그녀는 거의 매일, 때로는 하루에 세 번이나 중학교에서 로터리 클럽, 대학, 그리고 여성 기업인 모임에 이르기까지 다양한 집단들을 대상으로 워크숍 강의를 진행했다. 루시아는 이렇게 떠올리고 있다. 〈첫 1년 동안은 아마도 500회 정도 강연을 했을 겁니다. 그리고 그런 식으로 비즈니스 기반을 구축해 나갔습니다.〉

사람들 앞에서 연설하는 것이 그녀가 가장 두려워하는 일이었다는 점에서 그녀의 성공은 대단히 인상적이었다. 초기에 그녀는 사람들 앞에 서서 식은땀을 흘리고 말을 더듬고 얼굴을 붉혔다. 그녀는 말한다. 〈가장 성공적인 사람들은 의사소통을 잘하는 사람이라는 사실을 깨닫게 되었죠. 직접 나서서 목소리를 높이지 않으면 아무도 제가 무엇을 제안하고 있는지 알 수 없고 결국 뒤처지고 말 거라는 생각이 들더군요. 그래서 먼저 말하는 법을 배워야겠다고 다짐했죠.〉 그러고는 대중 연설 교육 기관인 토스트마스터스Toastmasters에 가입해서 말하기 기술을 배우고 익혔다. 그리고 500회가 넘는 훈련을 통해(내가 그녀를 만났던 공개 토론 시간을 포함하여) 그녀는 결국 목표를 달성했다.

어떤 새로운 기술을 익히기 위해 새벽 4시까지 잠을 자지 않고 깨어 있을 의지가 있는가? 혹은 하루에 세 번 무료로 강연을 하는 것은 어떤가? 피터스, 핑크, 바이너척, 그리고 러시어와 같은 사람들의 노력은 정말로 놀라울 정도였다. 그 결과가 이를 말해 준다. 그들 모두 성공적인 비즈니스를 구축했고 전문가로 널리 인정을 받았다.

여러분은 어떤 분야에 노력을 집중함으로써 최고의 성과를 올릴 수 있을까? 바이너척은 온라인 영상을 통해 자신의 이름을 알렸고(유명 동영상 블로그인 와인 라이브러리 TV를 만들었다), 그런 점에서 그가 짧은 온라인 동영상을 위한 새로운 플랫폼인 바인에 집중했던 것은 자연스러운 노력의 연장선상에 있는 것이었다. 의사소통 기술이 성공적인 전문가의 핵심적인 역량이라는 사실을 깨달았을 때 러시어는 다른 접근 방식을 선택했다. 그녀는 대중 연설에 대한 자신감이 부족했지만 그러한 두려움을 있는 그대로 받아들이고 자연스러운 느낌이 들 때까지 계속해서 훈련했다. 장점을 살리는 노력이든 단점을 개선하는 노력이든 간에 다른 이들보다 더 많은 노력을 집중함으로써 대부분 더 많은 보상을 얻을 수 있다. (자주 인용이 되는, 앤더스 에릭슨K. Anders Ericsson이 전문가들을 대상으로 실시했던 〈1만 시간〉 연구에서, 최고의 바이올린 연주자들은 별다른 두각을 드러내지 못한 다른 동료들에 비해 스무 살을 기준으로 6,000시간이나 더 많이 연습을 한다고 밝히고 있다.)[10]

우리는 스스로 발견하고, 개발하고, 그리고 확신을 갖고 있는 아이디어로부터 출발한다. 그리고 그 아이디어를 신뢰하는 동료들과 함께 검증하고, 세상과 더불어 공유하고, 지지자들로 이루어진 공동체를 통해 실현한다. 하지만 그 영향력을 계속해서 이어 나가기 위해, 즉 아이디어를 가능한 널리 퍼뜨리고, 다른 사람들에게 가급적 많은 도움을 주기 위해서는 지속적인 노력이 필요하다. 생각과 성찰의 공간을 마련하고 새로운 관계를 끊임없이 만들어 나가야 한다. 충분한 수익을 올려서 일상적인 경제적 문제에서 벗어나 아이디어에 집중할 수 있어야 한다. 무엇보다도 매일 노력을 기울여야 한다. 아직도 많은 사람들이 자신의 목소리를 드러내지 않고 아이디어를 세상과 공유하지 않고 있다. 갑작스레 행운이 찾아오길 기다리지만 그러한 행운은 노력하는 자들에게만 열려 있다는 사실을 깨닫지 못하고 있다. 여러분이 자신의 비전을 믿고 있다면 지금이 바로 시작할 때다. 세상은 여러분의 목소리를 원하고 있다.

생각해 볼 질문

■ 여러분은 어느 분야를 깊이 파고들 생각인가? 모든 분야에서 다 잘할 수는 없다. 게리 바이너척은 소셜 미디

어 분야를 집요하게 공부했고 톰 피터스는 매주 수많은 강연을 했다. 여러분은 어디에 집중할 것인가?

■ 무엇이 여러분의 발목을 잡고 있는가? 앤절라 러시어는 대중 연설을 두려워하는 한 절대 성공하지 못할 것이라고 생각했고 토스트마스터스에 가입해서 실질적인 도움을 얻었다. 여러분은 무엇을 두려워하고 있는가? 그리고 어떻게 극복할 것인가?

■ 오늘 하루는 어떤 일로 시작할 것인가? 아이디어를 떠올리고 미래의 계획을 대략적으로 그려 보는 것은 그리 어려운 일이 아니다. 하지만 획기적인 아이디어를 발견하고, 이를 개선하고, 세상에 드러내기 위해 〈지금 당장〉 할 수 있는 일은 무엇인가? 여러분에게 행운과 축복이 함께하기를.

강의와 독서 모임을 위한 토론 주제

■ 가장 존경하는 사고 리더들은 누구인가? 그 이유는 무엇인가? 그들에게서 어떻게 배울 수 있을까? 그들은 자신의 아이디어를 세상과 어떻게 나누고 있는가? (블로그나 책, 혹은 연설 등.)

■ 지금 가장 관심을 기울이고 있는 아이디어나 개념은 무엇인가? 어떤 점이 흥미를 자극하는가?

■ 살아가는 동안 어떤 분야들에서 사명감이나 목적의식을 느끼고 있는가? 각각에 대해 그 이유를 말해 보자.

■ 일상생활 속에서 숙고를 위한 시간과 공간을 어떻게 마련하고 있는가? 어떤 방법이 효과가 있었고, 혹은 그러지 못했나?

■ 최근에 스스로 전문성을 쌓아 가고 있다고 생각하는 분야는 어디인가? 그러한 전문성을 얻기 위해 어떤 노력

을 기울이고 있는가?

■ 요즘 자신의 전문 지식을 다른 사람들과 함께 나누고 있는가? 그렇다면 어떤 방식으로 하고 있는가? 그렇지 않다면 그 이유는 무엇인가?

■ 아이디어를 함께 공유하는 동료들로 이루어진 〈전략가 집단〉에 소속되어 있는가? 그렇다면 그 모임은 여러분의 삶에서 어떤 역할을 하고 있는가? 어떻게 그 그룹의 일원이 되었는가? 만약 없다면 업무적인 지원과 피드백을 어떤 방법으로 얻고 있는가? 그러한 기회들을 어떻게 여러분의 삶에서 더 많이 만들어 낼 수 있을까?

■ 최근 소셜 미디어 활동을 열심히 하고 있는가? 그렇다면, 혹은 그렇지 않다면 그 이유는 무엇인가? 어떤 매체에 가장 관심이 가는가? 그 이유는 무엇인가? 여러분은 어떤 주제들을 가지고 사람들과 생각을 나누고 있는가? 이를 통해 어떤 도움과 영향을 받고 있는가?

■ 특정한 아이디어를 기반으로 형성된 공동체에서 활동하고 있는가? (린스타트업 모임이나 종교 단체, 테드 강연, 혹은 테드엑스 모임 등.) 왜 그 아이디어에 관심을 갖게 되었으며 공동체에 참여함으로써 무엇을 얻고 있는가?

감사의 글

『스탠드 아웃』은 여러 사람들의 노력으로 만들어졌다. 그 과정에 기여했던 많은 이들에게 감사를 드리고 싶다. 우선 나의 에이전트 캐럴 프랑코에게 고마움을 전한다. 그는 포트폴리오의 유능한 편집자 니키 파파도풀로스와 브리아 샌드포드의 손에 내 원고를 안겨다 주었다. 두 사람의 뛰어난 통찰력 덕분에 『스탠드 아웃』은 더 좋은 책으로 나와 주었고, 내 바람대로 독자들에게 더 많은 도움과 영감을 전할 수 있었다. 또한 그 밖의 포트폴리오의 모든 사람들에게도 감사를 드린다. 발행인 에이드리언 잭하임, 제작 편집자 케이트 그릭스, 그리고 마케팅과 홍보를 이끌어 주었던 윌 와이서와 테일러 플레밍, 그리고 캐시 데인먼 모두는 이 책의 메시지가 가능한 많은 사람들에게 전달될 수 있도록 노력을 아끼지 않았다.

브랜다이스 대학의 내 동료 앤디 몰린스키는 자신의 연구 성과를 기꺼이 나와 함께 나누어 주었으며, 가상 비서의 역할을 맡아 주었던 수 윌리엄스, 그리고 그 후임인 알렉스 다모레는 이 책을 쓰는 과정 전반에 걸쳐 귀중한 도움을 주었다.

  『스탠드 아웃』에서 인터뷰를 나눈 전문가들 모두는 각자의 분야에서 최고의 인물들이다. 많은 요청에도 불구하고 기꺼이 시간을 내어 나와 함께 이야기를 나누어 주었으며, 다른 이들이 그들의 경험으로부터 많은 것을 얻을 수 있도록 아낌없이 지혜를 나누어 주었다. 이들의 도움에 진심으로 감사드린다.

  『하버드 비즈니스 리뷰』, 『포브스』, 『안트러프러너』, 그리고 아멕스 오픈 포럼 등을 통해 글을 기고하는 과정에서, 나는 『스탠드 아웃』에서 다루고 있는 다양한 아이디어를 개발할 수 있었다. 또한 이들 주제를 가지고 기조연설이나 워크숍에서 종종 강연을 했고, 세계적인 비즈니스 스쿨의 수많은 학생들 앞에서도 강의를 했다. 이러한 아이디어를 공유하고 개발할 수 있는 기회를 내게 허락해 준 이들에게 고마운 마음을 전한다.

  물론 가장 가까운 사람들의 사랑과 배려가 없었더라면, 절대 이 책을 완성할 수 없었을 것이다. 우리 어머니 게일 클라크는 내 든든한 지지자였고, 모든 일에 도전할 수 있는 자신감을 심어 주셨다. 그리고 앤 토머스는 사랑과 관심으로 나를 길러 주셨다. 내가 이 책을 헌정한 조엘 가니에는 모두의 친구가 되기에 충분히 훌륭한 사람이지만, 삶에서 그를 만나는 행운을 누린 사람들은 그리 많지 않았다. 이 책을 계약하고 얼마 지나지 않아 세상을 떠났던 우리 집 고양이 기드온은 16년 동안 내게 많은 행운을 가져다주었다. 반려 동물들은 우리 인간들에게서는 좀처럼 찾아보기 힘든 무조건적인 사랑에 대한 가르침을 준다. 나는 모든 사람들이 집을 잃은 반려 동물들을 입양하는 방안을 진지하게 고려했으면 한다(www.petfinder.com). 기드온, 해리엇, 그리고 패티 아델스버거에게 언제나 내 마음속에 머물러 있을 것이며 항상 그리워할 것이라는 말을 전하고 싶다.

주

들어가며

1. Shel Israel, "What Makes a Thought Leader?", *Forbes*, March 5, 2012. http://www.forbes.com/sites/shelisrael/2012/03/05/what-makes-a-thought-leader.

2. Sarah Green, "The Perils of Self-Promotion", *Harvard Business Review*, January/February 2014. http://hbr.org/2014/01/the-perils-of-self-promotion/ar/1.

3. Drew Desilver, "U.S. Income Inequality, on Rise for Decades, Is Now Highest Since 1928", Pew Research Center, December 5, 2013. http://www.pewresearch.org/fact-tank/2013/12/05/u-s-income-inequality-onvrise-for-decades-is-now-highest-since-1928.

4. 데이비드 엡스타인은 이 주제를 스포츠 분야에서 다루고 있다. *The Sports Gene: Inside the Science of Extraordinary Athletic Performance*(Current, 2013).

5. Emmanuel Saez, "Striking It Richer: The Evolution of Top Incomes in the United States", UC Berkeley, September 3, 2013. http://elsa.berkeley.edu/~saez/saez-UStopincomes-2012.pdf.

1부 획기적인 아이디어를 발굴하라

1. "ISBN Output 2002-2013", chart, Bowker, 2013. http://www.bowker.com/assets/downloads/products/isbn_output_2002_2013.pdf(2017년 3월 9일 현재 접속 불가능).

2. "Statistics", YouTube, 2014. https://www.youtube.com/yt/press/statistics.html.

3. "Twitter Usage Statistics", *Internet Live Stats*, 2014. http://www.internetlivestats.com/twitter-statistics.

1장 빅 아이디어

1. Pamela Weintraub, "The Dr. Who Drank Infectious Broth, Gave Himself an Ulcer, and Solved a Medical Mystery", *Discover*, April 8, 2010. http://discovermagazine.com/2010/mar/07-dr-drank-broth-gave-ulcer-solved-medical-mystery.

2. Dorie Clark, "Competitive Advantage Is Dead: Here's What to Do About It", *Forbes*, May 16, 2013. http://www.forbes.com/sites/dorieclark/2013/05/16/competitive-advantage-is-dead-heres-what-to-do-about-it.

3. "Rita McGrath", Thinkers50, 2014. http://www.thinkers50.com

/biographies/rita-mcgrath.

4. "Geoarbitrage", The Blog of Author Tim Ferriss, 2007-2009. http://fourhourworkweek.com/category/geoarbitrage.

5. Dorie Clark, "How to Become a Top Business Thinker", *Forbes*, July 21, 2014. http://www.forbes.com/sites/dorieclark/ 2014/07/21/how-to-become-a-top-business-thinker/.

2장 전문 영역 창조

1. Adam Sternbergh, "The Spreadsheet Psychic", *New York*, October 12, 2008. http://nymag.com/news/features/51170/index3.html.

2. Megan Garber, "Nate Silver and The New York Times: The Origin Story", *The Atlantic*, November 6, 2012. http://www.theatlantic.com/technology/archive/2012/11/nate-silver-and-the-new-york-times-the-origin-story/264638.

3. Boris Groysberg and Kerry Herman, "Rachael Ray: Cooking Up a Brand", *Harvard Business Review*, August 19, 2008. http://hbr.org/product/rachael-ray-cooking-up-a-brand/an/409011-PDF-ENG?Ntt=409011-PDF-ENG.

4. 여기서 소개하고 있는 『하버드 비즈니스 리뷰』의 사례 연구를 강력히 추천한다. 나는 보리스 그로이스버그Boris Groysberg의 초청 강연을 통해서 레이의 이야기를 처음으로 접하게 되었다. 이 흥미진진한 사례 연구에 자극을 받아서 나는 『하버드 비즈니스 리뷰』에 〈Build Your Reputation the Rachael Ray Way〉라는 제목으로 블로그 기사를 썼다. http://blogs.hbr.org/2012/11/

build-your-reputation-the-r/.

5. Laura Jacobs, "Just Say Yum-O!", *Vanity Fair*, September 11, 2007.http://www.vanityfair.com/fame/features/2007/10/rachaelray200710. 『하버드 비즈니스 리뷰』의 사례 연구를 통해서 보려면 다음의 주소를 참고하라. http://hbr.org/product/rachael-ray-cooking-up-a-brand/an/409011-PDF-ENG?Ntt=409011-PDF-ENG.

6. Michael Hastings, "Fixing It Fast", *Winston-Salem Journal*, January 1, 2003. 『하버드 비즈니스 리뷰』의 사례 연구를 통해서 보려면 다음의 주소를 참고하라. http://hbr.org/product/rachael-ray-cooking-upva-brand/an/409011-PDF-ENG?Ntt=409011-PDF-ENG.

7. Walter Frick, "Nate Silver on Finding a Mentor, Teaching Yourself Statistics, and Not Settling in Your Career", *Harvard Business Review*, September 24, 2013. http://blogs.hbr.org/2013/09/nate-silver-on-finding-a-mentor-eaching-yourself-statistics-and-not-settling-in-your-career.

3장 새로운 연구 조사

1. Al Jones, "Kalamazoo Native Robin Liss Sells Web-tech Cluster to USA Today", Michigan Live, February 1, 2011. http://www.mlive.com/business/west-michigan/index.ssf/2011/02/kalamazoo_native_robin_liss_se.html.

4장 다양한 아이디어의 결합

1. Michael Michalko, "Janusian Thinking", The Creativity Post, June 12, 2012. http://www.creativitypost.com/create/janusian_thinking.

2. "The World's Most Influential Scientific Minds: 2014", Thomson Reuters, June 18, 2014. http://thomsonreuters.com/articles/2014/worlds-most-influential-scientific-minds-2014(2017년 3월 9일 현재 접속 불가능).

3. Dorie Clark, "How to Win the Talent War", *Huffington Post*, November 15, 2011. http://www.huffingtonpost.com/dorie-clark/how-to-win-the-talent-war_b_1089874.html.

5장 기반 구축

1. John Forester, "Fight for Your Right to Cycle Properly!", JohnForester.com, December 12, 2013. http://www.johnforester.com.

6장 인맥 쌓기

1. Tim Ferriss, "Tim Ferriss Rethinks Email", Four Hour Workweek, August 5, 2014. http://fourhourworkweek.com/2014/08/05/timothy-ferriss-email.

2. Dorie Clark, "How Mike Michalowicz Went from

Unknown, Self-Published Author to Mainstream Publishing Success", *Forbes*, June 4, 2013. http://www.forbes.com/sites/dorieclark/2013/06/04/how-mike-michalowicz-went-from-unknown-self-published-author-to-mainstream-publishing-success.

3. Dorie Clark, "Five Ways to Become a Better Team Player", *Forbes*, March 28, 2012. http://www.forbes.com/sites/dorieclark/2012/03/28/five-ways-to-become-a-better-team-player.

4. Dorie Clark, "How to Get Someone to Like You Immediately", *Forbes*, August 15, 2012. http://www.forbes.com/sites/dorieclark/2012/08/15/how-to-get-someone-to-like-you-immediately.

5. Matthew Bidwell, Shinjae Won, Roxana Barbulescu, and Ethan Mollick, "I Used to Work at Goldman Sachs!: How Organizational Status Creates Rents in the Market for Human Capital", *Strategic Management Journal*, conditionally accepted (2013). http://works.bepress.com/roxana_barbulescu/6.

7장 지지 세력 구축

1. Dorie Clark, "How to Attract the Right People to Your Life", *Forbes*, March 15, 2013. http://www.forbes.com/sites/dorieclark/2013/03/15/how-to-attract-the-right-people-to-your-life.

2. Dong Ngo, "Blogging Declines Among Teens, Young

Adults", *CNET*, February 3, 2010. http://www.cnet.com/news/blogging-declines-among-teens-young-adults.

3. Margalit Fox, "Robert Zajonc, Who Looked at Mind's Ties to Actions, Is Dead at 85", *The New York Times*, December 6, 2008. http://www.nytimes.com/2008/12/07/education/07zajonc.html?_r=0.

4. Dorie Clark, "How to Become the Next Thought Leader", *Forbes*, March 14, 2013. http://www.forbes.com/sites/dorieclark/2013/03/14/how-to-become-the-next-thought-leader.

5. Dorie Clark, "Four Ways to Get Started as a Professional Speaker", LinkedIn Pulse, March 13, 2014. https://www.linkedin.com/today/post/article/20140313160127-5068349-four-ways-to-get-started-as-a-professional-speaker.

8장 공동체 조직

1. Joe Ciarallo, "Vocus Acquires Help a Reporter Out (HARO)", PRNewser, June 10, 2010. https://www.mediabistro.com/prnewservvocus-acquires-help-a-reporter-out-haro_b3853.

2. Romain Dillet, "Adobe Acquired Portfolio Service Behance for More Than $150 Million in Cash and Stock", *TechCrunch*, December 12, 2012. http://techcrunch.com/2012/12/12/adobe-acquired-portfolio-service-behance-for-more-than-150-million-in-cash-and-stock(2017년 3월 9일 현재 접속 불가능).

3. "MBA Statistics", chart, Harvard Business School, 2014. http://

www.hbs.edu/about/facts-and-figures/Pages/mba-statistics.aspx.

4. Seth Godin, "Applications Open for a Short Summer Internship", Seth's Blog, May 15, 2013. http://sethgodin.typepad.com/seths_blog/2013/05/seth-godin-internship.html.

9장 사고 리더십 실천

1. Sean Silverthorne, "Time Pressure and Creativity: Why Time Is Not on Your Side", Harvard Business School Working Knowledge, July 29, 2002. http://hbswk.hbs.edu/item/3030.html.

2. 위의 웹 페이지를 참조.

3. Ap Dijksterhuis, "Think Different: The Merits of Unconscious Thought in Preference Development and Decision Making", *Journal of Personality and Social Psychology* 87 (5) (November 2004): 586-98. http://psycnet.apa.org/journals/psp/87/5/586.

4. Dorie Clark, "How to Attract the Right People to Your Life", *Forbes*, March 15, 2013. http://www.forbes.com/sites/dorieclark/2013/03/15/how-to-attract-the-right-people-to-your-life.

5. Dorie Clark, "How to Build a Lucky Network", *Forbes*, August 6, 2012. http://www.forbes.com/sites/dorieclark/2012/08/06/how-to-build-a-lucky-network.

6. 2009년 초에 나는 바이스의 멘토 프로그램에 직접 참가했었다.

7. Alan Weiss, "The Alan Card", Summit Consulting Group, 2014. http://summitconsulting.com/seminars/theAlanCard. php (2017년 3월 9일 현재 접속 불가능).

8. Dorie Clark, "How Raising Prices Can Increase Your Sales", *Forbes*, February 23, 2012. http://www. forbes. com/sites/dorieclark/2012/02/23/how-raising-prices-can-increase-your-sales.

9. Dorie Clark, "Why Gary Vaynerchuk's New Social Media Strategy Should Change the Way You Do Business", Forbes, June 5, 2013. http://www.forbes.com/sites/dorieclark/2013/06/05/why-gary-vaynerchuks-new-social-media-strategy-should-change-the-way-you-do-business.

10. Ben Carter, "Can 10,000 Hours of Practice Make You an Expert?", BBC, March 1, 2014. http://www.bbc.com/news/magazine-26384712.

옮긴이 **박세연** 고려대 철학과를 졸업하고 글로벌 IT 기업에서 마케터와 브랜드 매니저로 일했다. 현재 파주 출판 단지 번역가 모임인 〈번역인〉의 공동 대표를 맡고 있다. 옮긴 책으로는 『플루토크라트』, 『죽음이란 무엇인가』, 『똑똑한 사람들의 멍청한 선택』, 『디퍼런트』 등이 있다.

스탠드 아웃

발행일 **2017년 3월 30일 초판 1쇄**

지은이 **도리 클라크**
옮긴이 **박세연**
발행인 **홍지웅 · 홍예빈**
발행처 **주식회사 열린책들**

경기도 파주시 문발로 253 파주출판도시
전화 **031-955-4000** 팩스 **031-955-4004**
www.openbooks.co.kr

이 도서의 국립중앙도서관 출판예정도서목록(CIP)은 서지정보유통지원시스템 홈페이지(http://seoji.nl.go.kr)와 국가자료공동목록시스템(http://www.nl.go.kr/kolisnet)에서 이용하실 수 있습니다.(CIP제어번호:CIP2017006572)